1123년

코리아 리포트,

서긍의

고려도경

1123년
코리아 리포트,
서긍의
고려도경

문경호
지음

푸른역사

들어가면서

꿈에서 서긍을 만난 적이 있다. 나는 그에게 무엇인가를 애타게 묻고 있었는데, 그는 대답없이 웃기만 했다. 희미해지는 그의 얼굴을 향해 헛 손짓을 하다가 꿈에서 깼다. 그날은 내가 하루 종일 책과 지도를 뒤지며 《고려도경》에 나오는 월서月嶼(달섬)를 찾으려다 실패한 날이었다.

정신을 차리고 생각하니 잠에서 깬 것이 몹시도 허무하고 아쉬웠다. 조금 더 자세히 물어볼 걸⋯⋯ 날이 샐 때까지 잠을 이루지 못했다. 그 후로도 여러 해 동안 문헌을 샅샅이 뒤졌지만 나는 아직도 월서가 어느 섬인지 정확히 알지 못한다.

《고려도경》은 1123년 고려에 사신으로 왔던 북송의 서긍이 남긴 책이다. 책은 전체 48권으로, 29개의 주제, 300여 개의 작은 항목으로 구성되어 있다. 29개의 주제 아래에는 그 항목을 쓰게 된 이유나 간단히 해설하는 글이 있다. 그리고 각 주제에는 최소 2개(건국建國)부터 최대 15개(사절의 행렬[節仗])의 글과 그림이 있다. 예컨대 백성[民庶]이라는 주제 아래 진사進士, 농민과 상인[農商], 장인[工技], 민장民長, 뱃사람[舟人] 등에 대한 특징을 설명하고 그림을 그린 형태이다. 만약 《고려도경》이

온전히 남아있었다면 우리는 고려인들의 삶과 풍속에 대한 내용을 훨씬 더 구체적으로 파악할 수 있었을 것이다. 그러나 안타깝게도 서긍이 지어 휘종에게 바친 원본 《고려도경》은 북송이 금의 침략을 받아 수도 개봉을 빼앗길 때 사라지고, 지금은 간신히 글에 해당하는 부분만 남아 있다.

서긍의 글은 어느 한 곳 허투루 볼 수 있는 대목이 없다. 하지만 그중 내가 가장 소중히 여기는 것은 33권에서 39권까지이다. 그곳에는 고려에서 본 배의 모습과 개봉에서 길을 떠나 예성강 벽란도에 도착할 때까지의 항로가 정리되어 있다. 나는 그 부분을 적어도 100번 이상은 읽었다. 어느 날은 섬 하나를 찾느라 밤새 지도만 보고 있었던 적도 있다.

지도와 지명을 살피고, 항로와도 어느 정도 일치한다는 생각이 들면 곧바로 배를 타고 섬으로 들어갔다. 그리고 섬에서 오랫동안 살았던 분들을 찾아다니며, 기왓장이나 청자 조각이 나오는 곳을 묻고 다녔다. 섬 사람들 눈에 내 모습은 영락없는 도굴꾼처럼 보였을 것이다.

섬 답사 이야기는 하나하나가 모두 사연 덩어리이지만 영종도에 갔을 때의 기억이 가장 생생하다. 영종도는 조선시대에 영종진이 옮겨오기 전까지만 해도 자연도라 불렸던 섬이다. 서긍 또한 개경에 오는 길에 자연도 경원정에서 윤관의 아들 윤언식을 만나고, 제물사라는 절에서 승려들에게 음식을 공양하였다.

월미도 선착장에서 배를 타고 영종도로 가는 내내 가슴이 뛰었다. 섬에 도착하면 서긍이 앉았던 경원정 터에서 바다를 보고, 제물사 터를 찾아가 그의 자취를 찾아야겠다고 생각했다. 운이 좋으면 그때 서긍 일행이 사용했던 청자 조각도 찾을 수 있으리라 기대했다.

그런데 막상 영종도에 도착하니 그곳은 내가 생각한 그런 섬이 아니었다. 당시 영종도는 인천국제공항 건설 공사로 섬 전체가 공사판이었다. 지도에서 본 작은 섬들은 모두 연결되어 육지가 되었고, 서긍이 탄배가 닿았던 포구도 매립되어 있었다. 어리석게도 그제야 '10년이면 강산도 변한다'는 말을 실감했다. 겨우 정신을 차리고 수소문 끝에 그곳 출신의 어른들을 찾았다. 그리고 뒤를 졸졸 따라다니며 옛이야기를 해 달라고 보챘다. 영종도에서 태어나 여든두 해를 살았다는 노인은 백발에 눈빛이 흐렸다. 그는 누가 봐도 타지에서 온 사람처럼 생긴 나를 연신 경계하며 말을 아꼈다. 처음에는 작은 섬에 무슨 이야깃거리가 있겠냐고 했다. 그러나 막걸리 잔 수가 쌓이면서 기대했던 것보다 재미있는 이야기들이 쏟아졌다. 그중에는 도로 공사 중에 청자가 수십 점이나 묻힌 무덤이 발견되었다거나 밭을 일구다가 기왓장이 쏟아져 나왔다는 솔깃한 이야기도 있었다. 노인이 알려준 곳을 찾아가 여기저기 굴러다니는 기왓장과 청자편, 그리고 큰 문의 기둥을 박아두었던 돌확을 확인하기도 했다.

그런 자료들을 모아 발표한 논문이 〈1123년 서긍의 고려 항로와 경원정〉(2011)이다. 나는 지금도 그때 확인했던 그 자리가 경원정 터라고 믿고 있다. 2년 전쯤 우연히 다시 그곳에 갈 기회가 있었는데, 10년 전과는 경관이 확연하게 달라져 있었다. 그때 모습은 이제 겨우 찍어둔 휴대폰 사진 속에만 남았다.

경원정 논문이 계기가 되어 그 후에도 서긍의 뱃길과 관련된 논문들을 몇 편 더 발표하였다. 그리고 언제인가부터는 뱃길뿐만 아니라 서긍이 고려에서 봤다는 경관, 풍속, 사람들의 이야기에 대해서도 관심을 두고 글을 썼다. 이 글은 경원정 연구 이후에 발표한 논문들을 토대로 새로 쓴 것이다.

처음에는 그동안 썼던 논문을 모아서 책으로 출간한다는 정도의 계획만 세웠다. 그러나 학술지에 발표한 글들은 대부분 논문 형식이어서 그대로는 독자들이 읽을 수 없겠다는 생각이 들었다. 어려운 한자어, 딱딱한 문장들. 누가 봐도 학술서 같은 그런 책으로는 서긍의 이야기를 담아내기 어려울 것 같았다. 그래서 오랜 고민 끝에 서긍의 입장이 되어 글을 풀어보기로 했다. 그가 낯선 땅에 와서 외국인의 시각으로 고려인들을 본 것처럼, 나도 시간이라는 장애물을 거슬러 고려시대로 가면 그와 똑같은 외국인이 되어 고려인들의 모습을 읽어낼 수 있으리라 생각했다.

욕심이 커지니 책의 구성에도 손을 대지 않을 수 없었다. 본래《고려도경》은 고려의 역사를 설명하는 것으로부터 시작하여 고려에서 본 것들을 항목별로 기술하고, 해로편을 마지막에 배치했다. 아무리 생각해도 그런 형태로는 서긍의 여정을 매끄럽게 표현하기 어려웠다. 그래서 시간의 순서에 따라 송나라에서 출발하는 장면을 제일 앞에 설정하고, 고려에 도착하여 여러 곳을 둘러본 후에 송으로 돌아가서 휘종에게 《고려도경》을 바치는 것을 마지막에 배치하였다. 중간중간에 당나라와 송나라 때 시인들이 지은 시를 끼워넣고, 독자들이 이해하기 어려운 깃발이나 군대 이야기는 최소화하거나 생략하기도 했다.

《고려도경》의 역주서는 이미 국내에도 여러 편이 나왔다. 누락된 기물의 그림을 사진으로 대체한 책도 적지 않다. 2020년 고려대학교 고려 사연구소에서 발간한 《고려도경 역주》, 2019년에 국립문화재연구소에서 발간한 《고려도경, 숨은 그림찾기》, 2013년에 김대식이 쓴 《그림으로 읽는 고려도경》(그림: 강민경)은 그중에서도 백미라고 할 수 있다. 그렇지만 서긍의 자취를 찾아다니면서 보고 느꼈던 풍경들을 그림으로 그려넣은 점은 이 책이 처음일 것이다. 책의 중간에 삽화 형태로 들어간 그림들은 가능한 옛 지도와 사진을 찾아 상상하여 그린 것이다. 1900년대 이전의 사진이 있으면 그것을 토대로 그림을 그리고, 그나마도 없으면 일제강점기 사진이나 내가 섬에서 찍은 사진들을 토대로 화가인 김영주 선생에게 부탁했다. 또한, 발굴보고서와 여러 기관들의 연구 성과를 토대로 그림을 그렸기 때문에 '충실'하게 묘사했다고는 할 수 있다.

나는 평소 역사 연구가 두 가지 방향으로 진행되어야 한다고 생각해 왔다. 깊이 있는 연구를 통해 새로운 사실들을 알아내는 연구도 필요하고, 그것을 대중에게 쉽게 전달하는 것도 필요하다고 생각한다. 따라서 이 책도 처음에는 역사소설에 가까운 대중서로 계획을 했었다. 그림이 사라지고 글만 남은 현재의 상태로는 학술적 연구에 한계가 있으니, 역사적 상상력이라도 발휘해서 없어진 부분을 보완하고 싶었다. 그러나 글을 쓰는 동안 사료 없이는 한 줄도 쓰지 못하는 것이 역사가의 숙명이라는 사실을 뼛속 깊이 깨달았다. 그래서 자기검열을 수없이 하며, 글을 쓰고 지우기를 반복하다 보니 소설도 아니고 전공서도 아닌 그 중간쯤 된 것 같다. 이런 장르의 글을 무엇이라 해야 할지 모르지만 다양성의 추구가 현대사회의 특징이라는 말로 스스로를 위안해 본다.

늦깎이로 공부를 시작해서 지금에 이르기까지 많은 분들의 은혜를 입었다. 고려시대 공부를 할 수 있도록 이끌어 주신 윤용혁 교수님, 학부 때부터 많은 가르침을 주신 이해준 교수님, 정하현 교수님, 지수걸 교수님, 김창성 교수님, 이명희 교수님, 그리고 자주 뵙지는 못하지만 늘 내게 용기를 주시는 박종기 교수님, 장동익 교수님, 이정신 교수님, 김수태 교수님, 김갑동 교수님은 평생 스승이시다.

규슈대학 모리히라森平雅彦 교수에게도 마음의 빚이 있다. 그는 방학이면 한국으로 건너와서 배를 빌려 타고 이곳저곳 서긍의 발자취를 찾아다녔다. 한국인들도 쉽게 가지 못하는 가거도, 흑산도, 그리고 위도, 선유도까지, 곳곳을 누비면서 군산정, 안흥정 등 서긍의 자취를 찾아 논문으로 발표하였다. 해마다 쏟아져 나오는 모리히라 교수의 연구 성과를 보면서 한편으로는 부럽고, 다른 한편으로는 부끄러웠다. 그래서 그가 마지막으로 남겨둔 자연도 경원정을 내가 먼저 가로챘다. 내가 경원정에 손대지 않았다면 그는 나보다 훨씬 더 좋은 글을 발표했을 것이다.

화성과 영천의 부모님이 무탈하시고 매년 훌륭한 학생들을 만나 가르치고 있으니, 맹자께서 말씀하신 군자삼락君子三樂 중 두 가지는 누리고 있는 셈이라고 생각한다. 아내 이현주는 여전히 내게 따스한 사람이고, 어릴 때부터 아빠를 잘 따랐던 아들 제원이는 북한군도 무서워한다는 중학교 2학년이 되었다. 우리 예쁜 딸 가빈이는 자기도 10대가 되었다고 기뻐하던 것이 엊그제 같은데 이제 만 나이로도 열 살이 넘었다.

다만 한 가지 실망스럽고 아쉬운 것은 나 자신이다. '갈대처럼 흔들렸던 40대'에는 '나도 쉰 살이 되면 공자님 말씀대로 지천명知天命 하리라'

고 생각했는데, 아무리 생각해도 요원하다. 생각 없이 행동하고 돌아서서 후회하는 것이 이제는 습관이 된 것 같다. 이런 내게도 지천명의 지혜가 찾아올까. 조바심이 날 때가 있다.

끝으로 검증되지 않은 필자에게 선뜻 출판을 허락해 준 푸른역사 박혜숙 대표님과 모양나게 교정해 준 김성희 선생님, 그리고 책을 예쁘게 편집해 준 푸른역사의 여러분께 감사의 말씀을 전한다. 내 까다로운 요청에도 여러 번 스케치를 고쳐가며 서긍이 본 풍경을 멋지게 그려준 김영주 선생님과 책이 출판되기 직전 서긍의 친필 석각을 소개해 주신 한성욱 선생님께도 고마운 마음을 전한다. 이 책이 서긍과 그가 살았던 시대를 이해하는 데에 조금이라도 도움이 된다면 더할 나위 없이 기쁠 것이다.

2023년 공주에서

문경호

서긍徐兢(1091~1153)

1123년 송의 국신사 중 제할관으로 선발되어 고려에 왔다. 시와 문장, 글씨, 그림에 모두 뛰어났으며, 유학은 물론이고 불교, 도교 등에 대한 지식도 풍부했다. 그의 임무는 송의 황제가 고려에 보낸 외교문서를 관리하고, 사행 중에 필요한 각종 문서를 작성하는 것이었다.

"공은 총명하고 번뜩이는 자질로 경험한 일마다 곧바로 이치를 깨달았다. 번다하고 힘든 일을 잘 다스리고 웃으며 처리하였다. 삼가고 조심하니 공의 도량을 헤아리는 사람이 없었다.……장구학章句學(훈고학) 고금古今의 문장을 섭렵하면서 깊은 뜻을 추구하였으며 아래로는 불교, 도교, 병가, 의가의 책과 천문지리 및 방언소설까지도 통달하지 않은 것이 없었다. 귀인貴人 앞에서 손바닥을 치며[抵掌] 일을 논하면 항상 자리 전체가 그에게 쏠렸으며, 재빨리 문장을 짓고 금방 써 내려갈 때는 끊임이 없어 멈추지 않았다"

(장효백張孝伯, 〈서긍[宋 故 尙書刑部 員外郎 徐公] 행장行狀〉).

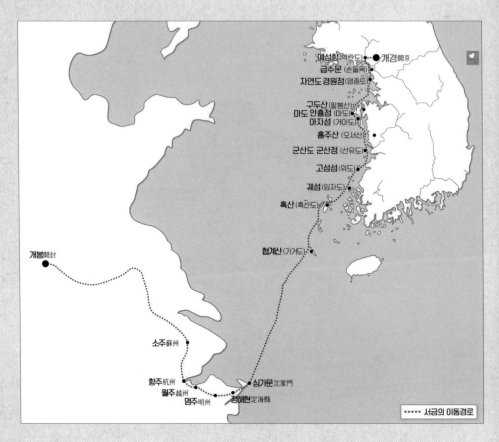

개봉에서 개경까지 서긍이 이동한 경로

송 휘종의 명을 받아 고려로 출발한 국신사 일행은 1123년 3월 14일에 개봉을 떠나 5월 16일에 절강성의 정해현에 도착했으며, 5월 24일 배에 올라 5월 28일이 되어서야 큰 바다에 나왔다. 이후 6월 12일에는 고려의 영역인 협계산에 들어섰고, 서해안의 연안 항로를 따라 올라와 6월 2일에 예성항에 도착하였다. 이후 한 달여 동안 개경에 머문 국신사 일행은 7월 13일 개경을 떠나 7월 15일 예성항에 도착했으며, 바람 때문에 발이 묶여 고생을 하다가 8월 27일에서야 정해현에 도착하였다. 고려에 올 때는 뱃길로 총 19일이 소요되었고, 돌아갈 때는 42일이 소요되었다.

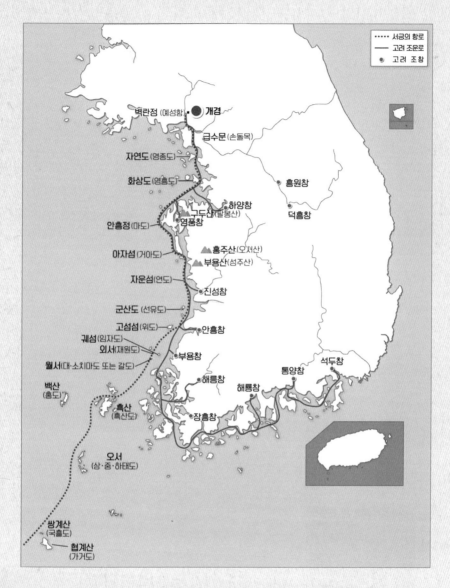

고려 국경에 들어온 이후의 항로

송나라 국신사 일행이 흑산도에 들어서자 고려는 흑산도에서부터 개경까지 봉화를 올려 뱃길을
안내하였다. 일행은 고려 사람들의 안내를 받아 서해 연안 항로를 따라 항해하면서 군산도의 군
산정, 마도의 안흥정, 자연도의 경원정에서 고려 관리들을 만나 환영 의례에 참석하고, 강화도
를 지나 예성항 벽란도에 도착하였다.

1

서긍
길을 떠나다

봄날에 떠난 사행길

서긍이 고려로 떠난 때는 개봉開封(카이펑)에 봄꽃이 한창이던 1123년 3월 14일이었다. 장택단의 〈청명상하도〉에 표현된 것처럼 봄꽃에 물든 송의 수도 개봉은 온통 분홍빛이었다. 양지에는 꽃분홍 산당화가 지천으로 피고, 아름드리 늙은 자목련 꽃봉오리도 터졌다. 추위에 움츠렸던 사람들도 따뜻해진 날씨에 마음이 들떠 거리로 쏟아져 나왔다. 바람을 타고 날아온 꽃향기와 얼굴을 간질이는 따사로운 햇살에 사람들의 표정도 한껏 밝아졌다.

　해마다 그맘때면 개봉부의 와자瓦子(상점과 유흥가가 몰려있는 시장)에는 오락을 즐기고 물건을 사고파는 사람들로 북적였다. 그중에는 봄옷이나 채소, 종이 인형을 팔러 나온 사람들도 있었다. 와자 옆의 구란句欄에도 사람들이 붐볐다. 구란에서는 노래와 춤, 배우들의 대사가 합쳐진 잡극이 날마다 공연되었다. 조정 관리들과 사대부들의 무능함을 풍자하는 장면이 나올 때마다 구란에서는 야유와 박수가 터졌다.

한바탕 공연을 보고 난 후 허기를 느끼면 사람들은 크고 작은 골목에 자리 잡은 정점正店과 각점脚店으로 몰려가 술과 요리를 즐겼다. 정점은 여러 개의 방과 누각을 갖춘 고급 주점이었다. 당시 개봉에는 72개나 되는 정점이 있었는데, 풍류객들은 경령궁景靈宮 동쪽 담 밑의 장경루長慶樓를 그중 제일로 쳤다.

그에 비하면 각점은 관리들로부터 서민들에 이르기까지 누구나 쉽게 드나들며 음식과 술을 즐길 수 있는 중·소형 주점이었다. 각점은 정점에서 빚은 술을 사와 안주와 함께 팔았다. 정점만큼 규모가 크지는 않았지만 청결하고 음식이 정결하여 평상시에는 각점을 찾는 고관들도 많았다. 개봉의 정점과 각점은 밤늦도록 흥청거리는 사람들로 넘쳐났다. 통행금지가 해제된 송의 수도. 그래서 사람들은 밤새 흥청거리는 개봉을 일컬어 불야성不夜城이라고 했다.

개봉은 물의 도시였다. 황하를 북쪽 울타리로 삼고 남쪽으로는 회하淮河까지 운하를 따라 이어졌다. 수나라 양제가 개통시킨 이후 통제거라 불린 이 운하는 송의 수도 개봉을 천하수부天下首府(세상에서 으뜸가는 중심 도시)로 만든 일등공신이었다. 운하의 양쪽 가장자리에는 연둣빛 버드나무들이 끝없이 이어졌다. 버드나무잎의 그림자가 운하에 비쳐서 물빛은 녹색에 가까웠다. 그 녹색 빛깔의 운하를 따라 많은 사람과 물자가 남북을 오갔다.

따라서 그맘때의 변하汴河* 일대는 남쪽에서 곡식과 희귀한 물자를

---

* 변하는 수 양제 때 건설된 운하의 한 갈래로 당시 송의 수도 개봉부 앞을 흐르던 하천이다. 장택단의 〈청명상하도〉의 무대가 된 곳이기도 하다.

싣고 운하를 따라 올라온 배들로 북적거렸다. 개봉의 자랑인 홍교虹橋(무지개 다리)를 지날 때면 배들이 모두 돛을 뽑아 눕히고, 견부牽夫들을 동원하여 배를 끌었다. 개봉의 견부들에게 봄철만큼 벌이가 좋은 때는 없었다. 산처럼 큰 배가 30여 명의 장정 손에 끌려 홍교 밑을 지나는 동안 다리 위에서는 물건을 사고파는 사람들의 흥정 소리가 곳곳에서 들려왔다.

홍교를 지난 배들은 선적 화물을 물주에게 전하기 위해 포구에 정박했다. 배 안은 칸칸마다 여러 물건들로 가득 채워져 있었다. 쌀가마, 대바구니에 담긴 말린 생선, 단내가 나는 남방의 과일 등등. 인부들이 줄을 지어 짐을 날라도 화물은 화수분처럼 끊임없이 쏟아져 나왔다. 화물주인이 물건을 받아 수량을 확인하는 동안 뱃사람들은 돛을 내리고, 정박할 준비를 했다. 돛대를 타고 꼭대기까지 올라간 선원이 용총줄(돛을 올리거나 내리기 위해 돛대에 걸어둔 줄)을 풀어 내리자 왕골을 엮어 만든 돛이 아래로 떨어졌다. 밑에서 기다리고 있던 선원 두 명이 먼지가 가시길 기다렸다가 왕골 돛을 한 장씩 차곡차곡 쌓았다.

해가 중천에 오르자 포구에 들어서는 배의 수도 늘어났다. 닻을 내린 선박들은 각기 제 크기에 맞는 자리를 찾아 정박했다. 포구에 빼곡히 들어선 배 가운데에는 고려로 떠나는 사행단을 태우기 위해 기다리는 배들도 있었다. 운하를 따라 내려가 영파寧波에 닿으면 그곳에서 큰 배에 물건을 싣고 고려를 향해 북동쪽 해안을 가로질러 갈 것이었다.

개봉에서 영파로 향하는 사행단은 국신사 노윤적路允迪과 부사 부묵경傅墨卿, 도할관 오덕휴吳德休, 제할관 서긍徐兢을 비롯하여 총 150여 명으로 구성되었다. 서긍의 공식적인 임무는 오덕휴와 함께 황제의 조

• 〈청명상하도〉 속의 홍교

서긍이 고려에 다녀간 즈음인 1120년 경에 북송의 한림학사 장택단이 그린 수도 개봉의 모습이다. 개봉의 상징인 무지개 다리(홍교) 위에 개설된 시장에서 많은 사람들이 물건을 사고팔고 있는 모습을 생동감 있게 그렸다. ※출처: 타이완 국립고궁박물원.

•• 〈청명상하도〉 속의 정점

〈청명상하도〉에 그려진 개봉의 정점正店이다. 3층으로 된 화려한 누각을 갖추고 있다. 정점 앞에는 고관들이 타고 온 것으로 보이는 가마가 있고, 오른쪽에는 술을 파는 것으로 보이는 공간도 있다. ※출처: 타이완 국립고궁박물원.

서를 관리하고, 고려 방문 과정에서 보고 들은 것을 충실히 기록하는 일이었다. 따라서 서긍은 공식적인 사행에 앞서 숭녕崇寧 연간(1102~1106)에 왕운王雲이 편찬한 《계림지雞林志》를 꼼꼼하게 읽었다. 고려에 머문 기간이 한 달 남짓에 불과했음에도 서긍이 고려의 역사와 수도 개성의 모습, 관청의 이름, 풍속에 이르기까지 다양한 자료를 수집할 수 있었던 것은 10여 년 전에 편찬된 《계림지》가 있었기 때문일 것이다.

수많은 사람이 언제 돌아올지 모르는 길, 아니 어쩌면 돌아올 수 없을지도 모르는 길을 떠나기 위해 기다리고 있었다. 아무도 불안함을 이야기하지 않지만 두려움은 틈만 나면 스멀스멀 머리를 내밀었다. 얼빠진 사람처럼 서있다는 생각이 문득 스칠 때쯤, 배웅 나온 조카 서천徐蕆이 사람들을 헤치고 다가와 주머니 하나를 줬다. 파도와 바람을 피하게 해주는 부적이라 했다. 아마도 그는 부적을 사기 위해 철탑으로 유명한 개보사開寶寺에 다녀왔을 것이다. 눈을 내려 손에 쥔 부적을 보니 가슴이 먹먹하고 코끝이 시큰해졌다. 행여 조카가 볼까 싶어 일부러 고개를 들어 먼 곳을 봤다.

마침내 북이 울리고, 나팔 소리가 크게 들리자 국신사를 선두로 사신단이 배에 오르기 시작했다. 상절, 중절, 하절의 순으로 사람들이 배에 오르자 마지막으로 뱃사람들이 자기네 소지품이 담긴 짐을 짊어지고 차례차례 올라탔다. 사공의 명에 따라 돛이 오르고, 닻이 걷히자 집채만 한 배가 서서히 움직이기 시작했다. 배웅 나온 사람들의 눈과 손이 분주해졌다. 누군가의 부모, 아내, 아들과 딸, 그리고 형제들이 점점 멀어지는 사람들을 향해 손을 흔들었다.

개봉의 개보사 철탑

1049년(송 인종 원년)에 만들어진 탑으로 30여 년 만에 완성했다고 한다. 8각 13층 벽돌탑(전탑)으로 높이는 약 55미터이다. 전체가 갈색 유리벽돌로 덮여 있어 쇳빛처럼 보여서 철탑이라는 별명이 붙었다. 규모가 장대하고 아름다워 '천하제일탑天下第一塔'이라고 부른다. 고려 현종 6년(1015)에 사신 곽원이 송으로 가니 송의 황제가 곽원에게 개보사 탑을 구경하게 하고, 사신의 접대를 맡은 원외랑員外郞 장사덕張師德을 시켜 송과 연합하여 거란을 방어하도록 곽원을 회유하게 하였다고 한다(《고려사》 권94, 열전7 곽원郭元).

신선이 점지해 준 아이

서긍은 화주和州의 역양歷陽(현재의 안후이성安徽省 허현和縣) 사람이다. 그
조상은 대대로 건주建州(푸젠성福建省 젠닝부建寧府)에 살다가 할아버지 대
에 역양으로 이사 왔다. 역양은 항우가 유방과 천하를 다투다가 해하의
전투에서 패배하고 자살한 곳이기도 하다. 어렸을 때부터 서긍은 초 패
왕과 한 고조의 전쟁 이야기를 귀에 못이 박히도록 들으며 자랐다.

서긍은 아버지 서굉중이 악주鄂州(현재의 우한)의 관리로 있을 때 태어
났다. 〈서긍 행장〉에 따르면 서굉중이 꿈속에서 어느 도사와 큰 연못에
서 놀았는데, 그 도사가 글씨가 새겨진 목패를 주고 사라졌다고 한다.
그 목패에는 '정령위丁令威가 화표華表에 남겼다'라는 글이 새겨져 있었
다. 화표는 신선술을 배워 학이 된 정령위라는 사람이 천 년 만에 날아
와 앉았다는 돌기둥이다.

꿈을 꾼 지 닷새 만에 큰 홍수가 나서 성과 관청이 모두 잠겼다. 마을
사람들은 불어오르는 물을 피해 모두 높은 곳으로 피신했다. 서굉중의
가족 역시 홍수를 피해 황학루에 머물렀는데, 그때 서긍이 세상에 나왔
다. 황학루는 신선이 학을 타고 하늘을 날다가 쉬는 곳이라고 알려져
있다.

서긍은 아주 어렸을 때부터 그림과 글씨를 보면 펄쩍펄쩍 뛸 만큼 좋
아했고, 열 살 남짓 무렵에는 글을 잘 짓는다는 소문이 났다고 한다. 그
의 글을 본 가족과 이웃의 선비들이 그를 큰 그릇으로 여겨 서긍은 집
안 어른들의 기대를 한몸에 받으며 자랐다.

송에서 관리가 되는 길은 두 가지가 있었다. 하나는 과거에 급제하는

것이고, 다른 하나는 집안에 높은 관리가 있는 경우 음서로 관직에 나아가는 것이다. 음서로 출세하는 것도 방법이긴 했지만 '문치'를 표방한 송에서는 과거 출신자가 아니면 관리가 되더라도 떳떳하게 행세하기 어려웠다. 이에 따라 서긍은 18세가 되던 해에 송의 최고 교육기관인 태학에 입학하였다.

당시 태학에 입학한 학생은 국자생과 태학생으로 나뉘었다. 경관 7품 이상 관리의 자제들은 국자생, 그 이하 관리 자제들은 태학생이 되었다. 서긍은 국자생으로 입학했는데, 당시의 국자생 정원은 200명이었다. 태학에서도 그의 재주는 태학의 박사들 입에 오르내릴 만큼 뛰어났다.

이 무렵 서긍은 경전 외우기나 문장 짓기보다 잡학에 빠져있었다. 당시 선비들이 꺼리는 불가의 서적은 물론이고, 노자, 병법, 《산해경》, 소설 등 다양한 분야의 서적을 섭렵했다. 그런 탓인지 과거 시험에는 여러 번 낙방하였다.

그의 낙방은 주위 사람들은 물론, 본인에게도 큰 충격이었다. 사력을 다해 공부한 것은 아니었으나 경학이든 문장이든 남들에게 뒤진다고는 한 번도 생각해 본 적이 없었기 때문이다. 계속되는 낙방에 그는 더 이상의 공부가 무의미하다고 생각했는지, 과거를 포기하고 음서로 관직에 나갔다.

현명하고 청렴한 관직 생활

서긍의 첫 관직 생활은 통주通州의 형조刑曹에서 시작되었다. 통주는 북경의 동남쪽 경항대운하의 종점으로, 많은 사람과 물자가 모여드는 곳이었다. 하루는 황린黃麟이라는 사람이 대례국大禮國(대리국)의 사절을 이끌고 입공하기 위해 통주로 왔다. 황린은 송의 수도 개봉으로 들어가는 길목을 실질적으로 관리하면서 조정의 귀인과 친분을 맺고 있었다. 조정에서는 그들의 정체를 의심했다. 그러나 황린의 뒤를 봐주는 귀인을 의식하지 않을 수 없던 조정은 서인徐禋에게 은밀히 조서를 내려 황린의 뒷조사를 지시했다. 방도를 찾지 못하던 서인이 서긍에게 해결을 부탁했다. 서긍은 생각보다 간단히 답변했다.

"그것은 매우 쉬운 일입니다."

"어떻게 하면 되겠는가?"

"대례국의 사신단을 저와 만나게 해주십시오."

서인이 사신단 무리를 데려오자 서긍은 대례국의 건국 시기와 역사를 비롯하여 산천, 풍속 등을 뒤죽박죽 섞어서 물었다. 제대로 답변을 못하고 어찌할 바를 모르던 그들은 마침내 자신들이 가짜라는 사실을 털어놓았다.

한때는 지방관 자리가 비어있는 옹구雍丘라는 지역의 임시 관리를 지내기도 했다. 그 마을에는 오랫동안 소송 중인 형제가 있었다. 고을에 부임한 관리들마다 판결을 내리려 했으나 결론을 짓지 못하였다. 형제의 사연을 들은 서긍이 돗자리 한 장을 그들에게 주었다.

"당분간 너희 형제는 이 돗자리에서 함께 생활해야 한다. 앉거나 누울 때는 물론이고, 밥도 같은 식기에 담아 돗자리에서 먹거라."

"저희가 어린아이도 아닌데, 어찌 이 작은 돗자리에서 함께 지내라 하십니까."

"열흘이면 된다."

엉뚱한 판결에 형제는 모두 입을 삐죽거리며 불평했다. 그러나 뜻밖의 일이 벌어졌다. 며칠간 살을 맞대고 살며 부모님 밑에서 함께 자라던 어린 시절을 떠올렸던 것일까. 형제는 함께 지낸 지 10일이 지나자 서긍을 찾아와 소송을 취하했다. 그들은 부둥켜안고 울며 잘못을 뉘우쳤다.

그 후에도 몇몇 고을의 지방관이 되었는데 그때마다 현명하고, 청렴하다는 평가를 받았다. 경서부京西部에 있을 때는 황제의 총애를 받는 관리가 폭도 200명을 동원하여 고을에 자기 집을 짓게 한 일이 있었다. 무뢰배들이 집을 짓는다는 구실로 마을 사람들을 괴롭히니 고을 전체가 소란해졌다. 서긍이 그들을 잡아들여 법에 따라 처벌하려 하자 그들은 감옥을 습격하여 죄수들을 모두 풀어주는 등 난동을 부렸다. 서긍은 크게 분노하였다.

"법은 신분의 높고 낮음에 관계없이 똑같이 적용되어야 하는 것이다. 내가 권력 있는 자를 두려워하여 저들의 불법을 눈감아 주는 것은 천자를 속이는 것이다. 나는 권력에 아첨하여 천자를 속이는 일을 차마 하지 못하겠다."

서긍은 그들을 잡아들인 후 법률에 따라 엄히 처벌하였다. 그들은 끝까지 황제의 총애를 받는 관리의 이름을 들먹이며 협박했지만 정작 서긍은 눈 하나 꿈쩍하지 않았다. 서긍이 법에 따라 그들의 죄가 어떤 조에 해당하는 것인지를 하나하나 따지자 그들은 할 말을 잃었다. 결국, 백성들을 괴롭히던 무뢰배들은 한 명도 빠짐없이 벌을 받았다.

정주鄭州의 원무현原武縣 현령을 대리하는 업무를 맡았을 때는 수레 한 대에 몸을 싣고 단출하게 부임하였다. 고을에 도착한 그는 석탄을

캐서 운반하는 업무를 맡은 관리가 동생의 권세를 믿고 백성들을 괴롭힌다는 소문을 들었다. 서긍이 민가에 나가 백성들을 만나보니, 그들의 행색이 걸인과 다름없었다. 성인 남자는 물론이고, 노인과 어린이들까지 광산으로 끌려 나가 강제 노역에 시달리고 있었다. 불쌍한 백성들을 보고 분노한 그는 조정에 글을 올려 그것을 중단시켰다. 탐욕스러운 옛 관리들에게 고통을 받았던 백성들은 대궐까지 찾아와 서긍을 자기 고을의 원님으로 보내달라고 요청하였다.

황제도 반한 글씨와 문장

장효백이 쓴 〈서긍 행장〉에 따르면 서긍은 시원한 이목구비에 조용한 성격을 가진 선비였던 것 같다. 주량은 두 말을 마셔도 취하지 않았지만 절반쯤 마시기 전까지는 말을 많이 하는 법이 없었다고 한다. 말문을 열면 이야기가 바람처럼 피어올라 듣는 이들이 그의 말에 빠져들었다. 때로 붓을 휘둘러 그림을 그리거나 퉁소, 가야금 등을 연주했는데, 그 모습이 이 세상 사람이 아닌 듯했다고도 한다.

무엇보다도 서긍은 박학하고 글씨를 잘 썼다. 훈고학에는 큰 관심을 보이지 않았지만 여러 문장을 섭렵하며 깊은 뜻을 추구하였다. 그것은 당시 북송의 학문 풍조이기도 했다. 아직 주희가 활동하기 전이기는 하지만 주돈이를 비롯하여 정이, 정호 등이 인간의 본성을 철학적으로 규명하며 명성을 떨치던 시기였다. 서긍 또한 그들의 주장에 어느 정도는 동조하고 있었다.

서긍은 유학 외에도 여러 학문에 통달했다. 서긍이 《고려도경》을 쓰면서 여러 편으로 나누고, 편목마다 소개하는 글을 붙인 것을 보면 그의 박식함이 어느 정도였는지 알 수 있다. 특히, 해로 편에서 조수와 배의 원리에 대해 논한 부분은 현대인들이 읽어도 놀랄 만큼 상세하고 논리적이다.

서긍의 글씨와 그림에 대한 일화도 여러 편이 있다. 그의 집에는 서긍의 조상인 서현徐鉉(917~992)의 작품이 여럿 전해지고 있었다. 서현은 자가 정신鼎臣으로 후당 말에 태어나 송 초에 활약한 유명한 문장가이자 서법가이다. 지금 전하는 《설문해자》는 본래 허신이 지은 것을 서현과 그의 동생 서개徐鍇가 각각 교감한 것이다.

서긍의 큰아버지는 서현의 유품 중에서도 '정신'이라는 두 글자가 새겨진 벼루를 가장 큰 보물로 여겼다. 큰아버지는 입버릇처럼 늘 가업을 이을 만한 사람에게 그 벼루를 주겠다고 이야기하곤 했다. 서긍이 막 성인이 되어 학문과 글씨, 그림 등 여러 방면에서 뛰어난 역량을 보이자, 큰아버지는 망설이지 않고 그에게 벼루를 물려주었다. 그리고 서긍이 서현의 뒤를 이어 가문을 빛낼 인물이라고 칭찬했다.

한번은 아버지가 그에게 할머니의 비문을 쓰라고 명한 적이 있다. 서긍이 비문을 쓴다는 사실이 알려지자 집안사람들 모두 궁금해했다. 서긍은 여러 날 동안 붓을 잡고 있었으나 맘에 드는 글씨를 쓰지 못하였다. 주변의 큰 기대가 부담스럽기도 했다. 오랜 기간 마음고생을 하던 그는 부처에게 기도한 뒤 《반야심경》의 글씨를 얻어 연습하다가 '실實' 자에 이르러 깃발이 바람에 펄럭이는 듯한 모습을 보고 서체의 이치를 깨달았다고 한다. 그 후로는 문장은 물론이고, 글씨를 잘 쓰는 사람으

〈송노공필등천축제명宋路公弼等天竺題名〉 탁본(좌)과 석각(우)

서긍이 고려로 오는 길에 항저우의 명소인 영은사 비래봉에 들러 쓴 글씨를 새긴 것이다. 석각에는 "노공필路公弼, 옹단조翁端朝, 부국화傅國華, 용길로容吉老, 맥공명麥公明, 맹자흥孟子興, 서명숙徐明叔이 선화宣和 5년(1123) 여름 4월 기해일에 함께 왔다"라고 적혀있다. 1123년 4월 기해일은 4월 16일이다. 석각 속 노공필은 국신사의 정사인 노윤적이고, 옹단조는 당시 항주의 지주知州였던 옹언국翁彦國이다. 부국화는 국신사 부사 부묵경이며, 서명숙은 서긍이다(명숙은 서긍의 자字). 청나라 완원阮元이 쓴 《양절금석지兩浙金石志》에는 "《서호지西湖志》를 보니……서긍의 자는 명숙이고, 전서가 지극히 아름다웠다고 한다. 이 석각은 곧 서긍의 글씨이다"라는 기록이 있다.

※출처: 탁본: 《비첩청화碑帖菁華華》, 항저우박물관 둥첸리董千里 제공.

　　　석각: 한성욱(민족문화유산연구원 이사장) 제공.

로도 이름을 떨쳤다.

서긍의 글씨체가 독특하고 뛰어나다는 이야기를 들은 휘종 황제는 그것을 구해보고, 당장 그를 만나고 싶어했다. 휘종은 곧 직접 그를 궁궐로 불러들여 '진덕수업進德修業(덕에 나아가며 학문을 열심히 닦는다)'이라는 네 글자를 쓰게 하였다. 한 자가 사람 키 남짓할 만큼 큰 글씨였다. 단숨에 세 글자를 쓴 그는 마지막 업 자를 쓰면서 세로 획을 둥근 바위가 천 길 낭떠러지에서 곧바로 떨어지는 것처럼 굳세고 반듯하게 내리그었다. 그 모습을 본 황제는 놀라서 감탄을 금하지 못했다.

그의 글씨는 능숙하면서도 기교를 부리지 않았고, 붓놀림과 글자의 획은 촛불 없는 어두운 밤에 쓰더라도 흐트러짐이 없었다. 해서와 행서는 우아하고 탁월하게 빼어났으며, 당대 이름을 떨쳤던 안진경 등 명필의 서체를 두루 갖추었다. 늙어서는 초서 쓰기를 좋아했는데, 그 글씨는 당나라의 초서 명필인 회소懷素라는 승려와도 맞먹었다. 이후에 글씨를 이야기하는 사람들이 서긍을 모두 본보기로 할 만큼 명필로도 이름을 떨쳤다.

한편, 그의 글 짓는 재주는 이태백이나 두보에 비할 만큼 뛰어나다는 평을 얻었다. 어느 날 항우 묘를 지나면서 28자의 시를 남겼는데, 한구韓駒라는 사람이 그것을 보고는 "뒷사람들은 더 이상 글을 지을 수 없게 되었다"라고 감탄했다는 이야기가 전한다. 이때부터 한구는 서긍의 글을 아끼는 애호가가 되었다. 한번은 서긍이 장난삼아 끝없이 펼쳐진 평원을 그림으로 그리고 그 옆에 그림을 소개하는 글을 간단히 적어 한구에게 준 적이 있다. 한구는 그 그림을 사람들에게 보여줄 때마다 "명숙(서긍의 자)은 시로 그림을 그리는 것인가, 그림으로 시를 짓는 것인가"

라고 말했다고 한다. 그림으로도 시를 대신하고, 시로도 그림을 대신할 수 있는 인물. 그가 서긍이었다.

장효백은 〈서긍 행장〉에서 "(서긍의) 그림은 신품의 경지에 들었는데, 산수화와 인물화 두 가지 모두 탁월하였다" 했고, "귀인 앞에서 손바닥을 치며 일을 논의할 때는 항상 그 자리에 모인 사람들의 이목이 모두 그에게 쏠렸으며, 재빨리 문장을 짓고 금방 써 내려갈 때는 끊김이 없었다"고 하였다.

1122년 휘종이 고려에 국신사를 보내려고 준비할 무렵, 송에 입공한 고려의 사신이 글씨에 능한 자를 구해 고려로 돌아가고 싶다는 의사를 전해왔다. 고려 사신의 요청을 들은 휘종은 노윤적을 국신사로 파견할 때 서긍을 데리고 갈 것을 명령하였다. 그의 임무는 휘종이 고려의 상황을 제대로 파악할 수 있도록 고려에 대한 각종 정보를 글과 그림으로 제작해 오는 것이었다. 카메라와 비디오가 없었던 시기에는 그런 역할에 서긍만큼 적합한 사람이 없었다.

2

12세기 초 동아시아의
국제질서

연운 16주를 차지한 거란제국

문치주의를 지향한 송의 군사력이 약해지자 북방 민족들이 연이어 일어나서 송을 위협하였다. 그중 가장 먼저 두각을 드러낸 것은 거란이었다. 한국 역사교과서 속의 거란은 서희의 담판에 설득되어 고려에게 강동 6주를 떼어준 우둔한 나라이자, 강감찬의 귀주대첩으로 큰 피해를 입고 퇴각한 북방 민족 정도로만 기록되어 있다. 그러나 거란은 10~11세기까지 동북아시아 지역의 강국으로 크게 세력을 떨친 나라이다. 거란은 자국의 이름을 대거란국, 대요大遼 등으로 불렀는데, 서방에서는 키타이Kitai 또는 키탄Khitan이라고 했다.

거란(요나라)을 세운 인물은 야율아보기라는 사람이다. 아버지의 뒤를 이어 901년에 일라족의 부족장이 된 그는 907년 거란족을 통일하고 대가한이 되었다. 그 무렵 중국은 세계 제국을 형성했던 당이 멸망하고, 5대10국의 혼란기로 접어들고 있었다. 중국의 혼란은 거란이 남하할 수 있는 좋은 기회였다. 야율아보기는 마침내 916년에는 황제를 칭하고, 요하 상류인 임황에 도읍하였다.

야율아보기는 중국의 한자를 모방하여 거란문자를 만들고, 농업을 장려하였다. 문자를 갖는다는 것은 중국 중심의 문화권을 부정하고 독자적인 사상체계를 가짐을 의미한다. 이후 거란은 926년에 발해를 멸망시켰으며, 936년에는 후당後唐의 하동절도사 석경당이 후진後晉을 세울 때 군사적인 지원을 했다. 그 대가로 후진은 거란에 현재의 베이징 일대를 아우르는 연운 16주를 넘겨주고, 해마다 비단 10만 필을 세폐로 보냈다. 석경당은 열 살이나 어린 거란 황제 야율덕광을 아버지 황제라고 불렀다.

역사적 경험을 통해 볼 때 물자로 평화를 사거나 군사력을 빌리는 것은 늘 후유증이 컸다. 시간이 지나면 원하는 것도 많아지게 되어있다. 후진이 북중국을 통일할 무렵 양국의 부자 관계는 군신 관계로 바뀌었다. 석경당이 후진의 황제가 될 때 야율덕광은 직접 즉위식에 참여하여 옷을 입혀주기도 했다. 소식을 접한 옛 관료와 학자들이 이제 중화는 사라졌다고 탄식했다.

거란의 힘에 기대어 굴욕을 참아가며 얻은 후진의 황제 자리는 그리 오래가지 못했다. 석경당이 세상을 떠난 후 그가 세운 후진은 2대 10년 만에 망했다. 무엇보다도 그가 거란에게 내준 연운 16주는 오랫동안 문제가 되었다. 거란의 입장에서 연운 16주는 정당한 대가로 얻은 영토일지 모르겠지만 5대를 통일한 송에게는 꼭 되찾아야 하는 영토였다. 이에 송은 여러 차례 연운 16주를 공격하였으나 성공하지 못했다.

성종聖宗 시기에 요는 발해의 후신인 정안국을 무너뜨리고, 주변의 여진 부족들을 제압하였다. 또한, 993년에는 고려를 침입하여 송과의 관계를 끊겠다는 약속을 받아냈다. 요를 견제할 세력이 사라지자 요는 곧바로 송을 공격하기 위해 남하했다. 999년부터 1003년까지 총 3차례에 걸쳐 송의 북쪽 변경 침입에 성공한 요 성종은 어머니 소태후(승천황태후)와 함께 20만 대군을 이끌고 송을 공격하였다. 금방 끝날 것이라는 생각과 달리 요의 송나라 침입은 성공을 눈앞에 두고 예상 밖의 난관을 만났다. 송 진종眞宗이 직접 전장에 출전한 데다 요의 명장 소달름이 활에 맞아 죽은 이후 송군의 사기가 높아진 것이다. 마침내 더 이상의 전쟁이 어렵다고 판단한 요는 송과 '전연의 맹약'이라는 휴전협정을 체결했다.

맹약의 주요 내용은 송이 해마다 요에 비단 20만 필과 은 10만 냥을 세폐로 보낸다는 것, 국경선은 현재 상태로 유지한다는 것, 그리고 송과 요는 형제 관계를 맺는다는 것이었다. 당시 송의 진종이 요의 성종보다 나이가 많았으므로 우선은 송이 형이 되고 요가 동생이 되었다. 이에 따라 요 성종의 어머니 소태후는 송 진종의 숙모 대우를 받게 되었다.

10세기 후반부터 11세기 중반까지 전성기를 구가한 거란은 흥종(재위 1031~1055)과 도종(재위 1055~1101) 시기를 거치며 잦은 서하 공격과 왕실 내부의 분열로 쇠락의 길을 걸었다. 지배층이 유목 생활에서 벗어나 도성의 부유한 생활에 빠져들면서 북방 민족 특유의 검소하고 강인한 기풍도 상실하였다. 1115년 여진의 아골타가 금을 건국하고 거란을 압박해 오자 거란은 여진을 막기 위해 고려에 원병을 요청하였다. 그러나 고려는 이를 거부하고, 양국의 전쟁에 개입하지 않으려 하였다. 다음 해인 1116년에 거란은 금의 공격을 받아 큰 타격을 받았다.

탕구트족의 나라 서하

서하는 11세기 중국 서북방 오로도스 지대에서 세력을 키운 탕구스족이 세운 나라이다. 탕구스족은 1031년 이원호가 정권을 장악하면서 세력을 크게 불렸다. 그들은 송의 세력이 약화된 틈을 타서 마침내 나라를 세우고, 1038년에는 국호를 '대하大夏'라고 하였다. 그리고 스스로 황제를 칭하였다. 그들의 국호 '하'에는 중국 최초의 왕조인 하나라를 계승한다는 의미가 담겨있었다. 그들은 거란처럼 독자적인 문자를 사용하고, 탑 모양의 무덤을 만드는 등 고유의 문화를 지키면서도 경제적 번성을 이루었다.

이처럼 대하가 짧은 기간에 크게 부상한 것은 지리적 이점을 살려 동서 교역에 적극 참여했기 때문이다. 당시 서하는 하서주랑河西走廊이라 불리는 비단길의 요충을 차지하고, 서역과 송 사이에서 이익을 취하고 있었다. 서하와 북송의 사이가 좋을 때면 비단길도 활기를 띠었고, 두 나라 사이가 벌어지면 비단길도 막혔다.

서하의 세력이 갑자기 커지자 경쟁 상대도 늘어났다. 처음에 서하는 대외적으로는 거란과 책봉·조공 관계를 맺어 평화를 유지하는 한편, 송과는 책봉 및 교역을 둘러싸고 오랫동안 전쟁을 벌였다. 서하는 송에 대등한 관계를 요구했으나 송은 서하의 황제 지위를 인정하려 하지 않았다. 이에 서하는 1041년부터 약 2년간 송과 전투를 벌였으며, 전쟁이 장기화될 경향을 보이자 송에 강화를 요청했다. 1044년 체결된 두 나라의 강화 내용은 송이 서하에 매년 세폐를 보내는 대신 서하는 송의 신하가 되는 것이었다. 이에 따라 서하의 황제는 하국왕에 봉해졌고, 송은 해마다 비단 13만 필, 은 5만 냥, 차 2만 근을 서하에 보냈다. 송이 서하에 보내는 막대한 은, 비단, 차 등의 세폐에 대한 부담도 문제였지만 국경 수비를 위해 투입되는 군사비는 송 초 이래 저축한 국고의 대부분을 탕진할 지경이었다. 이에 송의 신종은 신법新法으로 다시 일어난 경제력을 토대로 서하와 결전을 벌이기 위해 1081년에 대정토군을 일으켰으나 실패하였다.

송과 서하의 관계는 좋을 때보다 크고 작은 전투를 벌이거나 적대적일 때가 더 많았다. 이원호가 칭제하여 양국의 분쟁이 일어난 시기(1038)로부터 전쟁을 끝내기로 협약하는 고종 시기(1128)까지 약 90년 동안 쌍방이 평화로웠던 시기는 불과 26년 정도였다. 이로 인해 송은 경제적으로 큰 타격을 입었다. 또한, 송-요-서하 삼국이 솥의 세 발과 같이 병립하게 된 상황을 인정하지 않을 수 없게 되었다.

새롭게 부상한 북방의 강자 여진

거란이 쇠퇴의 길을 걷고 있을 때 만주 동북 지역과 송화강 유역에서는 여진이 서서히 성장하고 있었다. 당시 북방의 여진은 생여진과 숙여진, 휘발 등으로 나뉘어 있었다. 그중 숙여진은 거란의 직접적인 지배를 받고 있었던 부족들을 일컫는 말이고, 생여진은 요의 통제 정책에 저항하던 여진 부족을 가리키는 말이었다. 숙여진은 송화강 서남방에 거주하며 수렵과 농업에 종사했으며, 나름대로 세련된 문화를 형성하고 있었다. 반면, 생여진은 송화강 동북부에 흩어져 살며 고유의 풍속을 유지하고 있었다.

　그중 여진의 통합을 이끈 것은 생여진 출신의 완안부完顏部였다. 완안부는 11세기 후반부터 12세기 초에 걸쳐 주변 부족들을 통합하며 만주의 동부에서부터 한반도의 동북부 함흥평야 일대까지 세력을 떨쳤다. 1114년 완안부의 추장 아골타는 요에 반기를 들고 이듬해인 1115년에 마침내 금을 건국하였다.

　이러한 여진의 통합과 영토 확장은 필연적으로 이웃인 거란, 고려의 불안을 고조시켰다. 송의 여진 공략 이후 요의 천조제는 직접 군대를 이끌고 금을 쳤지만 대패하였다. 게다가 요 내부에서도 반란이 일어나 퇴각할 수밖에 없었다. 거란을 물리친 여진은 그 여세를 몰아 요동을 공략하고 요의 본거지인 요서로 진격하여 1125년에 마침내 요를 멸망시켰다.

고집 센 천재 개혁가 왕안석

오랑캐로 여기던 요에게 세폐를 바치고, 형제의 관계를 맺는다는 것은 송에게 참을 수 없는 수모였다. 그러나 송은 전쟁을 위해 군대를 양성하고, 군량을 마련하는 것보다 세폐로 전쟁을 무마시키는 게 합리적이라고 판단한 것 같다. 싸워도 이길 자신이 없고, 가만히 있으면 침략을 받을 것이 뻔한 상태에서 그들이 고를 수 있는 선택지는 극히 제한되었다.

　송의 지식인들 중에는 오랑캐와 형제 관계를 맺는 것은 차마 있을 수 없는 일이라고 격렬히 반대하는 사람들이 적지 않았다. 그러나 그들도 하늘이 정한 천하의 질서가 무너져 내림을 한탄하는 것 외에는 달리할 수 있는 일이 없었다.

그러나 송의 불행은 그것으로 끝나지 않았다. 1042년, 거란은 송과 서하의 전쟁을 중재해 준 대가로 세폐의 양을 증액해 줄 것을 요구했다. 이에 따라 1042년 이후 송이 거란에 보내는 세폐는 비단 30만 필, 은 20만 냥으로 늘어났다. 이를 송에서는 경력 연간(1041~1048)에 세폐가 늘어난 사건이라는 의미로 경력증폐慶曆增幣라고 하였다.

세폐를 통해 평화를 유지하려는 송의 정책은 군사적인 열세를 인정한 상태에서 취한 부득이한 선택이기는 하였으나 국가 재정이 극도로 악화되는 결과를 초래하였다. 그 결과 송대 사서에 이른바 '3용三冗의 체제위기'라 기록될 정도로 송의 재정 적자는 날로 심화되었다.

이러한 상황에서 11세기 후반에는 왕안석이 신종의 신임을 얻어 신법을 강행했다. 수천년 중국사를 통틀어 봐도 왕안석은 독특한 인물이었다. 훌륭한 집안 출신도 아니고, 아버지가 고관도 아니었다. 19세에 아버지를 잃고, 혼자 공부하여 22세에 과거에 급제하여 관직에 나갔다. 그는 중앙 관직을 원했던 다른 사람들과는 달리 지방관을 자청하여 20년 동안이나 고을 수령을 지냈다. 법 집행에 엄격하고 매사에 공평하여 가는 곳마다 명성을 떨쳤다. 그의 명성이 조정에까지 알려지자 황제들은 그를 중앙으로 불러들이려 하였다. 그러나 그는 상을 치른다거나 몸이 아프다는 등의 핑계를 대며 중앙으로 가지 않았다. 1058년에 수도로 돌아온 왕안석은 송나라 인종에게 장편의 상소문을 올렸다.

신이 보건대 폐하께서는 삼가고 검소한 덕을 지니셨습니다. 총명하고 지혜로우시며, 이른 아침부터 늦은 밤까지 하루도 빠짐없이 백성들을 위해 노심초사하십니다. 여색을 가까이하지 않으시며, 놀이나 유흥도 즐기지 않으십니다. 만물을 사랑하는 뜻으로 천하를 따뜻하게 아끼시고, 적합한 사람을 공정하게 뽑아 그에게 맞는 일을 맡기시며, 남을 모함하는 말이나 감언이설에 미혹되지 않으십니다.……마땅히 백성들의 생활은 넉넉하고, 천하는 크게 다스려져야 함에도 그렇지 못합니다. 나라 안을 돌아보니 사직을 근심하지 않을 수 없고, 나라 밖을 보니 오랑캐를 두려워하지 않을 수 없습니다. 나라의 재력은 날이 갈수록 곤궁해지고, 풍속은 날로 무너지고 있습니다. 사방의 뜻있는 선비들은 걱정을 금하지 못하고, 천하가 오랫동안 편안하지 못합니다(왕안석, 〈만언소〉).

상소를 받은 인종은 그를 불러들여 중용하려 했으나 조정의 상황은 여의치 않았다. 이후에도 그는 지방관을 지내다가 인종이 죽고, 신종이 즉위한 후에야 한림학사로 발탁되었다. 그를 처음 만난 20세의 황제가 물었다.

"지금 나라에서 가장 시급한 일은 무엇인가?"

"국가 경영의 방향을 설정하는 것입니다. 그리고 이를 실행하려면 정책을 간결하게 정리하여 실시해야 합니다."

"태조께서 창업하신 후 지금까지 100여 년 동안 송이 태평을 누린 이유는 무엇인가?"

"그것은 실로 하늘이 도왔기 때문입니다. 비록 거란과 서하가 강성해

져서 전쟁이 일어난 적도 있지만 큰 나라를 이루지는 못했습니다. 또 가뭄이나 홍수와 같은 자연재해도 없었습니다. 그러나 지금 나라의 창고는 텅텅 비고, 백성들은 가난해졌습니다. 이를 바로잡지 않는다면 사직을 보존하기 어려울 것입니다."

왕안석의 개혁 의지는 피 끓는 젊은 황제의 심금을 울렸다. 신종은 그를 부재상에 임명하고, 개혁을 추진할 수 있는 권한을 내려주었다. 왕안석은 국가의 모든 정책을 재조직하고, 개편하였다. 이를 일컬어 사람들은 '신법新法'이라고 불렀다.

신법의 주요 내용은 농민 생활 안정, 중소상인 지원, 국가 재정의 재건 등 부국책과 강병책으로 구성되어 있었다. 대지주와 상인들의 반대에 부딪혀 신법의 시행은 처음부터 난관을 맞았으나 신종의 신뢰와 지원에 힘입어 일시적으로 성공을 거두었다. 그 결과 시행된 지 1년 만에 국가 경비는 4할이 절감되었고, 고리대로 피해를 입는 농민들의 수도 크게 감소하였으며, 일시적으로나마 군사력도 강화되는 효과가 나타났다. 송의 재정은 모처럼 흑자로 돌아섰고, 대지주와 대상인, 탐관오리의 횡포도 줄었다.

그러나 신법에 대한 저항은 컸다. 그의 개혁에 반대하는 사마광 등 구법당의 관리들과 대지주들은 그의 개혁이 중앙의 창고만 불릴 뿐, 백성들의 삶은 오히려 어렵게 만든다고 몰아붙였다. 실제로 신법은 효과 못지않게 부작용도 컸다. 왕안석과 함께 정계를 장악한 사람들의 정치적 경험이 부족한 점도 있었지만 왕안석의 독선적인 성격도 한몫했다.

당시의 기록을 보면 왕안석은 천재성이 있었던 듯하다. 학문적인 면에서도 서른 살을 전후하여 경전 해석이 그에 미치는 사람이 없다고 할 만큼 이름을 떨쳤다. 그러나 어느 한 가지에 몰두하면 다른 생각을 하지 못했다. 씻는 일도, 옷을 갈아입는 일도, 심지어는 밥을 먹는 일도 잊은 채 자기 생각을 정리했다. 지나가는 사람이 인사를 해도 알아듣지 못했다. 물론, 자신이 옳다고 결론 내리면 다른 사람의 말을 귀 기울여 들으려 하지 않았다.

역사 속에 천재로 일컬어지는 인물은 많았다. 그러나 그들 중 상당수는 독선 때문에 뒤끝이 좋지 않았다. 높은 자리에 오를수록 말을 신중히 하고, 널리 들어야 한다는 진리를 모를 리 없건만, 권력이 커질수록 입은 커지고 귀는 작아졌다. 왕안석도 그랬다. 사사건건 구법당과 마찰을 빚었지만 타협이라는 것을 알지 못했다. 개혁을 밀어붙이다가 두 번이나 좌천을 당했던 것도 그와 무관하지 않을 것이다.

신법으로 국가 재정이 어느 정도 안정세로 돌아서자 신종은 세폐 문제를 해결하기 위해 북방 민족들과 결전을 벌였다. 그러나 결과는 참담했다. 1074년에는 요와의 국경 지역에 군사력을 키웠다가 요의 반발을 사서 결국 700리의 땅을 요에 떼어주어야 했다. 1081년에도 서하와 결전을 벌이기 위해 대정토군을 일으켰다가 실패하였다. 이로 인해 그나마 신법으로 축적한 경제적 성과마저도 바닥을 보였다.

집권당에 따라 달라진 송의 대외 정책

송나라 신종이 세상을 떠나고 철종이 왕위에 오른 후에는 구법당과 신법당 인사들이 번갈아 요직을 차지하면서 양당의 대립이 한층 심화되었다. 이때는 소동파가 자국의 대고려 외교 정책을 비판하는 상소를 올린 시기이기도 하다. 소동파의 본명은 소식이고, 자는 자첨子瞻, 호는 동파거사東坡居士이다. 지금의 스촨성四川省 메이산현眉山縣에서 태어났다. 그의 아버지는 당송 8대가로 일컬어지는 문인 중 한 명인 소순蘇洵이다. 또한, 당시 문인으로 명성을 떨친 소철蘇轍이 그의 아우이다. 당시 사람들은 이 세 사람을 3소三蘇라고 불렀는데, 모두 당송 8대가에 들었다.

소동파는 《자치통감》을 쓴 사마광과 함께 구법당의 대표적인 인사였다. 구법당은 기본적으로 왕안석이 추구하는 정치는 물론, 외교 관계에 대해서도 몹시 부정적이었다. 따라서 신법당이 연려제요聯麗制遼(고려와 연대해 요나 금을 제압한다)를 주장하며 고려 사신을 후하게 접대하고, 고려 왕에게 많은 물품을 선물로 보내는 것을 못마땅해했다.

1084년 소동파는 등주登州 지주로 부임하던 중에 해주海州에 화려하게 지어진 고려정(고려 사신의 숙소)을 지나며 "오랑캐에게 모두 다 내주어 (백성들을) 노비가 되게 하였으나 / 저들로부터 얻는 것이 없다는 것은 알지 못하는구나盡賜昆邪作奴婢 不知償得此人無"라고 한탄했다. 항주 자사를 지내던 시기에는 배를 타고 건너온 고려인들을 보고 "머리에 상투를 튼 짐승들이 배 안에서 사납게 쳐다보는구나椎髻獸面睢盱船中", "원숭이가 사람을 희롱한다는 말이 이치에 맞는다胡孫弄人語良有理"라고 읊기도 했다.

소동파의 고려에 대한 미움은 예부상서로 근무하던 1093년에 이르러 극에 달했다. 이때 그는 〈논고려매서이해차자論高麗買書利害箚子(고려가 서적을 구입하는 건에 대한 득과 실을 따지는 글)〉를 올려 송이 고려와 무역하는 것은 다섯 가지 폐해만 있을 뿐 이익은 하나도 없다는 주장을

소식 석상

소식蘇軾(1037~1101)은 당송 8대가 중 한 명인 구양수에게 글을 배웠으며, 시·부·산문 등에 모두 뛰어났다. 22세에 과거에 급제하여 이름을 알렸으나 북송 시기의 당쟁에 휘말려 북쪽 변방으로 귀양을 가는 등 정치적인 부침을 거듭했다. 당시 그는 《자치통감》을 쓴 사마광과 함께 신법에 반대하는 구법당의 대표적인 인물이었다. 이 석상은 항저우의 서호西湖에 있다.

소제

송의 문장가이자 관리였던 소식이 항주의 지방관으로 재직할 때 가뭄을 막기 위해 항저우의 서호西湖에 만든 제방이다. 소제라는 이름은 소식의 성에서 따온 것으로, 봄의 경치가 아름답기로 유명하다. 당나라 때 백거이가 서호에 쌓은 제방인 백제와 함께 서호의 명물로 알려져 있다.

펴기도 했다. 상소의 요지는 사신 접대로 인한 폐단의 심화, 고려가 송의 정보를 얻어다가 거란에 전달할지도 모른다는 우려, 고려에 준 물품이 거란으로 유입되는 것에 대한 부당함, 양국의 국교 재개로 인한 거란의 공격 가능성 등이다. 고려인들이 소식을 사모하고, 그의 문장을 보물처럼 여긴 것에 비해 정작 소식은 고려를 매우 가혹하게 비판하고 있었던 것이다. 물론, 소식의 친고려 정책 비판은 그의 개인적인 견해이기도 했지만 신법당의 연려제요 정책을 비판하는 구법당의 정치적 입장을 대변한 측면도 없지 않았다.

풍류천자의 방만한 재정 운영

철종이 죽고 휘종이 왕위에 오르자 신법당이 다시 정권을 잡았다. 그러나 휘종의 신법은 왕안석이 추구했던 본래의 정신을 잃었다. 휘종 또한 예술 활동에 심취하여 사치를 일삼고 국정에 힘쓰지 않았다.

휘종은 신종의 열한 번째 아들로 태어났다. 본래는 황제가 될 처지가 못 되었으나 그의 형 철종이 후사 없이 세상을 떠나자 황태후의 후원으로 18세에 왕위에 올랐다. 휘종의 예술가적인 자질은 매우 뛰어났다. 시를 짓는 데 탁월했고, 그림과 글씨 또한 전문가에 뒤지지 않았다. 나중에는 수금체瘦金體라는 독특한 서체를 만들어 내기도 했다. 실제로 지금까지 몇 점 남아있는 휘종의 그림과 글씨는 중국 미술사에서도 손꼽힐 만큼 매우 뛰어나다는 평가를 받는다.

그러나 그에 비하면 정치적 역량은 형편없었다. 중요한 판단을 해야 할 때면 선뜻 결정을 내리지 못했다. 즉위 초에는 여러 관리에게 조언을 구했으나 시간이 지날수록 측근에게만 의견을 묻는 일이 많아졌다. 그나마 그림 그리기에 빠져있을 때면 정치는 뒷전이었다. 그러다 보니 환관인 동관童貫과 간신 채경蔡京이 모든 정치를 좌지우지하였다. 그들에게 뇌물을 바친 사람들이 정계를 장악하였고, 그들에게 밉보인 관리들은 관직과 목숨을 잃었다. 금의 침입으로 북송이 멸망한 것도 사실 휘종의 실정 때문이나 다름없었다. 그래서 훗날 지식인들은 휘종을 에둘러 '풍류천자風流天子'라고 했다.

풍류 황제 휘종에게도 걱정거리가 있었다. 그것은 황제의 자리에 오른 후에도 후사가 없다는 것이었다. 그런 황제의 마음을 읽은 어느 도사가 황궁의 동북쪽을 높이면 자식을 얻을 수 있다고 주장했다. 그의 말을 믿은 휘종은 백성들을 동원하여 궁궐 동쪽에 만세산萬歲山이라는 인공산을 쌓게 했다. 산을 쌓은 후에 휘종은 연이어 자식을 얻었다. 그러자 그는 10여 리에 걸쳐 산을 더 쌓도록 했다. 산의 영험함 때문인지, 황제가 된 후에 수없이 많은 후궁을 들였기 때문인지 알 수 없지만 휘종은 65명이나 되는 자식을 얻었다. 심지어는 정강의 변이 일어나 금에 포로로 끌려간 후에도 자식을 낳아서 80명 가까이 되었다고 한다. 그는 또 도교를 신봉하여 자신을 도군道君이라 부르기도 했다.

휘종의 사치는 골동품을 수집하는 것과 예술 생활을 위해 정원을 꾸미고 궁실을 장식하는 데에만 그치지 않았다. 사치스런 생활을 위해 측량하는 자尺의 길이를 바꾸어 백성들의 땅을 빼앗았으며, 세금을 올리는 일도 서슴지 않았다. 누군가가 귀한 골동품을 가지고 있다거나 좋은 글을 가지고 있다는 말을 들으면 기어이 그것을 구해다가 소장하려 했다. 한번은 송에 사신으로 간 김부식의 동생 김부의(김부철)가 당 명황(당 현종)이 신라 경덕왕에게 지어준 시를 베껴 바친 적이 있었는데, 휘종은 그것을 모든 학사에게 돌려보게 하고, 현종의 친필이라며 기뻐했다는 이야기도 있다.

특히, '화석강의 폐단花石綱弊端'이라 불리는 휘종의 사치는 백성들의 불만을 더욱 키웠다. 화석강의 폐단이란 소주와 항주의 태호에서 생산되는 기암괴석을 채취하여 황실까지 운반하는 요역을 일컫는 말이다. 도로와 운송수단이 마땅치 않던 시절에 큰 돌을 운반하는 일은 결코 쉬운 일이 아니었다. 많은 사람이 돌에 깔려 목숨을 잃었고, 돌을 운송하는 데에 장애가 되면 민가를 헐고 농토를 훼손하는 일도 마다하지 않았다. 그럼에도 휘종의 태호석에 대한 애정은 식지 않았다. 심지어 응봉국應奉局이라는 관청을 두어 태호석의 채취와 운송을 담당하게 하기도 했다. 당쟁에 따른 정치적 혼란과 관료의 부패, 토지의 겸병, 동남 지역에 대한 중과세 등이 겹쳐지면서 농촌 사회에서는 불만이 쌓여갔다.

이러한 상황에서 선화 원년(1119)에는 화북에서 송강宋江의 난*이 일어났고, 이듬해인 선화 2년(1120)에는 강남의 목주에서 마니교 신도들

---

* 선화 원년(1119)에서 3년(1121)까지 양산박(지금의 산둥성 지닝시濟寧市의 량산현梁山縣 일대)에서 일어난 대규모 농민 반란이다. 난이 일어나게 된 직접적인 배경은 송나라 조정이 재정 곤란의 해결을 위해 저습지인 양산박 800여 리 수역水域 전체를 국유화한 것이었다. 이로써 농민들은 하루 아침에 호수의 물고기를 잡거나 연밥을 뜯거나 갈대를 베려면 모두 선박의 대소에 따라 세금을 납부해야 했다. 이런 상황에서 송강은 불만이 쌓인 농민들과 함께 봉기하였다. 이 사건은 중국의 인기 있는 소설《수호지》의 배경이 되기도 하였다.

이 대거 가담한 방랍方臘*의 난이 일어났다. 특히, 방랍은 경제의 중심지였던 목주, 항주 일대를 공략하여 송 정부를 충격에 빠뜨렸다. 방랍의 난은 1121년에 평정되었지만 진압 과정에서 협력한 백성까지 수백만 명을 도륙함으로써 민심이 흉흉해지고 국력 또한 약화되었다.

조선의 4대 문장가로 꼽혔던 상촌 신흠(1566~1628)은 〈청창연담〉에서 "송 휘종은 문장이나 서화 등 기예 일체에 관해서 경지에 이르지 않은 것이 없었다. 그런데 유독 할 수 없었던 것은 천하를 다스리는 일이었다"라고 평가하였다. 한 나라의 황제에게 가장 부족했던 능력이 나라를 다스리는 일이었다니 뼈아픈 지적이 아닐 수 없다.

이러한 정치적 변화에 따라 고려에 대한 송의 예우는 부침을 반복하였으나 대체적으로 고려 사신에 대한 송의 예우는 꾸준히 향상되었다. 고려와 송의 국교가 재개되었을 때는 요보다는 낮고 서하와는 동급으로 대우하였으나 대관大觀 연간(1107~1110)에는 요와 같은 수준으로 올라왔으며, 정화政和 연간(1111~1117)에는 고려의 사신을 국신사로 승격시켜 예우를 서하의 위에 두었다.

한편, 금이 요와 싸워 요동을 함락했다는 소식이 전해지자 송은 금과

---

* 북송 말기인 1120년 목주睦州 청계현靑溪縣의 옻나무밭 농민 방랍이 주도하여 일으킨 대규모 농민 반란이다. 참여한 농민이 수 만 명에 이르고, 기간도 1년이나 지속되어 북송 멸망의 중요한 요인이 되었다. 당시 농민들은 휘종의 기암괴석 수집 때문에 고통을 겪고 있었다. 뒤늦게 보고를 받은 휘종은 돌의 운송과 골동품 수집을 중단할 것을 명하였으나 난은 좀처럼 진압되지 않았다. 이에 금과 협공하여 거란을 공격하기로 했던 관군이 난의 진압에 투입되면서 송은 금과의 약속을 어기게 되었고, 간신히 난을 진압하고 난 후에 거란 공격에 나섰지만 성공하지 못하였다.

연합하여 요를 멸망시키는 전략을 구사하려 했다. 마침내 1118년 송은 발해만을 가로질러 금에 사신을 보내 남북으로 요를 협공하여 무너뜨리자는 내용의 맹약(송·금 해상의 맹약)을 맺었다. 이에 따라 금은 1120년 요의 수도인 상경임황부上京臨潢府, 1121년에는 중경대정부中京大定府를 함락시키는 등 요의 북쪽 지역 10주를 차례로 정복하였으나 송은 방랍의 난으로 차질이 생겨 약속대로 진군하지 못하였다. 동관이 가까스로 방랍의 난을 진압하고 연운 16주의 남쪽 지역을 공략하였으나 그나마도 요에 연패하여 은 20만 냥, 비단 30만 필, 전 100만 관, 군량 20만 석을 대가로 지불하고 금에 도움을 요청하는 상황이 벌어졌다. 송의 요청을 받은 금은 얼마 지나지 않아 요의 연경을 함락하고, 이 지역의 주민들을 금으로 이주시켰다. 서긍 일행이 고려로 출발하기 1년 전의 일이었다.

3

송의 사신선
신주와 객주

신주라는 말에 담긴 의미

12세기에 들어 송은 고려와 적극적으로 교류하며 거란을 견제하려 했다. 송을 방문한 고려 사신을 후하게 대접하고, 고려에 파견하는 사신의 수를 늘린 것도 이와 관련이 있다. 송의 신종은 원풍元豊 원년(1078)에 안도安燾 등을 고려에 사절로 보내면서 신주神舟라 불리는 화려한 사신선을 2척이나 제작하였다.

이때 고려에 파견된 신주는 '파도를 헤치고 편안히 바다를 건너 먼 곳에 이른다凌虛致遠安濟'는 의미와 '신령스럽게 날아가듯 순조롭게 바다를 건넌다靈飛順濟'는 의미가 있었다. 송에서 고려에 보낸 사신선을 신주라고 한 것은 중국의 옛 기록에 등장하는 도교의 여신 서왕모의 신화에서 유래했다. 서왕모는 곤륜산 정상에 있는 궁전에 살고 있으며, 반도원蟠桃園이라는 복숭아밭을 가지고 있다고 한다. 반도원의 복숭아는 선도라고 불리는데, 먹으면 불로장생할 수 있다는 신비한 영약이다. 서유기의 손오공이나 중국 전설 속의 동방삭이 훔쳐 먹고 영생하게 된 복숭아도 서왕모의 선도이다.

신주는 서왕모가 살고 있는 곤륜산과 인간 세계를 이어주는 배이다. 그렇다 보니 신주는 중국 역사에 심심찮게 등장한다. 신선의 경지에 이른 주나라 목왕이 여덟 마리의 준마가 끄는 마차를 타고 요지瑤池라는 연못에 가서 서왕모를 만났다는 이야기도 있고, 서왕모가 연나라의 소왕을 찾아 신주를 타고 세 번이나 인간 세상으로 내려온 적이 있다고 한다. 《박물지》*에는 한 무제가 간절히 신선술을 배우려 하자 서왕모가 자운거紫雲車를 타고 내려와 무제에게 5개의 선도를 선물했다는 이야기도 있다. 주 목왕이 탔다는 8준마 수레나 서왕모가 한 무제를 만나기 위해 타고 내려왔다는 자운거를 신주라고 기록한 책도 있다.

1078년에 송이 첫 번째 신주를 보냈을 때 고려인들의 반응은 매우 뜨거웠다. 그러나 고려는 송이 원하는 것처럼 거란과의 관계를 끊고 곧바로 송에 책봉을 요청하지는 않았다. 신종은 여러 신하의 만류에도 불구하고, 또다시 고려에 사신을 파견할 계획을 세웠다. 앞서 살펴본 것처럼 이 시기 송은 금과 연합하여 요를 공격하려 하다가 전투에서 패하고 금에 세폐만 바치게 되자 금과 일전을 준비하던 시기였다. 거란이 멸망하고, 금이 중국의 북쪽을 통일할 경우 송과 손잡고 함께 금을 견

---

* 《박물지博物志》는 위魏~서진西晉 시기에 활동한 장화張華(232~300)가 기이한 이야기를 모아서 엮은 백과사전식 괴담집이다. 산과 강을 비롯한 지리적 사실, 중국 밖의 다른 나라들, 역사서에 빠진 사실, 기이한 이야기, 이민족, 기이한 산물, 기이한 짐승, 신선과 양생술, 음식 복용법 등 다양한 내용이 수록되어 있다. 그중에는 여인국(여자만 사는 나라), 대인국(거대한 사람이 사는 나라), 염화국(입에서 불을 뿜는 사람들이 사는 나라), 결흉국(비행하는 수레를 타고 다니는 사람들이 사는 나라) 등 기이한 나라들에 대한 설명도 있다.

제할 수 있는 나라는 고려가 유일했다. 더구나 당시 송은 안으로도 여기저기서 민란이 일어나 안팎으로 위기감이 고조되어 있었다.

기회라는 것은 늘 가까이에 있다. 더러는 예기치 않게 불쑥 찾아오기도 한다. 송의 황제 휘종이 신종의 뜻을 이어 고려에 사신 보낼 준비를 하고 있을 때 고려에서 사신을 보내 예종의 죽음을 알려왔다. 적절한 구실이 생기자 휘종은 그해 가을 고려에 사신단을 파견하려던 계획을 변경했다. 이듬해에 보내도록 하되, 고려에 송의 위엄을 제대로 보이기 위해 또다시 신주를 제작하게 하였다.

따라서 1123년 송 국신사 일행의 고려 사행은 두 가지 임무를 띠고 있었다. 표면적으로는 1122년에 세상을 떠난 예종에 대한 조문 조서와 조의 물품의 전달이었지만, 이면적으로는 책봉을 권유하는 휘종의 뜻을 전함으로써 고려와 군사적인 동맹 관계를 견고히 구축하는 것이었다. 따라서 휘종은 고려에 대한 송의 성의를 보이기 위해 원풍 시기의 사례에 따라 신주를 제작할 것을 명하였다.

이때 제작한 신주의 명칭은 '정신이섭회원강제신주鼎新利涉懷遠康濟神舟'와 '순류안일통제신주循流安逸通濟神舟'였다. 앞의 것은 '솥과 같이 안정적이고 편안하게 먼 곳으로 건너가는 신령스런 선박'이라는 의미이고, 뒤의 것은 '파도의 흐름을 막아 편안하게 바다를 건너가는 신령스런 선박'이란 의미이다. 먼 항해를 해야 하는 선박이기 때문에 다소 거창한 이름을 지어 신령스러움을 더하고자 하였다. 물론, 앞서 살펴본 것처럼 그것은 도교에 심취해 있던 휘종의 취향이 반영된 것이기도 하다.

또한, 두 척의 선박에는 비단 돛이 설치되어 있었고, 비단으로 만든 배의 돛에는 익새의 머리가 그려져 있었다[錦帆鷁首]. 익새는 상상 속의 흰색 큰 새로 바람을 견딘다고 하여 돛이나 배의 이물에 그려넣었다. 중국의 옛 기록에는 익새가 백로를 닮았다고 적혀있다.

신주와 객주의 규모와 형태

송 국신사 선단은 신주 2척과 객주 6척으로 구성되었다. 신주는 송나라 조정에서 특별히 제작한 사신선이고, 객주는 상인들 소유의 선박이었다. 이웃나라에 대통령이나 외교사절이 파견될 때 경제 관료들이 따라가는 것은 아주 오래된 관례인 셈이다. 그러나 이때의 상단은 단순히 무역을 위해 따라나선 것만은 아니다. 송과 고려가 멀어져 있던 사이 두 나라를 연결하던 사람들이 바로 송나라 상인이었다. 상인들은 뱃길을 안내하고, 오가는 동안의 경제적 비용을 일정 부분 부담하였으며, 더러는 통역 역할도 했다. 전문 통역관이 없는 것은 아니었으나 1년에 한두 번씩 고려를 드나드는 상인들에 비하면 그들의 솜씨는 그리 훌륭하다고 할 수 없었다.

신주와 객주 제작은 당시 목재가 풍부하고, 조선 기술이 발달했던 복건과 양절兩浙(현재의 장쑤성 일부와 저장성 전역을 포함하는 지역)에서 맡았다. 양절 지역에서 제작되는 선박을 당시 사람들은 복선福船이라고 했다. 복선은 배의 저판이 가운데가 부드러운 U자형 또는 ⌣형이며, 이물 쪽은 다소 좁고, 고물 쪽은 넓다. 배의 이물 앞쪽 좌우 선판에는 큰 눈이 그려져 있다. 선박에 눈을 그려넣는 것이 언제부터 생겨난 풍속인지는 아무도 알지 못한다. 다만 그 눈은 뱃길을 밝혀주고, 사악한 기운

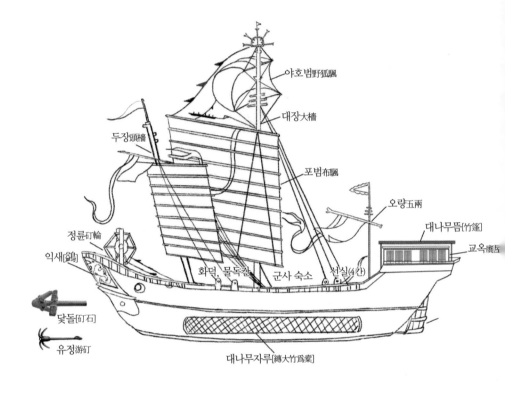

야호범野狐颿
대장大檣
두장頭檣
포범布颿
오량五兩
대나무뜸[竹篷]
교옥膠屋
정륜矴輪
익새[鷁]
화덕, 물독 칸
군사 숙소
선실(4칸)
닻돌[矴石]
유정游矴
대나무자루[縛大竹爲橐]

《고려도경》에 묘사된 객주의 평면도(추정)

《고려도경》에는 객주의 규모와 형상이 잘 묘사되어 있다. 객주는 길이 약 30미터, 높이는 약 9미터, 너비는 약 7.5미터, 용적량은 약 155톤이나 되는 대형 선박이었다. 객주의 위는 저울대 같이 평평하고, 아래는 칼처럼 기울었으며, 크게 세 공간으로 구획되어 있었다고 한다. 돛대는 두 개인데, 중간의 대장大檣이 약 30미터, 앞쪽의 두장은 약 24미터였다. 또한, 배 가운데 부분의 양편에는 커다란 대나무 다발을 설치하여 파도를 막았다고 하였다. 신주는 객주와 모습은 유사하지만 규모는 3배나 되었다고 한다.

과 못된 물고기들을 쫓아주는 역할을 한다는 믿음이 있었다.

객주는 길이가 약 30미터(10여 길), 높이 약 9미터, 너비 약 7.5미터나 되는 큰 배였다. 통나무와 반듯하게 켠 나무를 섞어 만들었는데, 객주 1척의 용적량은 약 155톤이나 된다. 외판은 두 겹으로 하여 파도에 부서지지 않도록 하고, 세 칸 모두 독립적인 공간이 되도록 판자로 밀봉하였다. 따라서 어느 한 칸이 부서져 물이 들어오더라도 다른 칸까지 물이 차올라 침몰할 염려는 없었다. 또한, 배의 판자와 판자 사이는 석회와 오동나무 열매 기름을 섞어서 꼼꼼하게 메웠다.

신주는 객주 용적량의 3배 크기, 즉 길이 약 43미터, 높이 약 13미터, 너비 약 11미터, 용적량 약 465톤의 초대형 선박이었다. 신주를 처음 본 고려인들이 우러러보고 환호하며 감탄한 것은 그 거대함과 화려함 때문이었다.

신주와 객주는 모두 배의 위쪽이 평평하고, 아래쪽은 부드러운 모양의 삼각형인 첨저형(바닥이 '◡◡' 모양으로 생긴)의 선박이었다. 평저형의 선박이 파도를 누르고 운행하는 데 비해 첨저형의 선박은 파도를 가르며 가는 데 유용한 것으로 알려져 있다. 또한, 평저형의 선박보다 파도의 저항을 덜 받아 속도도 빨랐다. 다만, 파도가 세면 흔들림은 평저선보다 심했다.

배의 전체적인 구조는 크게 셋으로 구획되었는데, 맨 앞의 두 돛대 사이는 갑판이 설치되지 않았고, 뒤의 두 부분에는 갑판이 설치되어 있었다. 갑판이 설치되지 않은 가장 앞부분은 두 돛 사이의 구간이다. 위아래 2층으로 구획되었는데, 위쪽은 화덕과 물독이 설치된 배의 부엌이었다. 식수의 조달과 취사는 이 공간에서 이루어졌다. 취사 공간의 아

〈당선지도唐船之圖〉 중 영파선

영파선은 절강성浙江省 영파寧波 일대에서 제작한 배이다. 〈당선지도〉는 18세기에 일본에 온 중국 상선을 구분하기 위해 일본인이 그린 그림으로 추정되는데, 서긍이 묘사한 객주와 구조가 매우 유사하다. 객주가 제작된 시기가 12세기이고, 〈당선지도〉가 그려진 시기가 18세기이므로 약 500~600년의 차이가 있기는 하지만 객주의 구조를 파악하는 데에 중요한 단서가 된다.

※출처: 도쿄대학교 고마바도서관駒場圖書館.

〈당선지도唐船之圖〉중 복주선

〈당선지도〉중 복주선이다. 복주선은 복건성福建省 복주福州 일대에서 제작된 배이다. 영파선과 마
찬가지로 18세기에 일본에 온 중국 상선을 구분하기 위해 일본인이 그린 그림으로 추정된다.

※출처: 도쿄대학교 고마바도서관駒場圖書館.

래는 군사들이 묵는 공간이었다. 군사들은 이곳에서 숙박하였으므로 무기도 이 공간에 비치되어 있었다. 유사시에 긴급히 출동해야 하는 특수한 상황을 고려한 것이다.

배의 중간 부분에는 밭 전田 자 형태로 네 개의 방이 들어서 있었다. 배에 탑승한 사람 중 하급 관리나 실무자들은 이 공간에서 거처했던 것 같다. 배의 고물 부분에는 지붕이 있는 집 모양의 거주 시설이 설치되어 있었는데, 이를 교옥이라 불렀다. 교옥은 1장, 즉 약 3미터 높이였다. 그 네 면에 모두 창호가 설치되어 있었으므로 안은 방과 같았다. 교옥의 윗부분에는 바다를 조망하거나 바람을 쐴 수 있는 공간이 마련되어 있었다. 그 생김은 사방이 트여 있고, 난간이 설치된 형태였다. 난간에는 채색을 하여 화려함을 더했으며 위쪽에는 장막이 설치되어 차양의 역할을 하였다. 또한, 차양 부분에는 비가 올 것에 대비하여 대나무로 만든 뜸을 준비해 두었다. 비가 내리면 뜸을 조밀하게 펴서 비를 막았다.

교옥이 설치된 배의 고물에는 삼부타三副柂라는 노가 두 개가 있었다. 삼부타는 교옥에서 아래로 관통시킨 형태였는데, 주로 먼 바다로 들어갈 때 이용하는 노였다. 또한, 교옥의 뒤에는 크고 작은 닻이 두 개가 있어 물이 얕고 깊음에 따라 바꿔서 사용하였다. 흔히 키를 중국에서는 타라고 하였는데, 타에는 두 종류가 있다. 하나는 키의 손잡이에서 직각으로 내려온 수직형이고, 다른 하나는 선미의 각도를 따라 안으로 기울어진 형태이다. 신주와 객주의 키는 120도 정도 기울어진 형태였다.

특이한 것은 객주의 선복船腹, 즉 배의 한 가운데 지점에 대나무 주머니가 달려있었다는 것이다. 이 대나무 다발은 파도가 배로 넘어오지 않게 하고, 화물의 무게가 가볍고 무거움을 가늠하는 데 사용한다. 그 위에는 노가 설치된 수붕水棚이 있었다. 노는 총 10개, 즉 한쪽 면에 다섯 개씩 설치되어 있어, 섬[山]을 헤치거나 항구에 들어갈 때, 조류를 따라 관문을 넘을 때 사용하였다. 그러나 아무리 온 힘을 다해 노를 저어도 바람을 타는 것만 못했다. 신주와 객주의 주요 동력은 노가 아니라 돛 이었다.

한편, 객주의 돛대는 두장과 대장, 두 개가 있었다. 대장은 높이가 30 미터, 두장은 높이가 약 24미터였다. 대장의 길이는 객주의 길이와 같 았는데, 이는 송과 고려의 선박에서 유사하게 나타나는 특징이다. 돛은 비단으로 만들었지만 비단 돛과는 별도로 움직이는 뜸[이봉利篷], 즉 대 나무나 부들로 짜서 만든 돛자리 돛이 마련되어 있었다. 또한, 대장의 위에는 야호범野狐颿이라는 10폭짜리 작은 돛이 달려있었다. 야호범은 바람이 멎었을 때, 또는 바람이 너무 급하게 불어 돛의 기능을 약화시 켜야 할 때 이용되었다. 서긍에 따르면 바람은 총 8면에서 불어오는데, 그중 정면에서 불어오는 맞바람을 제외하면 모든 방향에서 불어오는 바람을 이용할 수 있다고 하였다. 따라서 바람의 방향을 파악하는 것이 매우 중요했으므로, 배 안에는 바람의 방향을 알리는 오량五兩이라는 장대를 세웠다.

객주와 신주는 모두 첨저형이었으므로 밀물이 되어 바다의 갯벌이 드 러나면 기울어지거나 바닥에 박힐 수밖에 없었다. 따라서 늘 노끈으로 납추를 바닷물에 내려서 깊이를 재며 앞으로 나갔다. 서긍 일행이 황수 양을 건널 때 배가 얕은 곳에 박혀 키가 세 개나 부러지는 일도 있었다.

객주의 선원은 사공과 격군을 포함하여 총 60명 정도였다. 신주의 선 원은 객주의 3배, 즉 1척당 180명 정도였다. 신주 선원 360여 명과 객주 선원 360명을 합치면 뱃사람은 총 720명 정도였다. 사신단은 상절 25명, 중절 23명, 하절 108명(명주의 토병으로 구성된 선무하절 50명 포함)으로 총 156명이었다. 둘을 합치면 전체 사신단의 인원은 약 900명이나 되었다.

뱃사람들은 대부분 큰 방에서 공동으로 생활하였으므로 긴 항해 동안 다치거나 병이 들기라도 하면 그 피해는 고스란히 옆사람에게 돌아갔다. 여러 명의 의원이 있고, 몇몇 종류의 약재가 준비되어 있었지만 배에 탄 사람들의 수에 비하면 터무니없이 부족했다. 관리들이나 나이든 사람들도 나름대로 조금씩 의학에 대한 지식이 있어 급할 때는 그들이 가진 약을 나눠주는 일도 있었다. 신기한 사실은 관리들은 물론이고, 뱃사람들까지 아침이 되면 머리를 빗고, 거울을 보며 매무새를 다듬는다는 것이다. 옷보따리 속에 청동거울이나 얼레빗을 가진 사람들은 생각보다 많았다. 뱃길이 막히거나 무료할 때를 대비하여 바둑판이나 장기알을 챙겨온 사람들도 있었다.

4

신주의
고려 항로

신주가 있는 사명으로

송나라의 국신사 일행이 본격적으로 고려로 떠날 채비를 한 것은 1123
년 2월 18일부터였다. 24일에는 고려에 가져갈 예물을 살피고, 3월 11
일에는 동문관同文館에 들어가 사행 중에 삼가야 할 일에 대한 설명을
들었다. 이틀 뒤인 3월 13일이 되어서야 대략 출발 준비가 끝나자 일행
은 궁궐로 들어가 숭정전에서 휘종에게 인사를 올렸다. 황제는 사신들
에게 고려에 파견되는 이유를 잊지 말고, 대송大宋의 신민臣民답게 사소
한 이익을 다투거나 소란을 피워 사신으로서의 품위를 잃어서는 안 된
다고 당부했다. 특히, 책임을 맡은 노윤적과 부묵경, 그리고 기록을 담
당하는 서긍에게 전하는 황제의 당부는 더욱 간곡하였다.

　"이번 고려 사행은 단순히 고려 왕의 조문과 조서 전달에 목적이 있
는 것이 아니다."

　황제가 저토록 진지하던 때가 있었던가. 머리를 숙인 상태였지만 황
제의 어두운 표정을 마주하는 듯했다. 황제는 잠시 말을 멈췄다가 다시

입을 뗐다.

"고려와 금의 관계를 잘 살피고, 고려 내부의 상황을 잘 파악하여 송의 책봉을 요청하도록 해야 한다. 책봉의 문제는 뒤로 미루더라도 금이 송을 공격할 기미를 보이면 군사적으로 고려가 원조하겠다는 약속을 받아내야 한다."

황제의 당부를 들으면서 세 사람은 무거운 책임감을 느꼈다. 하직 인사를 하고 편전을 나와 궁궐 문에 이르기까지 어느 누구도 먼저 입을 열지 않았다. 집으로 돌아오는 길 내내 황제의 당부가 귀에서 맴돌았다.

그다음 날 3월 14일에는 영녕시永寧寺라는 관청에서 황제가 주관하는 연회가 열렸다. 정요定窯에서 생산된 깨끗한 백자에 정갈히 담긴 음식이 차려진 식탁이 넓게 펼쳐져 있었다. 잠시 동안이지만 그윽하게 퍼지는 음악과 화려한 음식상에 눈과 귀를 빼앗겨 먼 길 떠나는 근심을 잊었다.

그날 오후 잔치가 파하자 일행은 곧바로 배에 올라 운하를 따라 남으로 내려갔다. 운하는 인공으로 파낸 뱃길이라고 보기 어려울 만큼 끊임없이 이어졌다. 바다와 같이 넓게 펼쳐진 구간도 있고, 개울물만큼 좁은 구간도 있었다. 어느 곳이든 사신단이 탄 배의 행렬을 보러 나온 사람들이 운하를 따라 이어져 있었다. 맞은편으로 지나가는 상선들도 사신 행렬이 먼저 지나갈 수 있도록 길을 비켜주었다.

운하를 따라 내려가는 길은 고요했다. 간혹 여울을 만나면 배가 흔들릴 때도 있었지만 대부분은 배에 타고 있다는 생각을 하지 못할 만큼 평온했다. 바람이 좋은 날에는 등불을 밝히고 밤길을 갔다. 배에 걸린 등불이 강물에 비친 모습은 흡사 수많은 주황색 달이 강 위에 떠있는 것처럼 보였다. 뱃사람이 부르는 나지막한 뱃노래가 잔잔히 울려 퍼지면 뱃방에 누운 사람들은 밀려오는 객창감客窓感에 잠을 설쳤다.

배가 회하淮河에 이르니 큰 바다에 이른 것처럼 강폭이 넓어졌다. 회하를 따라 내려간 사행단은 다시 산양에서 운하로 접어들어 강도와 양주를 지나 장강(양쯔강)에 들어섰다. 장강 하류는 그야말로 별천지였다. 지금까지 운하 옆으로 끊임없이 펼쳐져 있었던 보리밭과 밀밭 대신 벼농사를 짓기 위해 물을 가둬둔 논과 저수지들이 눈에 들어왔다. 장강 하류의 논들은 물난리를 피하기 위해 둥글거나 네모난 둑으로 둘러싸여 있었다. 그런 논을 우전圩田 또는 위전圍田이라고 했다. 관리들이 녹으로 받는 쌀이 남방에서 운하를 따라 올라온다는 말은 들었지만 그 길을 직접 여행하기는 처음이었다. 낯선 풍경을 지켜보느라 배에 탄 사람들의 눈이 바빠졌다.

서긍도 그들 무리에서 배의 속도를 따라 바뀌는 풍경을 바라보았다. 운하 가장자리 버드나무에는 어느새 새싹이 손톱만큼 솟아나왔다. 잘 우려낸 찻빛만큼 여린 연두색이었다. 연두색 싹을 보니 갑자기 어렸을 때 밥상에 자주 오르던 순채나물 생각이 났다. 저 정도의 여린 잎이라면, 그것이 무엇이든 살짝 데쳐서 소금만 쳐도 맛있을 것 같았다. 순채나물 생각을 하다 보니 어린 시절의 추억들이 하나둘 떠올랐다.

이튿날 사행단은 장강에서 다시 남쪽으로 내려가는 운하를 따라 태호의 동쪽을 지났다. 태호 부근에는 산호처럼 구멍이 뽕뽕 뚫린 태호석을 운반하는 사람들이 보였다. 큰 돌을 뗏목에 싣느라 한 무리 사람들이 큰 소리를 내며 기운을 쓰고 있었다. 강가에 쌓은 돌들은 운하를 거슬러 황제의 궁궐로 옮겨질 것이다. 비단 황제뿐만이 아니었다. 당시 개봉의 권세 있고 부유한 사람들은 수만금을 들여서라도 태호석을 옮겨 오려고 애썼다. 태호석은 태호보다 개봉에 더 많을 것이라는 말이 어쩌면 사실인지도 모른다.

사신단을 태운 선박은 남쪽의 가장 큰 도시 항주에 이르렀다. 항주는 서호라는 명승지로 개봉에 이름이 알려진 곳이다. 본래는 강물이 넘나들던 자연호였는데 제방이 무너지고 풀이 웃자라 쓸 수 없게 되자 백거이와 소식이 제방을 쌓아 넓혔다는 호수이다. 그래서 사람들 사이에서는 서호라는 말보다 백제白堤(백거이가 쌓은 제방) 또는 소제蘇堤(소동파가 쌓은 제방)라는 이름으로 더 유명했다. 두 거장의 시에 등장하는 명소이다 보니, 시를 지을 줄 아는 묵객들은 모두 서호에 오길 희망했다. 서긍이 그런 명소를 모를 리 없었다. 공무 때문에 서호를 유람하지 못한다는 사실이 못내 아쉬운 듯 서긍이 나지막하게 소식의 시 한 구절을 읊었다.

물빛이 넘실거리니 맑은 날이 좋고
산빛이 희미하니 비가 와도 역시 기이하네.
서호를 서시西施에 비유하려 하니
옅은 화장이나 짙은 분이나 모두 잘 어울리네.
– 소식, 〈맑다가 비가 오는 서호에서 술을 마시다〉

'옅은 화장이나 짙은 분이나 모두 잘 어울린다'는 말이 입에 감겼던지 그는 마지막 구절을 한 번 더 읊었다. 남쪽으로 내려오면서 펼쳐진 풍경은 맑거나 흐리거나 비가 오거나 늘 신비함이 느껴졌다. 어릴 때 봤던 산수화 속 풍경이 실제로 존재한다는 것을 직접 보지 않고는 믿지

서호

중국 고대의 미녀인 서시가 놀았다(또는 서시처럼 아름다운 호수다)고 하여 서호라는 별명이 붙었다. 본래는 전당강의 줄기였으나 진흙과 모래가 쌓이자 오산吳山과 보석산寶石山을 막아서 호수로 만들었다.

않았을 것이다. 어쩌면 저 깊은 숲속에는 전설 속의 여덟 신선이 실제로 살고 있을지도 모른다고 생각했다.

항주에서 다시 전당강錢塘江을 따라 내려오면 깔때기처럼 생긴 항주만으로 이어진다. 항주만에서 오른쪽으로 돌아 내려가면 신주가 기다리고 있는 사명四明에 도착하게 된다. 뱃사람들 모두가 기대에 찬 얼굴로 눈썹에 손을 얹고 먼 해안을 바라보았다. 그들의 기대를 알아차린 듯 노꾼들은 북소리에 맞춰 힘껏 노를 저었다. 노가 움직일 때마다 바닷물이 튀어올라 흰빛이 되었다가 다시 내려앉았다.

바다로 나간 신주와 객주

서긍 일행이 사명에 도착한 것은 개봉에서 길을 떠난 지 14일째가 되는 5월 13일이었다. 사명이라는 말은 명주의 사명산이라는 말에서 유래했다. 지금의 저장성浙江省 닝보寧波 지방인데, 당나라 때에는 명주明州라고 불렸다.

사명에 도착하자 궁궐의 전각만 한 신주 두 척이 먼저 눈에 들어왔다. 아름드리나무로 만든 큰 돛대는 하늘로 솟아있고, 단청을 칠한 교옥은 화려하기 이를 데 없었다. 신주를 본 사람들은 하나같이 감탄사를 쏟아냈다. 그중에는 서긍도 있었다. 그는 천천히 고개를 올렸다가 내리며 신주의 모습을 눈에 담았다.

뱃사람들의 신주 찬사가 계속되는 동안 서긍은 그 옆에 나란히 정박한 객주 6척을 살피는 것도 잊지 않았다. 크기가 신주보다 작고, 건물에

단청을 칠하지 않은 것을 제외하면 객주는 신주의 축소판이라고 할 만큼 닮았다.

객주의 주인은 오랫동안 고려에 드나들며 무역을 해온 복주福州의 대상인들이다. 그들은 사명에서 벽란도로 이어지는 뱃길은 물론, 고려의 내부 정세에 대해서도 상세히 파악하고 있었다. 서긍은 본능적으로 객주의 책임자와 가까이 지내야 한다는 사실을 알아차렸다. 짧은 기간 동안 고려에 대한 정보를 가능한 한 많이 알아내려면 그들의 도움을 받아야 할 일이 많을 것 같았기 때문이다.

신주와 객주를 점검하고, 배에 타는 사람들의 소지품을 검사하는 동안 어느새 열흘이 지나갔다. 5월 13일 아침, 일행은 고려로 가져갈 국서와 예물을 신주와 객주에 나누어 실었다. 14일에는 명주에서 개최한 연회에 참가했다. 물산이 풍부한 지역이라는 소문이 빈말이 아님은 잔칫상에서도 드러났다. 각종 해산물은 물론이고, 고기와 푸성귀에 이르기까지 수십 접시나 되는 음식이 식탁 가득히 차려져 있었다. 음식 그릇 역시 궁궐에서 봤던 것 못지않게 고급스러웠다. 화려한 음식과 식기에 정신을 놓친 서긍은 문득 명주의 번성한 모습을 그림으로 남기고 싶다는 생각을 했다.

5월 16일, 신주와 객주가 일제히 돛을 올리고 명주를 출발했다. 닻을 끌어올리고 노를 젓자, 산처럼 큰 신주가 신기하다 싶을 만큼 요란한 소리를 내며 움직였다. 돛이 바람에 부풀어 힘껏 늘어나자 신주와 객주는 빠른 속도로 포구를 빠져나갔다. 객주가 호위하듯 먼저 앞서고 신주는 그 뒤를 따랐다. 사흘 밤낮을 가고 나서야 정해현定海縣에 도착했다.

고려가 거란을 피해 남방항로를 이용하게 되면서 고려와 송의 사신은 정해현을 통해 두 나라를 오갔다. 정해현에는 일찍부터 시박사가 설치되어 있었다. 시박사의 기원은 당나라까지 거슬러 올라간다. 당은 자기 나라에 드나드는 외국 선박을 '시박'이라고 불렀다. 이들 시박의 출입을 통제하고, 그들로부터 세금을 받아내는 기구를 설치했는데 그것을 시박사라고 했다. 기록에 따르면 당 대종代宗 4년(769)에만 해도 1년간 광주廣州에 온 외국 선박이 4천 척이나 되었다고 한다. 송은 999년에 광주 외에 항주와 명주에 시박사를 추가로 설치하였다. 시박사를 통해 들어오는 수입은 나라 재정의 적지 않은 부분을 차지했다. 송의 번성은 강남의 농업 발전과 함께 무역의 확대에 힘입은 것이라 할 수 있다.

정해현에 도착한 서긍 일행은 본격적으로 먼 바다로 떠날 준비를 했다. 사명에 도착한 이래 바다로 나오기는 했으나 아직은 육지가 잘 보였기 때문에 바다에 들어섰다는 생각이 들지 않았다. 진짜 항해는 정해현을 떠날 때 시작된다고 할 수 있었다. 정해의 포구에 머무는 동안 사신단은 7일간 밤낮으로 총지원摠持院에서 불공을 올렸다. 또한, 어향御香을 피우며 바다 신을 모신 사당에서 기도를 했다.

서긍이 《계림지》를 보니 신종 때 국신사가 고려에 갈 때도 총지원에서 7일 낮과 밤 동안 도량을 열었다고 했다. 또한 황실에서 내려준 어향으로 사당에서 기원을 하니 도마뱀이 나타났다고 한다. 총지원의 주지는 그것을 보고 용왕이 현신한 것이라 했다고 한다. 지극한 정성이 하늘에 닿았던지 그들은 별 탈 없이 임무를 수행하고 돌아왔다.

서긍이 자세히 보니 사원 앞쪽으로 흐르는 강이 끝나는 곳에 바다 위로 우뚝 솟아오른 바위가 있었다. 다시 이마에 손을 얹고 눈을 찡그려서 보니 그 위에 작은 부도가 하나가 있었다. 객주의 우두머리인 하도

정해현을 떠나는 신주와 객주 상상도

초보산은 정해의 입구에 있는 작은 산이다. 서긍 일행은 명주를 떠나 사흘 만에 정해현에 도착한 후 초보산에서 기도한 후 큰 바다로 들어섰다.

"사당[廟] 앞 10여 보쯤 은강鄞江이 끝나는 곳에 우뚝하게 산 하나가 바다 속에서 솟구쳐 있는데, 산 위에는 작은 부도가 있었다. 예로부터 전하기를 항해하는 배에서 이 산을 바라보면 그곳이 정해定海임을 알았다 한다. 때문에 초보招寶라 이름했다.……5월 24일에 8척의 배가 금고金鼓(징처럼 생긴 신호용 악기)를 울리고 깃발을 휘날리며, 차례로 배를 묶었던 줄을 풀고 출발했다"(《고려도경》 권34, 해도1 초보산招寶山).

강하도강江夏都綱*의 이야기에 따르면 예로부터 항해하는 사람들은 이 바위를 보면 비로소 정해에 도착한 것을 알았다고 한다. 그래서 이 바위산을 '초보산招寶山'이라고 부르는데, 그것은 '배를 안전한 곳으로 불러들이는 산'이라는 뜻이다. 초보산은 강이 끝나고 본격적으로 바다에 들어가는 입구이자 먼 길을 떠나는 배들이 출발하는 곳이었다.

두려움의 바다 흑수양

마침내 5월 24일이 되자 먼저 중사中使 관필關弼을 초보산에 보내 어향을 피우고 바다에 기도하도록 했다. 관필이 돌아오자 사행단은 징을 치고 각종 깃발을 휘날리며 닻을 걷어올렸다. 큰 음악 소리에 맞춰 신주와 객주가 차례로 포구를 나서자 구경 나온 주민들이 일제히 함성을 지르며 손을 흔들었다. 이날 일행은 정해의 초보산을 떠나 20리쯤에 있는 호두산虎頭山을 지났으며, 다시 교문을 지나 노포蘆浦에 정박하였다. 중간에 섬과 암초가 있어 물살이 거셌다. 물살을 타고 암초를 피하다 보니 갈 지之 자로 나아갈 수밖에 없었다.

호두산은 그 생김이 호랑이의 머리를 닮았기 때문에 붙여진 이름이다. 정해로부터는 20리쯤 떨어져 있는데, 물의 색은 강물과 크게 다르지 않았다. 뱃사람 하나가 두레박으로 물을 퍼올려 맛을 보더니 짜다며

* 도강都綱 또는 두강頭綱은 고려에서 송의 상인 집단이나 그 우두머리를 일컫는 말이었다.

고개를 저었다. 모두 그 모습을 보고 웃었다. 강물과 바닷물의 색이 같을지라도 맛이 다르다는 것을 꼭 먹어봐야 안다는 말인가.

5월 25일 일행은 다시 심가문沈家門에 이르러 닻을 내렸다. 심가문은 주산 군도舟山群島 동남단에 있는 보타현의 소재지이다. 양쪽에 언덕이 있어 배가 지날 수 있었다. 뱃사람들은 이처럼 두 바위가 마주 보고 있는 곳을 문이라고 부른다.

이날 신각(오후 4시경)에 갑자기 비바람이 불고 우레와 번개가 들이치니 뱃사람들이 산으로 가서 장막을 치고 제사를 지냈다. 제사는 천막을 친 후 제단을 깨끗이 쓸어내는 것으로부터 시작했다. 마을 사람들은 그것을 사사祠沙라고 한다. 장소를 정결히 한 후에는 항해하는 배의 수만큼 나무를 깎아 작은 배를 만들었다. 나무배가 완성되자 그 안에 불경과 말린 양식, 그리고 승선한 사람들의 이름을 써서 넣은 뒤 바다에 던졌다. 뱃사람들은 그것이 비바람을 그치게 하고 재앙을 떨치는 술법이라고 하였다.

5월 26일에는 서북풍이 심해서 국신사 노윤적이 사신들을 거느리고 작은 배로 상륙했다. 일행은 매잠梅岑으로 가서 다음 날까지 바람을 기다려야 했다. 매잠은 현재의 보타산도이다. 당시 보타산도에는 신라 상인들이 두고 갔다는 오대산 관음이 있었다. 그것은 신라 상인들이 오대산에서 조각하여 본국으로 실어가려 했던 것인데, 배가 암초에 걸려 움직이지 않자, 하는 수 없이 암초 위에 관음상을 내려놓고 간 것이라 한다. 이후 먼 길을 항해하는 사람들은 반드시 관음을 찾아가 복을 빌었는데, 그때마다 영험함을 보였다고 한다.

하도강(하씨 성을 가진 상인 우두머리)은 그것을 두고 관음보살이 고향을 떠나기 싫어하여 영험함을 보인 것이라 했다. 그리고 그때 신라인들이 만든 것은 개원사에 모셔져 있고, 지금의 것은 이후에 새로 만들어 모신 것이라고 귀띔해 주었다. 보타원寶陁院의 승려 종악宗岳이 불전을 만들고 모셨던 것을 옛날 5대10국 시기 오월吳越의 황제 전씨錢氏가 개원사로 옮겼다는 것이다.

관음은 뱃사람들이 가장 의지하는 자비의 화신이다. 천 개의 손과 천 개의 눈이 있어 어려움에 빠진 사람이 그 명호를 간절히 부르면 언제든 나타나 도와준다고 한다. 서긍은 조카가 구해준 부적을 만지작거리며 낮은 목소리로 관음을 읊조렸다.

숭녕(재위 1102~1106) 연간 이래 사신들은 길을 떠나기 전에 이곳에서 기도하는 것이 관례였다. 서긍 일행 역시 관례에 따라 기도회를 열었다. 사신들의 배가 도착하자 보타원의 승려들이 향을 피우며 불경을 외우고, 범패를 엄숙하게 진행하였다. 사행단의 높고 낮은 사람들이 모두 배에서 내려 성심껏 기원하였다. 한밤중이 되자 어두운 하늘에 구름이 걷히고 별이 나타났다. 또한, 역풍이 가라앉고 정남풍이 불었다. 배에 탄 사람들이 모두 환호하며 기뻐하였다.

배의 우두머리 격인 사공은 바람에 몹시 민감하고, 날씨가 어떻게 바뀔 것인지를 신통하게 잘 알았다. 따라서 사행 기간 동안 사공의 말은 절대적으로 존중받았다. 그날 저녁 바람이 바뀌었는데도 사공은 출발을 꺼렸다. 당장은 바람이 좋아 보이지만 안정적으로 더 불 때까지 움직여서는 안 된다는 것이다. 뱃사람들은 그것을 일컬어 '숙풍熟風'이라고 했다. 숙풍은 원하는 바람으로 바뀔 때까지 바람을 묵힌다는 의미이다. 실제로 그날 오후 4시쯤 정사와 부사, 삼절이 모두 배에 올랐으나 크게 흔들렸다. 아마도 바람을 타고 나갔더라면 갑작스런 바다의 심술 때문에 몹시도 고생했을 것이다. 이후 사행에 참여한 사람들은 사공의 말을 더욱 신뢰하게 되었다.

5월 28일, 정사와 부사는 관복을 차려입고, 도관道官과 함께 황제가 내려준 13개의 부적을 바다에 던진 후 길을 떠났다. 그들은 곧 해려초를 지나 멀리 봉래산을 바라보며 반양초를 지났다. 해려초는 현재의 낭강산浪崗山 열도, 봉래산은 승산을 일컫는 말이다. 반양초는 승산의 동쪽 바다에 있는 해초이다. 이튿날인 5월 29일에는 백수양, 황수양을 거쳐 흑수양으로 들어갔다. 백수양, 황수양, 흑수양은 모두 중국 연해를 일컫는 말이다. 그중에서도 황수양은 모래톱으로 물빛이 흐리고 수심이 얕아서 사고가 잦은 곳이었다. 뱃사람들은 이곳에서 관례에 따라 조난 사고로 목숨을 잃은 사람들의 혼을 위로하기 위해 닭과 수수로 제사를 지냈다. 닭은 홰를 쳐서 어둠을 몰아낸다. 도교에서는 사악한 기운을 쫓아낼 때 닭의 피를 쓴다. 수수 또한 잡귀를 물리치고 액운을 면하는 데 효력이 있다고 한다.

흑수양은 정해와 한반도의 중간 지점쯤 되는 깊은 바다를 일컫는 말이다. 토사가 쌓인 대륙붕이 끝나면서 수심이 깊어져 바닷물이 검은빛을 띠었기 때문에 이와 같은 이름이 붙었다. 검은색이 갖는 의미는 여러 가지이지만 기본적인 개념은 어둠과 불확실함이다. 흑수양은 그들이 사는 세상과 미지의 세상을 구분 짓는 경계선을 의미하는 것 같았다.

실제로 흑수양이라 불리는 바다는 남으로 흐르는 쿠로시오 해류의 지류인 황해 난류와 한국 연안류, 중국 연안류가 교차하는 곳이다. 그렇다 보니 물의 속도는 빠르고, 곳곳에 소용돌이가 생긴다. 서긍의 눈에는 흑수양을 지나면서 깊이 들어갈수록 물빛은 먹처럼 검고, 성난 물결이 용솟음치는 것이 흡사 우뚝한 산처럼 보였다. 물결에 몸을 맡긴 선박들은 좌우로 크게 요동쳤다. 서긍이 정신을 차리고 보니 배가 파도 위에 있을 때는 하늘만 보이고, 파도 아래로 내려앉을 때는 바다만 보였다.

흑수양의 중간쯤에 이르자 멀쩡한 사람들도 멀미를 시작했다. 사람들은 배의 흔들림을 견디지 못해 구토하면서 바닥에 뒹굴었다. 처음 배를 타는 사람들은 제각기 멀미를 피하는 방법을 한 가지씩 익혀왔다. 약초 뿌리를 씹는 사람도 있고, 고약을 배꼽에 붙이는 사람도 있었다. 어떤 이는 죽력竹瀝(대나무진)이나 산초, 생강 등을 예비약으로 가져왔으나 모두 소용이 없었다. 멀미를 한번 시작하면 사람들은 진이 빠져서 병든 사람처럼 늘어지고, 먹은 것이 없는데도 토하기를 거듭했다. 멀미가 심할 때는 서왕모의 선도가 눈앞에 있다고 해도 삼키지 못할 것 같았다. 그러나 흑수양을 건너본 경험이 있는 상인들은 달랐다. 그들은 주변의 물건과 깔개를 모아서 소의 여물통처럼 둥글게 자리를 만들더니 그 안에 드러누웠다. 몸이 안정되니 아무리 배가 세게 흔들려도 굴러다닐 일이 없었다.

다행히 서긍은 멀미를 심하게 하지 않았다. 간혹 어지러움을 느낄 때도 있었으나 일상이 어려울 만큼은 아니었다. 흑수양, 황수양, 백수양 세 바다의 모습을 온전히 그림으로 남길 수 있었던 것도 그 덕분이었다. 서긍은 울렁이는 뱃속을 간신히 달래며 탁자 위의 나침반 앞에 섰다.

그즈음에 뱃사람들이 사용한 나침반은 송에서 가장 유명한 과학자인 심괄沈括이 《몽계필담夢溪筆談》에서 소개한 방법대로 만든 것이다. 이전의 나침반은 물에 자석 기능이 있는 바늘을 띄워 남쪽을 찾는 형태였다. 그러나 심괄은 방위판 위에 작은 기둥 두 개를 세워 마치 그네 줄처럼 자침을 매달아 남쪽을 가리키는 나침반을 만드는 데 성공했다. 그는 또한 나침반의 남쪽이 정확한 정남향이 아니라 약간 동쪽으로 치우쳐 있다는 사실도 알아냈다. 그의 주장대로라면 신주와 객주는 동북쪽에서 약간 더 동쪽을 향하는 것이 틀림없어 보였다. 서긍은 흔들리는 배를 따라 요동치는 나침반의 자침을 한동안 들여다보았다.

5

고려의 바다에 들어선
송의 사신단

봉화가 시작되는 흑산도

흑수양을 무사히 건넌 사행단은 6월 2일에 이르러 협계산을 지났다.[*] 협계산은 그 이름처럼 섬 전체가 가파른 협곡으로 이루어졌다. 서긍은 사납게 솟아오른 바위산을 한동안 바라보았다. 앞서 명주에서 본 섬들과는 확실히 달랐다. 바위의 색이나 그 위에서 자라는 나무도 송에서 본 것과는 달랐다.

협계산을 막 지나는 지점에서는 쌍계산이라 불리는 바위섬을 보았다. 바다 위로 솟아오른 두 개의 섬은 마치 두 개의 낙타봉 같기도 하고, 남자아이의 머리를 두 갈래로 묶은 총각머리 같기도 했다. 뱃사람

---

[*] 서긍이 중국과 고려의 국경이라고 기록해 놓은 협계산은 전남 신안군 흑산면 가거도를 일컫는 말이다. 가거도에는 신안군 일대에서 가장 높은 독실산(639미터)이 있다. 섬을 가득 채운 웅장한 독실산 때문에 섬 전체가 험하고 경사 급한 산으로 보이기도 한다. 협계산이라는 이름은 그러한 독실산의 특성에서 붙은 것으로 보인다.

전남 신안군 흑산면 가거도
서긍이 고려의 국경이라고 한 협계산이 바로 이곳이다(신안군청 제공).

"아침 안개가 자욱하고 서남풍이 불다가 오후 3시가 다 되어 맑게 갰다. 정동正東 쪽으로 산 하나가 병풍처럼 보이는데 그것이 협계산이다. 중국[華]과 오랑캐[夷]는 이 산으로 경계를 삼는다. 뒤에는 작은 암초 수십 개가 있는데 달리는 말의 형상이다"(《고려도경》 권35, 해도2 협계산夾界山).

들이 두 섬을 쌍계산이라고 부르는 이유를 알 것 같았다. 고려인들은 그 두 섬을 쌍봉이라고 부른다고 했다.

협계산과 쌍계산을 지난 일행은 뱃머리를 북으로 돌려 오서로 향했다. 때마침 날이 개자 멀리 담장처럼 생긴 섬이 나타났다. 서긍이 사공에게 물었다.

"저 섬은 이름이 무엇인가?"

"배도라고 합니다."

"협계산, 쌍계산, 배도……어떤 것은 산이고, 어떤 것은 도라고 하는데, 어떤 차이가 있는가?"

"큰 섬은 물론이고, 작은 바위에도 모두 이름이 있습니다. 바다 가운데에 있는 땅으로 사람들이 마을을 이루어 살 수 있는 곳은 주洲라 하고, 주보다 작지만 역시 사람이 살 수 있는 땅은 도島라 합니다. 도보다 작으면 섬이나 서嶼(사람이 살지 못하는 작은 섬)라 하고, 서보다 작으면서도 나무와 풀이 자라는 곳은 섬苫이라고 하지요. 또한, 섬이나 서 같으면서 그 바탕이 순전히 돌이면 초焦라고 부릅니다."

"그럼, 산은 무엇인가?"

"송과 달리 고려에는 나무가 울창한 섬이 많습니다. 고려 사람들은 숲이 우거진 큰 섬을 산이라고 부릅니다."

서긍이 생각해 보니 명주를 출발할 때부터 뱃사람들은 육지나 섬을 보며 항해하는 듯했다. 섬이 없는 곳에서는 나침반을 이용하거나 별을 보기도 하였지만 그런 경우는 많지 않았다. 그런 까닭인지 뱃사람들은 모양만 보고도 섬의 이름을 알았다. 물론, 그중에서도 가장 뱃길을 잘 아는 사람은 배의 키를 쥔 사공들이었다.

신주를 책임 맡은 사공은 머리카락과 수염이 하얗게 센 노인이었다. 그는 일생 중 절반 이상을 송과 고려를 오가며 살았다고 했다. 백발과 대비되는 쇳빛 피부는 그가 오랜 기간을 바다에서 보냈다는 것을 말해주는 듯했다.

서긍이 일정을 부지런히 적는 모습을 본 사공은 이제 묻지 않아도 뱃길에서 만나는 섬의 이름을 친절히 알려주었다. 서긍은 《계림지》에 적힌 섬 이름과 그가 이야기하는 섬 이름을 비교하면서, 순서대로 차분히 기록하였다.

얼마 후 사행단은 여러 개의 섬이 흩어져 있는 곳에 도착했다. 사공은 그곳을 오서五嶼라고 했다. 서긍은 앞서 사공이 알려준 것을 상기하며 섬을 천천히 관찰했다. 큰 섬만 세 개, 작은 섬까지 합하면 넉넉히 다섯 개는 되어 보였다. 오서라는 이름이 왠지 그럴듯하다는 생각이 들었다.

얼마 후 사행단은 백산白山을 바라보며 흑산黑山에 이르렀다. 흑산은 섬이라고 하기에는 어려울 만큼 크고 험준했다. 신령스런 기운이 감도는 앞 봉우리는 중간이 굴처럼 비어있는데, 크기와 길이는 배를 감출 수 있을 만큼 컸다.

당시 흑산도에는 송나라 사신들이 묵어가는 객관이 있었다. 서긍 일행은 이번 사행에서는 관사에 내리지 않기로 했다. 고려 조정에도 이미 통보했으므로 고려 사신도 흑산까지 오지는 않았다. 관사 아래에는 주민들이 사는 마을이 있었다. 마을 사람들이 해안으로 나와 신주가 지나는 것을 바라보고 있었다.

흑산이라는 이름답지 않게 푸른 섬. 회색 바위가 널린 바닷가에 흰색 옷을 입은 사람들이 늘어서 있는 모습이 이색적이었다. 거친 파도가 물

흑산도의 관사 상상도

흑산도의 관사 터는 전남 신안군 흑산면 대흑산도 북동쪽 상라산 능선의 끝자락에 있다. 2013년에 전남 문화재연구원에서 발굴조사를 하였는데, 전돌을 깔아서 만든 보도 시설과 돌을 쌓아 만든 축대 2기 등이 확인되었다(전남문화재연구원·신안군, 《신안 흑산도 관사터》, 2015). 건물 방향은 남향이다. 아마도 그 관사는 서긍도 목격했을 것이다. 흑산도 관사 터에서 '능성군와초陵城郡瓦草' 명문 기와, 청자, 중국 자기, 가우통 보嘉祐通寶, 희령원보熙寧元寶 등이 출토되었다. 능성군은 지금의 전라남도 화순 능주면이고, 와초는 기와 라는 말의 한자어이다. 함께 출토된 가우통보(1056~1063), 희령원보(1068~1077)의 상한선은 11세기 중·후 반이다. 도자기를 비롯하여 각종 유물을 통해 볼 때 건물이 사용된 중심 시기는 송과 고려의 국교가 재개 된 11세기 중·후반에서 12세기 무렵이었을 것이다.

러났다가 심하게 몰아치기를 거듭했다. 바람을 등진 곳에는 낮은 지붕의 돌집들이 옹기종기 모여 있었다. 돌을 쌓아 만든 방파제 안으로 작은 배들이 파도를 따라 오르내렸다.

서긍은 흑산에 도착한 후 또 한 가지 흥미로운 사실을 알아냈다. 고려인들은 송 사신이 흑산에 이르면 밤마다 산의 정상에서 봉화를 피워 다른 지역에 그것을 알린다는 것이다. 사공의 말에 따르면 흑산의 가장 높은 봉우리에서 봉화를 피우면 그것이 해안을 따라 개경까지 이어진다고 한다. 그것은 조정에 사신의 도착 여부를 알리는 신호이기도 했지만 또 한편으로는 사공들에게 길을 안내하는 등대이기도 했다. 사행단은 그 불꽃을 바라보며 개경으로 향했다.

서긍이 만난 첫 고려인

흑산도를 지나자 다시 큰 바다가 나타났다. 앞서가며 안내를 맡은 객주의 사공들은 일제히 동쪽으로 배를 몰았다. 얼마쯤이나 지났을까. 동쪽으로 아득히 먼 곳에 푸른색 육지가 시야에 들어왔다. 육지를 확인한 사공들은 다시 북동쪽으로 뱃머리를 돌렸다. 그렇게 한참을 항해하자 일행의 눈앞에 서로 마주 보고 있는 듯한 두 개의 섬이 나타났다. 방위와 섬의 생김을 확인한 사공은 그것이 월서月嶼라는 섬이라고 일러주었다.

서긍이 월서를 보니 정말 초승달 두 개가 바다 위에 솟은 듯했다. 두 섬의 거리가 멀지는 않았지만 작은 배 한 척은 넉넉히 지날 만했다. 서긍은 빠르게 두 섬의 모습을 스케치했다. 붓이 몇 번 지나가는가 싶더

니 눈앞에 있는 섬과 판박이처럼 닮은 섬이 완성되었다. 사공은 그것을
보고 마치 섬이 그의 그림 속으로 들어온 것 같다며 신기해했다.

월서를 떠난 일행은 다시 난산도蘭山島와 백의도白衣島, 궤섬跪苫, 춘
초섬春草苫, 빈랑초檳榔焦, 보살섬菩薩苫 등을 지났다.* 섬들의 생김새가
고만고만하지만 빈랑초는 그 생김이 종려나무 열매나 도토리처럼 생겼
다. 사실 바다 위의 섬은 대부분 다 그렇게 생겼는데, 뱃사람들은 춘초
섬과 가까이 있는 섬만 빈랑초라고 했다.

늦은 밤이 되자 빈랑초에서 보살섬으로 이동하려 하였다. 그러나 밤
이 깊어 밀물이 빠져서 배가 물을 따라 먼 바다로 밀려갔다. 배에 탄 모
든 사람이 불안해하며, 노꾼들과 교대로 급하게 노를 저어 밀물에 밀려
나는 것을 막았다. 결국 배는 다시 뒤로 돌아와 춘초섬에 머물렀다.

4일 을유일이 되어서야 날씨가 맑게 개었다. 바람은 고요하고, 물결
은 잔잔했다. 서긍이 보니 바닷물 또한 물빛이 거울처럼 맑아서 물고기
들의 움직임이 눈에 들어왔다. 신기하게도 수백 마리나 되는 물고기들
이 배를 따라 오갔다. 그중 큰 것은 크기가 사람 키 여러 장이나 되는 듯
했다. 물고기들은 신기해하는 사람들의 시선은 아랑곳하지 않고 느긋
하게 지느러미를 움직이며 배를 따라와 호위하듯 유유자적 하더니 사
라졌다.

오시(낮 12시)에 보살섬을 지나친 일행은 유시(오후 5시~7시) 이후에
죽도竹島에 정박하였으며, 이튿날 고섬섬苦苫苫을 지났다. 묻기도 전에

---

* 이들 섬은 대치마도에서 변산으로 거슬러 오르며 지나치는 부남군도, 각이도, 송이도
등이었을 것이다.

고섬섬이라고 불렸던 위도

위도는 전북 부안군 변산반도 앞에 있는 섬이다. 생긴 것이 흡사 고슴도치처럼 생겼다고 해서 고슴도치 '위蝟'
자를 섬의 이름으로 삼았다. 위도는 고려시대 문인 이규보가 63세 되던 1230년(고종 17) 11월에 유배를 간 섬이
기도 하다. 이때 이규보가 지은 시가 〈주행舟行〉이다. 시에서 그는 귀양 가는 길을 한탄하며 '내 눈엔 평생 눈물
이 적은데, 이번 길에는 무슨 일로 통곡하는 소리가 긴가?……위도는 나의 고향이 아닌데, 어찌하여 바삐 가
고자 하느냐'라고 읊었다(《동국이상국전집》 권17, 고율시古律詩 주행).

"고려 풍속에서는 찌를 듯한 고슴도치 털의 모양(자위모刺蝟毛)을 고섬섬이라 한다. 이 산의 나무들은 무성하나
크지는 않아 바로 고슴도치 털과 같기 때문에 그렇게 이름 붙인 것이다"(《고려도경》 권34, 해도3 고섬섬苦苫苫).

사공이 먼저 서긍에게 말을 건넸다.

"고려 사람들은 저 섬을 고섬섬이라고 부릅니다."

"고섬섬은 무슨 뜻인가?"

"자위모刺蝟毛(고슴도치의 털)입니다."

"자위모라……."

사공의 말을 듣고 섬을 보니 영락없이 누워있는 고슴도치를 닮은 것 같았다. 바닷바람에 낮게 자란 나무가 듬성듬성한 것도 고슴도치의 털처럼 보였다.

송 사신단이 위도에 접근하자 섬 사람들로 추정되는 고려인 몇 명이 작은 배에 물독을 싣고 신주를 향해 왔다. 군사들은 낯선 사람들을 보고 곧바로 경계태세를 취하였으나 길잡이를 맡은 고려인 통역의 말을 듣고는 그만두었다. 그들이 물을 전하기 위해 온 백성들이란 것을 알았기 때문이다. 그들은 송 사신단이 먼 길을 왔기 때문에 물이 떨어졌을 것이라 생각하여 물독을 가져왔다고 했다. 송의 상인들이 고려에 올 때면 종종 그렇게 물을 가져다주고 대가를 받는 일이 있었던 것 같았다.

물을 실어온 위도 사람들은 본래 함께 출발한 통역관과 길잡이를 제외하면 서긍 일행이 처음 만난 고려 사람이다. 그들은 머리에 삿갓을 쓰고, 긴 삼베 저고리를 입었는데, 아래 바지는 입지 않은 것처럼 보였다. 그대로 드러난 다리와 팔뚝은 오랫동안 햇볕에 그을려 구릿빛보다 검은색이나 쇳빛에 가까웠다.

그 무렵 고려의 뱃사람들은 대개 그런 복장을 하고 있었다. 간혹 순풍을 만나 배가 수월히 움직일 때는 삿대로 장단을 맞추며 노래를 불렀는데, 그 소리가 따오기가 우는 듯했다. 그런 노랫소리는 낮에는 물론이고, 밤에도 어디에서든 들을 수 있었다.

사실 신주와 객주에는 물을 저장할 수 있는 저장고가 별도로 있었다. 정해현을 떠날 때 물을 가득 채웠으므로 물은 아직 넉넉했다. 그러나 큰 독을 싣고 온 그들의 정성이 고마워 물을 받고 쌀과 차를 내어 값을 계산해 주었다.

그들이 길어온 물은 시원하고 달큰했다. 모처럼 시원한 물이 생기자 가장 먼저 상절의 사신들에게 올리고, 그 외의 사람들도 나눠 마셨다. 물은 모두 같아 보이지만 풍토마다 맛이 다르고, 그 쓰임새도 다르다. 고려의 물맛은 중국 어디에서도 맛본 적 없다고 할 수 있을 만큼 훌륭했다. 고려 사람들은 아무 곳에서나 맑은 물을 보면 아무 경계 없이 들이킨다. 그래도 웬만해서는 배탈 나는 법이 없었다.

신주가 고려의 국경으로 들어서면 전주, 청주, 광주에서 각기 자신들의 경내에 있는 동안 음식을 보내주었다. 두 명의 관리가 안부를 묻는 편지와 함께 음식을 가지고 왔다. 한 사람은 자주색 옷에 복두를 썼고, 다른 한 사람은 검은색 모자를 썼다. 한 번에 10여 종의 음식을 가져왔는데, 국수를 가장 먼저 올리고, 다음으로는 각종 진귀한 해산물 요리를 올려보냈다. 음식을 담은 그릇은 대부분 금과 은으로 만들어진 것이었으나 간혹 청자가 섞여있기도 했다. 그것을 나르는 쟁반과 소반은 모두 옻칠을 한 목제품이었다. 목제품 중에는 송에서도 귀하게 여기는 나전칠기도 있었다. 고려의 나전은 정교하고 아름다웠다. 소반 속의 국화 꽃과 풀잎새가 빛을 받아 더 반짝였다.

신주가 섬에 정박하면 섬으로 음식을 보내주었고, 섬에서 멀리 떨어진 곳에 정박하면 반드시 역관과 관리를 보내 음식을 제공하게 하였다.

관례에 따르면 고려인들은 각 주에서 3일 동안만 음식을 보내도록 되어 있었다. 사신들이 섬에 머무는 기간이 3일을 넘으면 더 이상 음식을 보내오지 않는다. 비록 폭우나 바람에 막혀 지체되는 상황이라 하더라도 예외를 두지 않았다.

김부식과 만난 서긍

6일 아침 밀물을 타고 고섬섬을 떠난 사신 일행은 오전 8시 경에 군산도에 도착하였다. 본래는 5일 저녁에 군산도에 들어가려 했는데, 5일 저녁에 동풍이 크게 불어 배가 나아가지 못하고 이튿날 오전이 되어서야 포구에 정박했다. 군산도群山島에는 사신을 맞이하는 군산정群山亭이라는 정관亭館이 있어 고려의 관리가 그곳까지 와서 사신을 맞이하였다.

서긍은 우선 군산도의 모양이 심상치 않음에 놀라며 빠른 붓놀림으로 산의 형상을 스케치하였다. 군산정 뒤쪽에 수백 길 낭떠러지처럼 솟아있는 망주봉은 언뜻 보기에도 신선도에서 본 것 같은 착각을 불러일으킬 만큼 영험한 기운을 뿜어냈다. 망주봉 아래에는 사신을 맞이하는 군산정이 있고, 그 담장 밖에는 10여 칸의 관아 건물이 있었다. 또한, 군산정 가까운 곳에 오룡묘五龍廟와 자복사資福寺가 자리 잡고 있었으며, 서쪽에 숭산행궁崧山行宮이 있었다.

숭산은 개성의 진산인 송악을 일컫는다. 《고려도경》에 따르면 숭산의 신은 '고산高山'이다. 거란이 고려에 침입해 왔을 때 그 신이 밤중에 소나무 수만 그루로 변하여 사람 소리를 내서 거란군을 쫓아냈으므로 나

군산도 군산정 상상도

군산도는 현재의 군산시 선유도이다. 군산정은 선유도 망주봉 아래에 자리 잡고 있었던 것으로 추정되고 있다. 주민들의 말에 따르면 그림 속 건물이 있는 지점에는 예부터 고급 청자편과 기와편 등을 쉽게 볼 수 있었다고 한다. 서긍은 이곳에서 처음으로 고려의 관리 김부식과 만났다.

"(군산정은) 바닷가에 있고 뒤로 두 봉우리에 의지하여 세워졌다. 그 두 봉우리는 나란하게 우뚝 절벽을 이루고 서있는데 수백 길仞이나 된다"(《고려도경》 권36, 해도3 군산도群山島).

라에서 숭산으로 봉하고 제사를 올려 받들었다고 한다.[*]

사신선이 군산도 가까이에 다가서자 6척의 고려 배가 와서 맞이했다. 배에는 무장한 병사들이 타고 있었다. 6척의 선박은 징을 울리며 신주와 객주 양옆으로 늘어서서 사행단을 호위하였다. 2척의 신주와 6척의 객주가 앞뒤로 늘어서고 양옆으로 고려의 선박이 호위하는 장면은 그 자체가 장관이었다. 관복을 입은 정사와 부사는 누각에 앉아있고, 하급 관리들은 갑판으로 나와 길게 늘어섰다. 돛을 내리고, 북소리에 맞춰 노꾼들이 노를 젓자 신주와 객주가 서서히 섬을 향해 움직이기 시작했다.

잠시 후 고동으로 만든 나팔의 소리라고는 믿기지 않을 만큼 신비한 소리가 사방으로 울려 퍼졌다. 그때 푸른색 천막을 친 고려의 배 한 척이 신주를 향해 다가왔다. 배에는 녹색 도포를 입은 관리가 홀을 들고 서있다가 정사와 부사를 향해 손을 모으고 고개를 숙이며 읍을 하였다. 통역관의 이야기에 따르면 그는 전주의 향리라고 했다. 군산도 일대가 전주 관할의 바다였으므로 전주의 지방관이 향리를 보내 먼저 인사한 것이다.

---

[*] 군산도에 있었다는 숭산행궁은 숭산별묘를 가리키는 것이 아닐까 생각된다. 왕이 행차하는 행궁이 아니라 숭산의 신을 모시는 별궁이었던 것이다. 군산도라는 이름처럼 선유도 인근에는 무녀도, 횡도, 방축도 등의 섬이 바닷물에 떨어진 봄꽃처럼 흩어져 있다. 훗날 군산도의 군진이 지금의 군산으로 옮겨가자 이전의 군산도는 고군산도가 되었다가 다시 선유도로 개칭되었다. 지금 선유도는 연륙이 되어 육지나 다름없는 땅이 되었지만 50여 년 전만 해도 남북을 오가던 선박들이 악천후를 피해 정박하던 곳이었다. 물이 풍부하고, 사방으로 산이 둘러져 있어 바람을 피하기 쉬우며, 썰물 때에도 물이 깊어 정박하기 쉽기 때문이다. 조기잡이가 성행했던 1970년대 어느 여름에는 태풍을 피해 포구로 들어선 배의 돛이 마치 성냥갑에 꽂힌 성냥개비만큼이나 많았다고 한다. 조선시대 지도에도 고군산도는 남북의 조운선이 오가다가 정박하는 곳이라고 기록되어 있다.

잠시 후 관선 한 척이 도착하였다. 관선은 통나무를 휘어서 만들고 돛을 한 개 세웠다. 배의 윗부분에는 천막이 설치되어 있었다. 배에는 고려 조정에서 정식으로 보낸 통역관 심기沈起와 동접반 김부식이 타고 있었다. 이어 전주의 지방관 오준화吳俊和가 사신단을 환영한다는 내용의 원영장遠迎狀을 보내왔다. 황제의 덕을 칭송하는 내용이 앞에 있고, 사행단이 위험한 뱃길을 지나 전주에 안전하게 도착한 것이 다행이라는 구절도 있었다. 내용은 공손하고, 글씨는 반듯하였다. 사행단은 그들과 마주 보며 읍을 한 후 환영의 글을 보낸 것에 대한 감사의 답장을 보냈다.

배가 섬으로 들어서자 100여 명의 군사가 기를 잡고 연안에 늘어서 있는 모습이 보였다. 동접반 김부식이 문안 인사와 함께 정사, 부사를 비롯한 주요 관리들의 아침식사를 보내왔다. 정사와 부사가 문안 인사장을 접수하고, 고려 왕에게 송의 사신단이 도착했음을 알리는 문서를 정식으로 작성해 보냈다. 문서를 받은 김부식은 채색을 한 선박을 보내 정사와 부사에게 군산정에 올라 정식으로 인사를 나눌 것을 요청해 왔다. 정사와 부사, 그리고 접반 등이 모여서 이후의 상황에 대해 논의하였다.

서긍은 이전의 관례에 따라 군산정에서 열리는 공식 환영 행사에 참여하고, 곧바로 배로 돌아오는 것이 좋겠다고 건의하였다. 이번에만 모든 사람이 배에서 내리고, 다음번에는 주요 인사들만 내려 환영식을 간단히 하자는 의견도 함께 제안하였다.

대략 방침이 정해짐에 따라 통역관을 통해 김부식에게 일정에 관한 내용을 알렸다. 김부식은 송방과 막선이라는 배를 보내왔다. 정사와 부사는 송방에 올랐다. 중절과 하절은 막선을 타고 군산도에 상륙하였다. 그 아래의 관속들도 각기 고려에서 준비한 배를 타고 군산도에 내렸다.

사신단이 모두 상륙하자 정사와 부사를 선두로 군산정 관사로 들어갔다. 접반사 김부식과 지전주知全州 오준화가 뜰로 내려와 향로를 올려놓은 상을 사이에 두고 사신단과 마주 섰다. 김부식과 오준화는 송 황제가 있는 궁궐이 있는 쪽을 바라보며 절하고, 읍을 한 후 공손하게 황제의 안부를 물었다. 사절이 황제의 근황을 간단히 설명하자 양쪽 충계로 나누어 당으로 올라가 준비된 자리에 앉았다.

정사와 부사가 상석에 자리를 잡자 각각 관직의 순서에 따라 앞으로 나와 고려 관리와 인사를 나눈 후 자기 자리를 찾아 앉았다. 송과 달리 고려의 관리들은 아읍雅揖을 했다. 아읍이란 한쪽 무릎을 꿇고 하는 절을 일컫는 말이다. 상절은 당 위에 나눠 앉고, 중절은 양쪽 행랑에 나누어 앉았으며, 하절은 문의 양쪽 행랑에 앉았다. 그리고 뱃사람들은 모두 문밖에 앉아 음식상을 받았다.

군산정의 안과 밖에는 모두 천막을 쳤다. 장막은 가지런하고 장중하였으며, 바닥에는 모두 돗자리가 깔려있었다. 음식도 풍성하고 넉넉하였다. 술은 10차례 정도 주고받는데, 처음에는 접반사로 온 김부식이 친히 술을 따라 정사와 부사에게 올렸다. 술을 받은 정사와 부사는 술을 마시고 잔을 채워 돌려주었다. 그렇게 다섯 번 정도 오가면 다음에는 큰 뿔잔으로 바꾸어 또다시 다섯 번 정도 술을 나누었다. 주연이 끝나자 모든 사신단은 고려인들이 준비한 배를 타고 자신들의 배로 돌아갔다. 군산정은 환영 의식을 거행하는 곳이지 숙박을 담당하는 기관은 아니었다.

군산정에서 송 사신을 맞이하는 모습을 그린 상상도

서긍 일행은 고려 측에서 마중 나온 접반사 김부식, 지전주 오준화와 군산정에서 만나 인사를 나누고, 환영 의식을 가졌다. 김부식과 오준화는 서긍이 처음으로 만난 고려 관리였다. 정사와 부사를 비롯하여 상절은 서로 인사를 나눈 후 당 위에 올라 각각 좌우로 나누어 앉았다.

"접반과 군수가 뜰로 달려와 향로를 놓은 상을 마련하고 배례하였다.……정사·부사는 모두 남쪽을 향하고, 접반과 군수는 동서로 마주 향하고, 하절과 뱃사람들은 손을 모아 읍하는데 묵례하는 것으로 뜰에서 인사한다. 상절은 당堂 위에 나뉘어 앉고, 중절은 양쪽 행랑에 나뉘어 앉고, 하절은 문의 양쪽 곁채에 앉고, 뱃사람들은 문 밖에 앉는다"(《고려도경》 권34, 해도3 군산정群山亭).

다양하게 생긴 고려의 선박들

3황5제라고 불리는 전설 속의 제왕들이 있다. 그들은 인간에게 농사짓는 법과 가축을 기르는 법, 그리고 약초를 이용하는 법 등을 가르쳐서 중국 문명의 기원을 마련했다고 한다. 그중 5제 중의 첫 번째 제왕으로 꼽히는 황제 헌원씨는 수레와 배를 처음 만들었다고 한다. 선박이 만들어지자 사람들은 황하와 장강을 건너게 되었으며, 바다로 나가 물고기도 잡을 수 있게 되었다. 이후 기술 있는 사람들이 배에 물이 스미지 않게 하고 돛을 만들어 세우니 용의 무늬와 익새의 머리를 장식한 선박들이 하루에 천 리를 갈 수 있게 되었다. 당시 송나라 사람들은 장강과 황하를 평지를 밟듯 편하게 건너다녔으며, 북방과 남방의 물자들을 배로 실어 나르며 이익을 얻고 있었다.

서긍은 고려의 바다에 들어서면서부터 배의 모양을 유심히 살폈다. 만약 송이 금과 전쟁을 벌이게 된다면 해전을 해야 하거나 군수물자를 옮기는 일이 중요하다고 판단했기 때문이다. 육지에서 전쟁이 일어나더라도 송과 고려의 뱃길이 통하게 되면 고려를 거쳐 금의 수도로 직접 돌격해 들어갈 수도 있을 것이라는 생각도 했다.

고려에 오랫동안 드나들었던 상인들의 말에 따르면 고려 사람들은 수레보다 배를 더 편하게 여긴다고 했다. 삼면이 바다로 둘러싸인 데다가 높은 산이 많아서 육로보다는 해로를 더 많이 이용하기 때문이라고 한다. 서긍도 작은 배를 타고 깊은 바다를 건너 송에 온 고려인들을 본 적이 있었다. 그들은 배 위에서 껑충거리며 오가기도 하고, 무거운 물건을 쉽게 져 나르기도 했다. 그의 생각에는 고려에 송 못지않을 만큼

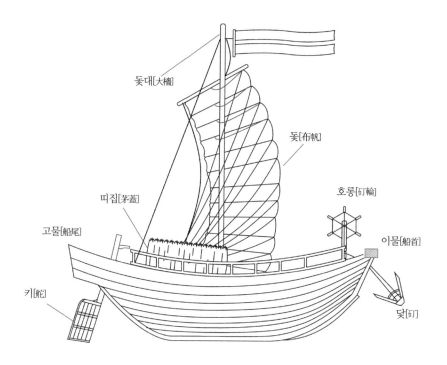

돛대[大檣]

돛[布帆]

띠집[茅蓋]

호롱[矴輪]

고물[船尾]

이물[船首]

키[舵]

닻[矴]

고려 배의 평면도

1208년 무렵에 침몰한 태안 마도 1호선의 복원도를 토대로 작성하였다.

고려의 배는 신주나 객주와 달리 바닥이 평평하고, 돛이 하나이며, 배 위에 띠집이 있다.

이물(뱃머리)에는 닻을 끌어올리는 호롱이 있으며, 고물(배의 꼬리)에는 배를 조종하는 키가 있다.

외판은 나무 판자를 섬세히 다듬지 않고, 통나무를 구부려 만든 형태였다.

훌륭한 선박들이 많을 것 같았다.

그런데 정작 서긍이 본 고려의 배는 생각보다 정밀하지 않았다. 고깃배 중에는 나무를 대충 깎아서 외판을 잇고, 중간에 돛대 하나를 세운 것이 전부인 것도 있었다. 그럼에도 신기할 정도로 고려인들은 배를 잘 다뤘다. 금방 엎어질 것 같은 배 위에서 뛰어다니며 그물을 거두기도 하고, 낚시를 하기도 했다. 중간에 짚으로 엮은 초가집이 하나 있는 배들도 있었지만 그것만으로는 비바람을 피하기 어려울 듯했다. 배를 만드는 재주가 없는 것인가, 아니면 본래부터 물을 무서워하지 않기 때문인가?

그런 생각을 하면서 군산도에 도착하자 그제야 여러 종류의 선박들이 사신단을 맞이하였다. 서긍이 군산도에서 처음 본 배는 순라선이었다. 순라선은 중간에 돛대만 하나 있고, 누각이 없는 배이다. 배에는 양쪽에 노가 한 벌씩 있고, 고물에 키가 있다. 신주가 군산도 입구에 이르자 순라선 10여 척이 고동 나팔을 불고 징을 치면서 맞이하였다. 배에는 모두 깃발이 세워져 있다. 깃발에는 홍주도순洪州都巡, 영신도순永新都巡, 공주순검公州巡檢, 보령保寧, 회인懷仁, 안흥安興, 기천暨川, 양성陽城, 경원慶源 등의 지명과 위사尉司라는 글씨가 씌어있었다. 마침 곁에 사공이 있어 '위사'가 무엇인가 물었더니, 도둑을 잡는 관리들이라고 설명해 주었다. 배에는 뱃사람과 나졸들이 타고 있는데, 그들은 모두 푸른색 옷을 입고 있었다. 그 후에도 서긍은 순라선을 여러 번 보았다. 그들은 사신이 탄 배가 고려의 국경에 들어오면 와서 맞이하고, 떠날 때는 신주가 큰 바다로 들어가는 것을 보고서야 돌아갔다.

순라선 다음으로 본 배는 관선官船이었다. 관선은 접반接伴·선배先排·

관구管句·공주公廚 등의 깃발을 세운 배이다. 그 구조는 나무를 판자로 가공하지 않고 통나무를 구부려 원하는 모양으로 만든 후에 그것을 나무못으로 연결한 형태였다.

관선의 중앙에는 볏짚을 엮어서 지붕을 만든 띠집이 하나 있다. 띠집에는 문과 창이 있어 드나들 수 있고, 밖을 볼 수도 있다. 배의 주위에는 난간을 둘렀다. 난간은 배의 앞뒤를 연결한 나무를 서로 꿰어서 사다리 형태로 만들었는데, 돌출되어 있어 바닥보다 더 넓다. 배의 앞에는 닻줄을 감아올리는 호롱이 있고, 위에는 큰 돛대를 세웠다. 돛대에는 베로 만든 20폭 정도의 돛이 걸려있다. 그중 5분의 1 정도는 꿰매지 않고 그대로 나부끼도록 하였는데, 그것은 바람을 거스르지 않게 하기 위함이라고 한다. 관선은 순라선이 사신선을 맞아 고려의 경내로 들어섰을 때, 동쪽으로부터 와서 사신선을 인도하였다. 배는 총 10여 척으로 크기는 대략 비슷하며, 접반이 탄 배에만 장막이 설치되어 있었다.

서긍이 본 배 중에서 가장 화려한 것은 군산도에서 사신을 맞이한 송방松舫이었다. 고려의 배들은 대개 소나무로 만들기 때문에 모두 송방이라 할 수 있지만 군산도의 송방은 송에서 파견된 정사와 부사 등 고위 관리들을 태워 군산정으로 모실 때만 이용하는 특별한 선박이다. 송방은 다른 고려 배와 마찬가지로 선수와 선미가 다 곧아서 마치 길쭉한 상자 모양을 하고 있다. 배 위에는 가운데에 누각이 있고 앞뒤로 작은 방이 있다. 중앙의 누각은 두 칸 규모이며, 화려한 비단 깔개를 깔았다. 그리고 앞뒤의 작은 방에는 평상을 두고, 대나무로 만든 발을 드리웠다.

막선幕船은 군산도, 마도, 자연도 등 사신을 맞이하는 정관이 지어진

〈평안감사 향연도〉 속에 보이는 송방

김홍도가 그렸다고 전하는 조선 후기 회화로 대동강에서 평안감사가 베푼 잔치의 모습을 표현한 것이다. 중간에 평안감사가 탄 선박은 서긍이 송방이라고 기록한 것과 매우 유사하다. 송방은 배 위에 누각과 평상이 있는 화려한 배로 정사와 부사만 탈 수 있었다고 한다. ※출처: 국립중앙박물관.

〈평안감사 향연도〉 속의 순라선

평안감사가 뱃놀이 하는 동안 주변을 지키는 병사들을 그린 것이다. 서긍에 따르면 군산도에 들어섰을 때 10여 척의 순라선이 가장 먼저 맞이하였는데, 배에는 고을 이름을 쓴 깃발을 세웠으며, 돛이 하나 세워져 있었다고 한다. 군졸은 모두 푸른색 옷을 입었고, 징을 치고 나팔을 불었다고 한다. 위의 그림에는 돛대와 깃발은 보이지 않지만 송의 사신을 맞는 순라선의 모습을 연상케 하는 장면이 잘 나타나 있다. ※출처: 국립중앙박물관.

곳에서 모두 볼 수 있는 배이다. 다른 배들처럼 이물(선수)과 고물(선미)이 모두 곧고, 배의 바닥도 평평하다. 본래부터 이름이 그것이었는지는 알 수 없으나 햇빛을 가리기 위해 배 위에 천막을 쳤으므로 막선이라고 부른다. 천막은 배의 모서리에 장대를 세워 기둥으로 삼고, 그 위에 푸른색 포를 덮었으며, 장대 끝에는 채색 끈을 달아서 장식했다. 사신들이 세 섬에 도착한 후 정관으로 이동할 때 중절과 하절에 해당하는 사신들을 태워서 육지에 내려주었다.

군산도에서 마도로

군산정에서 영접 의식을 받은 송의 사신단은 다음 날까지 배에 머물러 있었다. 날이 밝자 서긍은 밖으로 나와 주변의 풍광을 둘러보았다. 신주가 정박한 곳은 천혜의 포구였다.

군산도를 중심으로 섬들이 포구를 품에 안은 것처럼 둘러쌌다. 무녀도와 신시도가 남쪽과 동쪽으로 펼쳐져 있고, 북쪽에는 방축도와 횡경도가 일자 기둥처럼 늘어서서 북풍과 파도를 막아주었다. 섬의 아래쪽은 배를 대기 어려울 만큼 절벽이었는데, 절벽 앞으로 여러 가지 형상으로 생긴 바위들이 절경을 이루고 있었다.

바람을 기다리는 동안 해가 지고 달이 떠올랐다. 살이 붙은 초승달이 희미하게 바다에 비치니 달 그림자가 파도를 따라 흔들렸다. 서긍은 바다에 비친 달을 보며 이태백을 떠올렸다.

꽃 사이에서 한 동이 술을

짝 없이 혼자 들이킨다.

잔 들어 밝은 달을 맞이하니,

달과 나와 그림자, 셋이어라.

달은 본래 술을 못하고,

그림자는 나를 따라 옮겨다닌다.

잠시나마 달을 친구하고 그림자를 거느리니,

이런 즐거움을 누리는 일은 봄에만 가능한 것.

내가 노래하면 달은 배회하고,

내가 춤을 추면 그림자도 춤을 춘다.

　　　-이백, 〈달 아래 혼자 술을 마시며月下獨酌〉

　8일 아침 일찍 횡서를 떠난 사신단은 자운도라고 불렸던 현재 군산의 연도를 지나 서천-보령 앞바다를 거쳐 지금의 안면도인 안면곶 서해안을 따라 올라갔다. 고려의 바닷가는 모래사장보다 갯벌이 더 많았다. 신주와 객주는 모두 바닥이 첨저형이었으므로 해안선 가까이 다가갈 수 없었다. 자칫 잘못하면 갯벌에 밑둥이 걸려 침몰할 가능성이 컸다. 그렇다고 육지에서 멀리 떨어져 큰 바다로 항해하기도 쉽지 않았다. 고려인들이 안내하는 길이 아닌 곳으로 항해하다가 자칫 암초에 걸리기라도 하면 그 또한 낭패였기 때문이다.

　서긍을 태운 배는 안면곶을 거슬러 올라가서 아자섬이라 불리는 거아도를 지났다. 아자섬은 알자섬이라고도 하는데, 삿갓을 닮아서 생긴 이름이라고 한다. 알은 고려의 말로 삿갓을 가리키는 단어이기 때문이다. 그러나 서긍의 눈에는 섬 모양이 삿갓이라기보다는 거위처럼 보였다. 앞서 다녀간 사람들의 기록에도 아자섬의 '아鵶'는 '아鴉' 또는 '아鵝'라고 씌어있었다. 앞의 것은 갈가마귀, 뒤의 것은 거위를 가리키는 말이다.*

두 번째 상륙지 안흥정

아자섬을 지난 서긍 일행은 남쪽에서 부는 순풍을 타고 날 듯이 항해하여 마도馬島에 도착하였다. 마도는 청주 관할의 섬으로 샘물은 달고 초목이 무성하였다. 전쟁이 없는 시기에는 나라의 말을 놓아 길렀으므로 마도라는 이름이 생겨났다고 한다. 고려에는 곳곳에 이처럼 말을 키우는 섬과 곶이 있었다. 섬이나 곶은 말이 목장을 탈출하거나 호랑이에게 물려가는 화를 면할 수 있다. 또한, 말이나 소를 훔쳐가는 도적으로부터도 안전했다.

안흥정이 자리 잡은 마도는 주봉이 크고 골짜기가 깊었다. 왼쪽으로 산줄기 하나가 흘러내려 왔는데, 산의 형세가 흡사 바다를 둥그렇게 감싸안은 것처럼 생겼다. 섬 앞으로 석맥이 바다로 숨어들어 파도를 일으

---

* 실제로 항공사진으로 본 아자섬은 새의 형상을 하고 있다. 조선시대에는 주변의 물이 거울처럼 맑다고 하여 경도鏡島라고 불렸다. 거위가 거울이 되면서 한자가 바뀐 사례라고 할 수 있다. 거아도는 1986년에 사격연습장으로 지정되어 무인도가 되었지만 1985년까지만 해도 61가구, 285명이나 거주하는 큰 섬이었다.

키고, 물길을 험하게 만들었다. 신주 사공의 말에 따르면 안흥정이 자리 잡은 곳은 고려의 사공들도 겁을 내는 험지라고 한다. 따라서 썰물일 때는 석맥에 배의 바닥이 상하므로 건너지 못하고, 밀물이 들기를 기다렸다가 수심이 깊어진 다음에야 지날 수 있다고 했다. 사공은 섬 앞에 모여있는 고려 배들을 가리키며, 그들은 신주를 안내하기 위해 대기하고 있는 것이라고 했다.

서긍이 바라보니 바람이 불면 파도가 솟구쳐 오르는데 그 소리와 모습이 몹시 사나웠다.[*] 크고 작은 섬이 주변에 널려있고, 곳곳에서 안개가 그윽이 피어오르고 있었다. 파도치는 바다에 옅게 안개가 끼자 파도 소리가 더 크게 들렸다. 바다 경관에 압도당한 서긍은 잠시 말을 잃었다.

마도 앞에 정박해 있던 신주와 객주는 파도를 따라 흔들렸다. 마도에는 고려에서 사행단을 맞이하기 위해 건립한 안흥정이라는 정관이 있

---

[*] 서긍이 묘사한 마도 앞바다는 안흥량을 표현한 것으로 보이는데, 실제로 그곳은 고려와 조선시대 최대의 험로였다. 서긍 일행의 항로에서 가장 궁금한 부분이 안흥량을 어떻게 지났는가에 관한 것이다. 서해를 오가는 선박들은 하나같이 안흥량을 지나는 것을 걱정했다. 송의 신주와 객주는 고려 선박보다 규모가 훨씬 크고 흘수가 깊었다. 마침 사행단이 마도에 도착한 6월 8~9일은 밀물과 썰물의 차이가 적은 때였다. 특히, 썰물 때도 수심이 크게 낮아지지 않았다. 다음 날 아침 사행단이 안흥량을 지나 태안의 북부 지역으로 빠르게 올라갈 수 있었던 것도 그나마 물때를 잘 맞추었기 때문일 것이다. 고려시대 안흥정이 어느 곳에 있었는지에 대한 의견은 분분하다. 그러나 안흥량이라는 이름이 안흥정에서 유래했다는 점은 기억해 둘 필요가 있다. 노량, 명량 등 우리나라 해안 지방에 많이 남아있는 '량'이라는 지명은 육지와 섬 사이의 좁은 구간을 가리키는 말이다. 그중에서도 안흥량은 본래 배가 다니기 어렵다는 의미에서 난행량難行梁이라 불렸다. 그러나 난행량에서 침몰 사고가 지속적으로 일어나자 사람들이 그 이름을 미워하여 안흥량이라 고쳐 불렀다는 기록이 남아있다(《신증동국여지승람》 권19, 충청도 태안군 산천 안흥량安興梁).

태안 마도에서 바라본 안흥량

마도는 서긍 일행이 들렀던 안흥정이 있던 곳이다. 그림 속 바다 멀리 보이는 암초가 사자바위인데, 마도
와 사자바위 사이를 안흥량이라고 부른다. 안흥량은 바다 곳곳에 암초가 숨어있고, 물길이 사나워 뱃사람
들이 모두 두렵게 여기는 구간이었다. 마도 해안에서는 태안선을 비롯하여 고려시대 선박 4척과 조선 전
기 선박 1척이 출수되었다. 사진 속의 절벽은 화제의 드라마 〈오징어 게임〉 촬영지로도 알려져 있다.

었다. 안흥정은 본래 보령 고만도에 있었던 것을 1077년(문종 31)에 이당감의 건의에 따라 마도로 옮겼다고 했다. 밀물이 들면 바다가 깊어지고, 좋은 샘이 있기 때문이다. 마도의 샘물은 서긍이 고려에서 먹은 물 중에서 가장 달고 맛있었다.

서긍 일행이 마도 앞바다에 정박하자 청주의 지방관 홍약이洪若伊가 통역관과 관리를 보내 안흥정에 오를 것을 요청하였다. 사행단이 밖을 내다보니 깃발을 들고 환영 나온 군졸들이 군산도에서처럼 연안에 늘어서 있었다. 잠시 후에 해가 지자 고려의 군졸들이 큰 횃불을 태워 불을 밝혔다. 횃불이 켜지자 암흑 같던 바닷가는 금세 초저녁만큼 밝아졌다. 정사 노윤적은 배가 흔들리는 것을 걱정하여 안흥정에 상륙하는 것을 조심스러워했다. 그러나 배가 너무 흔들려 앉아있을 수 없는 지경이 되자 잠시 내릴 것을 결정했다.

군산도에서처럼 여러 척의 배가 사신단을 태우러 신주 앞으로 노를 저어왔다. 바람에 신주가 흔들려 사신은 부축을 받으며 고려 배에 올랐다. 바람과 파도가 심해 상절, 중절, 하절이 모두 내리기까지는 오랜 시간이 걸렸다. 홍약이는 군산도에서처럼 사행단과 인사를 나눈 후 술을 권하였으나 정사가 완곡히 거절하여 술을 마시는 절차는 생략하였다. 정사와 부사는 홍약이와 오랫동안 이야기를 나눈 후 밤이 깊어서야 신주로 돌아왔다.

자연도라고 불렸던 영종도

안흥량을 지나 태안의 북쪽에 이른 신주와 객주는 구두산이라 불렸던 서산 팔봉산을 우측으로 바라보며 다시 북상하였다. 이후 대산곶과 난지도, 풍도 등을 지나 경기도 남부 지역에 도착하였다. 이 구간은 섬이 많고, 갯벌과 모래사장이 섞여있지만 비교적 순탄한 구간이다. 따라서 사행단은 6월 9일 하루 만에 태안의 안흥량에서 오늘날 인천국제공항이 있는 자연도에 도착하였다.

도중에 거친 여러 섬 중 가장 흥미로운 것은 화상도였다. 고려인 길잡이의 이야기에 따르면 화상도는 그 섬에 도를 닦는 승려가 있어서 그런 이름이 붙었다고 했다. 화상은 승려를 높여 부르는 칭호이다. 그 섬은 다른 섬과 달리 호랑이가 많이 살았는데, 호랑이들조차도 그 승려에게는 감히 접근하지 못했다고 한다.

자연도에 닻을 내린 신주는 곧바로 하선 준비를 했다. 자연도에도 역시 사행을 접대하는 경원정이라는 정관이 있었기 때문이다. 자연도란 자줏빛 제비가 모여 사는 섬이라는 뜻이다. 자연도의 동쪽에 제비들이 많이 사는 섬이 있어 그런 이름이 붙었다. 행정구역으로는 광주에 속했다.

자연도는 그동안 지나온 군산도나 마도보다 큰 섬이었다. 큰 산 아래 건물이 자리 잡고 있었다. 대문에는 경원정이라는 큰 현판이 걸려있었다. 그 곁에는 지붕만 있는 천막 같은 집이 수십 칸 들어서 있었다. 좌우에 주민들이 사는 초가집도 많았다. 산에 의지하여 여러 건물이 들어선 모습은 그 자체가 하나의 그림이었다. 서긍은 언젠가 산수화 속에서 봤던 장면을 실제로 보는 것 같은 익숙함을 느꼈다.

자연도 경원정 상상도

본래 자연도라고 불렸던 영종도는 조선시대 영종진이 설치되면서 현재의 이름으로 바뀌었다. 지금의 영종도는
인천국제공항이 조성되면서 여러 개의 섬을 연결한 것이다. 서긍 일행이 들렀던 경원정은 백운산 아래에 있었
던 것으로 추정된다. 경원은 인주(인천)의 옛 이름이다. 숙종 때 어머니 인예태후仁睿太后의 내향內鄕(아버지의 출신
고을)이라 하여, 경원군慶源郡으로 승격시켰다.

"(경원정은) 산에 의지하여 관사[館]를 지었는데, '경원정慶源亭'이라는 방문[榜]이 있다. 경원정 곁으로는 막사
수십 칸이 있으며, 거주하는 백성의 초가집도 역시 많다"((고려도경) 권39, 해도6 자연도紫燕島).

나른한 봄날 강산은 화려하고
불어오는 봄바람에 꽃과 풀은 향기로워라.
진흙땅 녹으니 제비 날아들고
모래 따뜻하니 원앙새는 잠이 든다.

—두보, 〈절구삼수絶句三首〉 중 첫 수

다음 구절을 읊으려던 서긍은 거기에서 멈췄다. 두보의 시는 전란을 맞아 떠난 길에서 향수를 읊은 시였기 때문이다. 실상 송의 상황도 그때와 크게 다르지 않았다. 생각이 거기에 닿으니 시흥도 흩어졌다.

사행단이 자연도 앞바다에 들어서자 조정에서 파견한 윤언식尹彦植과 광주의 지방관 진숙陳淑이 개소介紹(어떤 일을 성사시키기 위해 양측을 오가며 조율하는 사람)와 역관을 보내어 맞이하였다. 병장기를 들고 늘어선 군인들은 군산정이나 안흥정보다 더 많았다. 의장대의 의례도 매우 엄숙해 보였다.

신주는 배가 크고 흘수(배가 물 위에 떴을 때 배가 가라앉는 길이. 물속의 배 바닥에서 수면까지의 높이)가 깊어서 자연도의 포구로 들어설 수 없었다. 일행은 하는 수 없이 깊은 바다에 배를 정박하고 내릴 준비를 했다. 그러나 닻을 내릴 무렵부터 갑자기 하늘이 흐려지더니 빗방울이 요란하게 쏟아졌다.

정사와 부사는 잠시 비 그치기를 기다렸다가 오후 4시쯤 삼절을 거느리고 고려에서 준비한 배에 올랐다. 노꾼들의 노가 움직이는가 싶더니 배가 서서히 앞으로 나갔다. 서긍은 난간을 꼭 쥐고 배가 나가는 방향을 주시했다. 규칙적으로 삐걱 소리가 울려 퍼질 때마다 건물들이 점

차 가까이 다가왔다. 포구에 내린 일행은 군사들의 엄호를 받으며 관사 안으로 들어갔다.

경원정에 들어선 일행은 술과 음식을 대접받았다. 술을 따르는 절차와 의식은 군산도에서와 비슷하였다. 연회상에 오른 음식이나 그릇도 역시 비슷했다. 서긍은 술이 가득 찬 청자 잔탁을 가만히 내려다보았다. 오묘한 빛깔의 술잔은 활짝 핀 연꽃 모양의 접시 위에 연꽃 봉오리 모양의 잔을 올린 형태였다. 하늘의 빛이 잔에 담겨서 청자의 푸른빛이 더욱 푸르러 보였다.

이전 기록에 따르면 자연도에서 벽란도까지는 하루거리가 채 못 되었다. 따라서 고려의 수도 가까이에 온 것이나 다름없었다. 그에 대한 안도감 때문일까. 정사와 부사를 비롯하여 사신들의 표정이 전보다 밝아 보였다. 잘 차려진 음식을 먹고, 통역을 통해 상대국 임금의 안위를 묻고, 양국의 정세에 대해 이야기를 나누었다.

접반으로 파견된 윤언식은 윤관의 다섯째 아들이라고 자신을 소개했다. 윤관은 송에도 이름이 알려진 유명 인사이다. 금이 송을 압박했을 때도 조정에서 그의 이름이 거론된 적이 있었다. 윤언식은 시를 잘 짓고, 유쾌했으며, 언변이 뛰어난 인물이었다. 역관이 귀띔해 준 말에 따르면 그는 나이 서른에 이미 청주지사를 지냈고, 지금은 중추원의 우부승선을 거쳐 삼사부사라는 고위 관직에 있다고 했다.

정사와 부사는 취기로 얼굴이 붉어져서 배의 숙소로 돌아왔다. 두 사신은 배로 돌아온 후에도 오랫동안 이야기를 나누었다. 바닷물에 비친 신주의 등불이 파도를 따라 흔들렸다. 서긍은 소등을 외치는 순라꾼 소리를 들으며 잠자리에 들었으나 쉽게 잠들지 못했다. 오늘 하루 동안 지나온 섬의 이름과 경원정의 모습, 접반으로 온 윤언식의 생김 등이 머릿속에 또렷이 떠올랐다.

이튿날 서긍은 아침식사 시간을 알리는 징 소리를 듣고서야 잠에서 깼다. 평상시라면 이부자리를 개고 의관을 정제했을 것이지만, 그날 아침에는 먼저 수첩을 꺼내어 어젯밤에 생각했던 것들을 적어 내려갔다. 고려인들이 가르쳐 준 섬의 이름 중에 빠뜨린 것이 없는지 살피고, 급하게 쓰느라 잘못 쓴 글씨도 바로잡았다. 대략 정리가 끝나자 문을 열어 시원한 공기를 들이마셨다. 자연도의 산이 높고 깊어서인지 그는 자신이 바다 위에 서있다는 것을 느끼지 못했다.

6월 10일 오후에는 서북풍이 불어서 배를 띄우지 못했다. 서긍은 일행 몇 명과 함께 작은 배를 타고 경원정에 들렀다가 제물사라는 절에 갔다. 서긍 일행은 자연도에서 세상을 떠난 송밀宋密을 위로하는 제를 올렸다. 송밀은 1078년(원풍 1)에 고려에 국신사의 상절로 왔던 인물이다. 사행길이 힘들었던지 출발한 지 얼마 안 되어 병 기운이 완연해지더니 자연도에 도착할 무렵 세상을 떠났다 했다. 사행단은 예를 다해 자연도에 그를 묻었다.

몇 달 전 서긍이 사신으로 고려에 가게 되었다는 소식을 듣고, 송밀의 아들이 그를 찾아왔다. 아버지 유해를 모셔오지는 못하더라도 무덤을 찾아 대신 제사라도 올려달라는 부탁을 했다. 그의 딱한 사정을 모른 체할 수 없었던 서긍은 흔쾌히 그렇게 하겠다고 했다. 그러나 막상 길을 떠나 보니 개인적으로 시간을 내는 것은 쉽지 않았다. 그런데 마침 자연도에 정박한 날부터 비가 내리기 시작하여 하루를 더 묵게 되었다. 서긍은 그 비가 다른 나라에서 세상을 떠난 송밀의 눈물일지도 모른다는 생

영종도 백운산 용궁사 전경과 고목

영종도 본섬에는 백운산이라는 큰 산이 있고, 산속에는 용궁사라는 절이 있다. 용궁사에
는 지금도 수백 년이나 된 느티나무 한 쌍이 있다. 2015년 사찰 일대를 발굴조사한 결과
나말여초부터 작은 규모의 사찰이 있었음이 밝혀졌다. 만약 용궁사가 나말여초부터 있
었던 절이라면 《고려도경》에 수록된 제물사일 가능성이 크다.

각을 했다. 어쩌면 그 아들의 정성이 하늘에 닿았는지도 모른다.

자연도에 오래 살았다는 고려 노인의 안내를 받아 송밀의 무덤을 찾은 서긍은 그 아들이 부탁한 술을 뿌렸다. 그리고 무덤을 돌보고 있다는 제물사를 찾아 그의 혼령을 위로하는 제를 지냈다. 제가 끝나자 절에 넉넉히 시주를 하고, 승려들에게 음식을 공양한 후에 배로 돌아왔다. 이처럼 공덕을 쌓기 위해 승려들에게 음식을 공양하는 것을 당시 사람들은 반승飯僧이라고 했다.

고려 최대의 무역항 벽란도

다음 날 오전이 되자 역풍이 멈추고 바다도 고요해졌다. 신주와 객주는 밀물을 타고 자연도를 떠나 오후가 되어서야 강화도와 김포 사이의 급수문(염하, 손돌목)으로 들어섰다. 급수문은 마치 산과 산 사이를 흐르는 협곡의 물처럼 가파르게 흘렀다. 밀물이 드는 소리는 마치 돌이 구르는 듯, 천둥이 치는 듯 요란했다. 서긍은 앞사람들이 왜 그것을 급수문이라 했는지 비로소 알게 되었다. 그리고 급한 물길을 보며 책에서만 보았던 장강의 무협巫峽을 떠올렸다.

촉으로 가는 길의 어려움은 푸른 하늘을 오르기보다 어렵구나
사람들에게 이 말을 하면 붉던 얼굴이 창백해진다.
연이은 봉우리는 하늘과의 거리가 한 자도 못 되는 것 같고
마른 소나무 거꾸로 걸리어 절벽에 의지해 있네.

나는 듯한 여울과 사납게 흘러내리는 물결은 다투는 듯 소란하고
얼음 언덕에서 굴러떨어지는 돌 소리가 온 골짜기에 벼락 떨어지는 소
리처럼 퍼진다.

– 이백, 〈촉도난蜀道難〉

시를 읊는 동안에도 배는 끊임없이 요동쳤다. 바닥에서는 솥에서 물
끓는 듯한 소리가 났다. 서긍은 흔들리는 배에서 종이를 찾아 다음과
같이 썼다.

급수문은 산골짜기에 묶여 놀란 파도가 해안을 치고 구르는 돌이 벼랑
을 뚫는데, 천둥처럼 요란하고, 쇠뇌가 날아가는 소리나 말이 바람을 헤
치고 달려가는 소리라고 해도 그 급한 물살을 설명하기에는 부족하다
(《고려도경》 권39, 해도6 급수문急水門).

사나운 물길을 만난 사공은 돛을 접어 내리게 하고, 앞을 바라보며
노꾼들에게 노를 젓게 하였다. 길잡이 고려선을 따라 앞서 출발한 객주
5척과 그 뒤를 잇는 신주 2척, 그리고 가장 뒤에 따라오는 객주 1척이
같은 속도를 유지하며 앞으로 나아갔다. 집채만 한 선박들이 줄지어 급
수문을 지나는 장면은 그야말로 장관이었다.

천천히 앞으로 나아가던 사행단은 강화도 북쪽의 합굴에 이르러 다
시 정박했다. 밀물이 다하면서 수심이 얕아져 더 이상 나아가기 어려웠
다. 배가 정박한 후에 주위를 둘러보니 제비집처럼 많은 민가가 눈에
들어왔다. 마을 위쪽 그리 높지 않은 산에 용을 모시고 제사 지내는 사

당이 있었다. 고려인 통역관의 말에 따르면 뱃사람들은 그곳을 지날 때마다 반드시 제사를 지낸다고 한다. 사행단을 안내하던 고려인들 역시 배가 정박한 동안 사당에 가서 제사를 지내고 돌아왔다.

합굴은 급수문과 연결되어 있는데도 물의 빛깔이 달랐다. 급수문의 물빛은 분명히 갯벌의 흙이 섞인 황청색이었는데, 합굴의 물빛은 황백색에 가까웠다. 통역관에게 이유를 물으니 그곳은 조강과 임진강이 바다로 흘러드는 곳이기 때문이라고 했다. 조강과 임진강이 한곳으로 합쳐져 바다로 합쳐 드는 곳. 중국에서는 이렇게 강이 바다로 들어오는 것을 일컬어 '조종朝宗'이라고 부른다. 조종은 여러 신하가 황제에게 예를 다하기 위해 조정으로 몰려온다는 의미이다.

이튿날 합굴을 떠난 사행단은 강화도 북쪽 분수령에 이르러 또다시 정박했다. 아침에는 제법 굵은 비가 내렸다. 비가 그치길 기다리다 보니 정오 무렵에는 썰물이 되어 움직일 수 없었다.

사공들이 밀물을 기다리는 동안 서긍은 머리를 들어 물길을 천천히 살폈다. 강은 동쪽에서 내려와 서쪽으로 흘렀다. 한 줄기는 강폭을 넓히며 하류의 바다로 들어가고, 다른 한 줄기는 남쪽으로 내려와 협곡이 되었다. 서긍은 강물이 바다로 합류하는 지점이라고 생각되는 곳을 한 동안 바라보았다.

사월이라 아직 완전히 덥지 않으니
보리 이삭은 익고, 강의 기운은 가을 같아라.
호수와 물이 있는 곳은 어디나 좋지만
가장 좋아하는 곳은 분수의 강머리라네.

분수는 동쪽에서 흘러와서
한 줄기는 장강 물줄기로 흘러든다.
아름다운 강물은 굽이진 허리띠 같고,
강물에는 거룻배가 바람을 따라 흘러간다.

—백거이, 〈분수에 배를 띄워泛汾水〉

멍하니 물을 바라보고 있는 사이 빗줄기가 더 굵어졌다. 물살까지 급해지니 노를 저어도 앞으로 나아가기 어려웠다. 사공은 뱃사람들을 시켜 예물을 실은 곳에 비가 들지 못하도록 기름 천막으로 덮었다. 사행단이 예성강 가까이 도착했다는 소식을 들은 고려 왕은 유문지劉文志 편에 먼저 편지를 보내 바다를 건너온 노고를 위로하였다.

6월 12일 아침에 비가 그치자 사행단은 밀물을 따라 예성항에 이르렀다. 정오가 되자 정사와 부사가 수하를 거느리고 황제의 조서를 채색한 고려의 배에 옮겨 실었다. 서긍이 눈을 돌려 예성강 변을 보니 말을 탄 고려의 장수들과 병졸들이 각종 깃발과 병기 등의 의장물을 들고 해안가에 늘어서 있었다. 그리고 신주를 구경하러 온 사람들이 담장처럼 강가에 늘어서 있었다. 그의 눈에는 구경꾼들이 족히 1만 명은 되어 보였다. 신주의 화려함을 본 고려인들은 감탄을 금치 못했다. 웅성거리는 소리, 환호성 소리, 그것을 말리는 군사들의 큰소리가 어우러져 그날의 벽란도는 개봉의 와자에 모인 사람들처럼 시끌벅적했다.

조서를 받든 배가 벽란도에 이르자 도할관都轄官과 제할관提轄官이 채색한 가마에 조서를 옮겨 실었다. 하절이 먼저 앞에서 인도하고, 정사와 부사가 그 뒤를 따랐으며, 상절과 중절이 가장 뒤에서 걸었다. 조서

국신사를 맞이하기 위해 예성항에 나온 고려인들을 그린 상상도

6월 12일 정오에 이르러 서긍 일행은 예성항에 입항하였다. 서긍이 본 예성항은 벽란도를 가리키는 말이었을 가능성이 크다. 벽란도는 개경을 드나드는 사신선은 물론, 상선과 조운선이 모이는 고려 제일의 포구였다.

"아침에 비가 그치자 조류를 따라 예성항에 이르러 정사·부사는 신주神舟로 옮겨 탔다. ……1만여 명 정도 되는 고려인들이 병장기를 들고, 갑옷과 말을 갖추고, 깃발과 각종 의식용 도구를 가지고 해안가에 차례로 늘어서 있고 구경꾼이 담장처럼 서있었다(《고려도경》 권34, 해도6 예성항禮成港).

가 벽란정에 도착하자 고려 왕이 보낸 사절이 정사·부사와 인사를 나누고 조서를 인수하여 건물 안에 봉안하였다. 조서 봉안 의식이 끝나자 일행은 자리를 나누어 잠시 휴식을 취했다.

벽란정은 예성항 연안에 있으며, 왕성으로부터 30리쯤 떨어진 곳에 있었다. 사신들이 탄 신주가 연안에 닿으니 군사들이 금고金鼓(징을 닮은 악기)를 울리며 조서를 맞아서 벽란정으로 인도했다. 서긍이 보니 벽란정은 두 채로 되어있는데, 우벽란정이라고 하는 서쪽의 것에 조서를 봉안하였다. 반면, 동쪽의 장소는 좌벽란정이라고 하며, 정사와 부사를 접대하는 용도로 사용되었다. 또다시 양쪽 행랑에는 모두 방이 있어서 중절과 하절을 머물게 하였는데, 벽란정에서는 오로지 하룻밤만 잘 수 있었다.

행랑의 동서를 관통하여 왕성王城으로 통하는 길이 나 있었다. 좌우에는 민가 10여 채가 있는데, 사절이 왕성으로 들어가게 되면 사신들의 선박은 예성강 하구에 정박하게 되므로 뱃사람들이 순서를 정해서 배를 지키도록 했다.

다음 날 다시 육지로 올라온 사행단은 고려에서 마련한 말과 가마 등을 타고 왕성으로 향하였다. 어제와 마찬가지로 조서 가마를 따라 하절, 정사와 부사, 상절과 중절이 늘어섰다. 말을 탄 고려의 장수들이 맨 앞에서 길을 안내하고, 병기를 든 군사들이 사행단을 호위하며 천천히 행진하였다. 군산도에서 처음 들었던 소라나팔 소리와 북소리, 징소리에 따라 군사들이 절도 있게 움직였다. 마침내 사행단이 왕성에 가까이 이르자 어제보다 더 많은 사람이 길거리로 쏟아져 나와 그들을 맞이하였다.

환영 인파 속을 지나면서 서긍은 이제까지 온 길을 되짚어 보았다. 사행단이 명주에서 신주를 타고 큰 바다로 나온 날은 5월 28일이었다. 이후 6월 13일에 고려의 왕성에 들어왔으니 기간으로는 보름이 걸렸다. 더러 비가 오는 날과 역풍이 분 날도 있었지만 보름 만에 도착한 것은 하늘의 도움 없이는 불가능한 일이었다. 사행단은 서로의 노고를 치하하며 고려 왕을 만나기 위해 궁 안으로 들어갔다.

6

예성강에서
개경으로

엄숙한 고려 의장대

주나라 정왕定王 원년(기원전 606), 초나라 장왕莊王이 육혼陸渾 땅의 융戎을 정벌하고 낙읍 가까이에 이르렀다. 장왕은 군대를 열병하며 세력을 과시했다. 겁먹은 주나라 정왕은 왕손만王孫滿을 보내 장왕을 위문했다. 장왕이 자신을 찾아온 왕손만에게 물었다.

"주나라에 아홉 개의 정鼎이 있다는데 크기와 무게가 얼마나 됩니까?"

9정은 하나라 때 우禹 임금이 전국을 9개의 주로 나누고, 9주에서 바친 청동으로 만들었다는 신물이다. 이후에 은나라가 물려받았으나 은이 망하자 다시 주나라로 넘어왔다. 따라서 9정은 단순한 솥이 아니라 천명을 받은 천자라는 것을 상징하는 증표였다. 장왕이 솥의 무게를 물은 것은 그 솥을 가져갈 수도 있다는 뜻을 비친 것이었다. 왕손만은 곧 장왕이 주나라 왕실을 넘보고 있다는 것을 알았다. 그러나 그는 태연하게 대답했다.

"솥이 무겁고 가벼운 것은 중요하지 않습니다. 덕이 있는가 없는가가 문제입니다. 천자의 덕이 있다면 작은 솥이라도 무거워서 옮기기 어려워지고, 덕이 흐려진다면 솥이 아무리 커진다고 해도 가볍게 옮길 수 있는 것입니다. 솥은 항상 덕이 있는 곳으로 옮겨왔습니다. 하나라의 걸왕이 쇠퇴하자 솥은 은나라로 옮겨갔고, 은의 주왕 때 덕이 쇠퇴하자 다시 주나라로 옮겨왔습니다. 주나라가 오늘날까지 솥을 전해온 것은 천명이 주에 있기 때문입니다. 주나라의 덕이 쇠퇴했다고는 하지만 아직 천명은 바뀌지 않았습니다. 그러니 아직 솥의 경중을 물으실 때가 아닙니다."

답변을 들은 초 장왕은 천하는 힘만 가지고 차지할 수 있는 것이 아님을 깨달았다. 그는 곧 군대를 이끌고 자기 나라로 돌아갔다.

서긍은 고려에 사신으로 오면서 줄곧 초 장왕의 고사를 생각했다. 주가 아무리 쇠퇴했어도 초가 주의 존엄을 넘보지 못한 것처럼 송이 비록 거란과 여진으로부터 위협을 받아도 천명은 송에 있음을 고려가 알기를 바랐다. 고려는 그러한 서긍의 기대를 충분히 만족시킬 만큼 송의 사신단을 성심을 다해 맞이하였다. 다만, 고려가 아직 예종의 상중이었으므로 북이나 피리 같은 악기들은 지니기만 하고 연주하지는 않았다. 그러한 모습을 보고 서긍은 고려가 예를 아는 나라라고 생각하게 되었다.

사신단이 예성항의 벽란정에서 하루를 쉬고 다음 날 새벽이 되자, 고려에서 여러 관리와 의장대를 보내 사신단을 왕성으로 안내하였다. 먼저 도할관과 제할관이 조서를 채색 가마에 받들어 모시자 의장병이 앞서서 가마를 인도하였다.

의장병은 여러 종류가 있는데, 그중 말을 탄 신기대가 가장 앞에 서

고려의 무신

공민왕릉에 세워져 있는 무인석이다. 갑옷을 입고 투구를 쓰고 있으며,
칼을 차거나 짚고 있다. 서긍이 고려에 와서 본 말을 탄 갑병은 사진 속 무인상과 비슷했을 것이다.

※출처: 개성 만월대 남북공동발굴 디지털 기록관.

서 깃발을 휘날리며 조서를 호위하였다. 깃발 행렬은 총 10개 부문으로 구성되어 있었다. 깃발을 수레에 실어서 행렬을 이끄는데, 수레마다 10명씩 타고 있었다. 이와 함께 푸른색 옷을 입은 1만 명의 용호군龍虎軍이 갑옷을 입고 창을 들고 길 양쪽으로 나뉘어 행진하였다. 이후에도 조서를 받거나 표문을 올리는 예식에서 모두 신기대가 가장 앞에 섰다.

신기대 다음으로는 비단옷을 입은 용호친위龍虎親衛가 뒤를 따랐다. 작은 붉은색 깃발을 든 군사 1명이 말을 타고 앞서 달리면, 그 뒤로 영병상장군領兵上將軍과 영군낭장領軍郎將들이 말을 타고 뒤따른다. 이들은 모두 활과 화살을 지니고, 칼을 찼다. 그들이 탄 말의 장식에서는 방울 소리가 났다. 아주 빠르게 달리는데, 겉으로 보기에도 자부심이 대단한 듯하였다.

기병 다음에는 명가군鳴笳軍과 요고군鐃鼓軍이라는 군악대가 뒤를 따랐다. 명가군은 갈대로 만든 피리를 불고, 요고군은 장구처럼 생긴 북을 친다. 서긍이 그들을 보니 100여 걸음을 갈 때마다 명가군은 반드시 물러나 조서를 실은 채색 수레를 마주 보면서 피리를 불었다. 연주가 멈추면 징과 북을 쳐서 박자를 맞췄다.

명가군과 요고군의 뒤에는 천우위千牛衛가 관혁貫革, 등장鐙杖과 같은 의식용 물품을 들고 줄을 맞춰 행진하였다. 관혁은 작은 북이고, 등장은 등자처럼 생긴 원형의 장식을 한 장대이다. 천우위는 본래 국왕의 호위를 맡은 부대라고 하였다.

천우위의 뒤로는 금오위金吾衛가 줄을 맞춰 행진하였다. 그들은 황번黃幡과 표미豹尾, 의식용 창[儀戟]과 화개華蓋를 들고 있었다. 황번은 무늬 있는 비단으로 만들고, 그 위에 구름 무늬를 수놓았다. 위를 뾰족하게 하고, 두 귀에는 매듭으로 장식한 술을 늘어뜨렸는데, 흔들면 소리가 났다. 번의 길이는 9척이고, 너비는 1척 5촌, 자루의 길이는 1장 5척이었다. 표미는 창 위에 표범의 꼬리를 꽂아 장식한 것인데, 크기가 일정하지는 않았다. 그처럼 크기를 맞추지 않은 것은 표범의 꼬리 길이가 본래 같지 않기 때문이라 하였다.

금오위 다음으로는 백희소아百戲小兒가 뒤를 이어 행진하였다. 백희소아는 온갖 재주를 부리면서 흥을 돋우는 사람들이다. 서긍이 자세히 보니 춤을 추거나 공을 돌리는 등의 재주를 부리는데, 그들은 송에서 백희를 하는 사람들과 거의 같은 복장을 하고 있었다.

백희소아 뒤에는 가공歌工과 악색樂色이 행진하였다. 가공은 노래를 부르는 사람들이고, 악색은 악기를 연주하는 왕궁 소속의 예인들이다. 이들은 3등급의 복장을 하고, 악기도 약간씩 차이가 있었다. 그들 또한 국왕의 상중이었기 때문에 이들은 악기를 가지고만 있을 뿐 연주를 하지는 않았다. 천자의 조명詔命을 받들어야 하기 때문에 예에 따라 부득이 준비하였다고 한다.

가공과 악색의 뒤에는 예물 상자 행렬이 있었다. 상자의 크기는 물품에 따라 달랐다. 상자의 표면에는 하사하는 물건의 명칭과 수량을 적고, 황제의 옥새로 봉인하였다. 고려인들은 천자의 총애하는 뜻을 받든다는 표시로 예물들을 가마[요여要舁]에 싣고 노란 천으로 감싼 후에 운송했다. 가마마다 4명의 공학군控鶴軍이 배정되어 있었다. 그들은 자주색 꽃을 수놓은 옷을 입고, 뿔을 위로 꺾은 모양의 모자를 썼다.

송의 사신 행렬

가마 다음에는 조서를 실은 채색 가마가 뒤를 따랐다. 채색 가마는 수놓은 비단으로 제작되었는데, 오색으로 군데군데를 장식하여 화려하고 정교하다. 앞의 채색 가마 한 대에는 큰 금향로를 싣고, 다음 채색 가마에는 조서와 예종을 애도하는 제문을 봉안했다. 채색 가마 두 기는 모두 공학군이 메었다. 채색 가마는 조서의 운반과 표문을 올릴 때를 제외하고는 사용하지 않는다고 했다.

고려 사람들의 행렬이 앞장서면 그 뒤에는 송의 사절들이 차례로 따라서 행렬하였다. 본래 송에서 고려에 보낸 사절 중 하절은 모두 군졸로 충당하였다. 그러나 이번 사행에는 선비들 중 일부를 뽑아 관직을 주고, 예술인이나 장인 등도 하절로 뽑도록 했는데, 이들을 충대充代하절이라고 했다. 고려 사람들을 위로하는 것과 함께 고려의 풍속을 잘 살피라는 황제의 명령이 있었기 때문이다.

사신단이 마지막 인사를 하기 위해 궁에 들어갔을 때 휘종 황제께서는 친히 이번 사행의 중요함을 강조했다. 고려의 풍속을 잘 살피고, 고려가 금과 내통하지는 않는지, 송에 대한 여론은 어떠한지 등을 주의 깊게 살펴야 한다는 것이었다. 하절에게까지 직접 황제가 말씀을 내리자 모두가 감동하여 항해에서 죽고사는 것을 걱정하지 않았다. 이들은 자주색 비단으로 만든 좁은 적삼을 입고 검은색 비단 모자를 쓰고 도금한 두 마리 사슴 장식이 있는 허리띠를 찼다. 사신이 행차할 때면 두 편으로 나뉘어 조서를 실은 가마를 따라 행진하였다.

하절의 뒤에는 군복을 입고 무기를 든 선무하군이 뒤를 따랐다. 선무하군은 명주의 토병 50명으로 구성되어 있었다. 복장은 충대하절과 크게 다르지 않지만 겉바지를 걷어올린 채 행진하여 수놓은 비단옷을 드러나게 하는 것이 달랐다. 사절들이 송의 수도를 나설 때 조정에서 이들에게 도금한 각종 그릇과 그에 딸린 물건들을 하사하였다. 그리고 나아갈 때마다 그들의 신분을 드러내는 표식[節]을 주었는데, 그것을 고려인들에게 보여주어 이목을 끌고, 송의 부와 영예로움을 과시하게 하기 위함이었다.

선무하군의 뒤에는 국신사의 정사와 부사가 함께 나란히 말을 타고 행렬하였다. 정사와 부사는 조서와 함께 성안으로 들어갔는데, 공식적인 회합이 있을 때까지 두 사신을 태운 말은 나란히 움직였다. 두 사신은 모두 자주색 옷을 입고, 어선화가 장식된 금허리띠를 두르고, 금어를 찼다. 고려에서 사신을 마중 나온 접반사가 탄 말은 부사 오른쪽의 몇 걸음 떨어진 곳에서 사신을 따라 움직였다.

정사와 부사의 뒤에는 상절이 뒤를 따랐다. 상절 중 도할관 오덕휴는 자주색 옷을 입고 금대金帶를 찼다. 행차할 때는[行馬] 정사의 뒤를 따랐다. 제할관 서긍 역시 붉은 빛 옷[비의緋衣]을 입고 어대魚袋를 찼으며, 행차할 때는 부사의 뒤를 따랐다. 서장관 최사도崔嗣道가 입은 복장은 제할관과 같았다. 법록도관法錄道官 황대중과 진응상은 푸른 선[襈]이 달린 자주색 옷을 입고 금으로 네모나게 만든 부절을 찼다.

정사와 부사를 모시는 행차에는 석모席帽를 쓰고 채찍을 잡는데, 정사와 부사만이 행차하는 의식에서는[專遣行禮] 푸른색 양산도 펼친다. 고려에서는 원래 사신과 짝을 지어 배행하는 접반관[伴官]이 있는데 인진관引進官에게 그 임무를 맡기는 경우가 많다고 한다.

행렬의 마지막에는 중절이 줄을 맞추어 따랐다. 중절은 예물을 관리하는 사람들과 도장을 관리하는 사람, 날씨와 점을 치는 관리 등으로 구성되었다. 중절은 복두를 쓰고 소매가 좁은 자주색 옷을 입었으며, 보병寶瓶을 장식한 금색 허리띠를 찼다. 그들이 타는 말은 상절의 뒤를 따라 행진하였다.

산으로 둘러싸인 고려의 도성

사신의 행차는 엄숙하고도 장엄하였다. 복식을 갖춰 입은 악사들이 음악을 연주하고, 용과 봉황이 새겨진 깃발을 든 기수들이 앞에서 인도하였다. 병장기를 든 군인들은 사신단의 좌우에서 사방을 엄호하였다. 늘어서서 구경하는 사람들의 행렬은 끝이 없었다. 두어 시간쯤 지났을 무렵, 드디어 고려의 도성이 눈에 들어왔다.

본래 도성이라는 것은 그 나라의 왕이 사는 궁궐과 관리들이 업무를 보는 관청, 그리고 그것을 보호하기 위해 둘러싼 성곽과 문을 일컫는 말이다. 고려의 도성은 송악산 아래에 계단형으로 구축되어 있었다. 높고 화려한 문루에 막혀 안이 잘 들여다보이지 않는 송의 왕궁과 달리 고려의 궁궐은 층을 이루며 펼쳐져 있어 한눈에도 웅장해 보였다. 규모는 작지만 화려하고 아름답다는 상인들의 이야기가 허언은 아닌 듯했다.

고려인들이 말하는 개경은 이른바 명당의 요소를 두루 갖춘 길지였다. 먼저 북쪽에는 주산이자 현무에 해당하는 숭산崧山이 우뚝하였다. 엄청나게 높은 것은 아니지만 곳곳에 드러난 바위와 소나무가 어울려 영험한 기운을 뿜어냈다. 고려 사람들은 숭산을 송악산松嶽山, 곡령鵠嶺, 부소갑扶蘇岬이라고도 불렀다. 전하는 이야기에 따르면 왕건의 조상이 이곳에 자리를 잡으면서 술사의 말에 따라 소나무를 심은 것이 지금까지 남아있다고 한다.

숭산은 서북쪽에서 시작되어 산등성이를 따라 내려오다가 동과 서로 갈라져 각각 부흥산과 지네산(오공산)이 되었다. 부흥산은 청룡, 지네산은 백호에 해당한다. 동서로 갈라졌던 두 산은 다시 남쪽에서 모여 봉긋한 자남산을 이루었다. 고려 사람들은 자남산을 안산案山이라고 했다. 지네산은 다시 남쪽으로 흘러내려가 또다시 우뚝 솟아오르는데, 그것이 개경의 주작에 해당하는 용수산이다.

도성 안에는 북쪽에서 흘러나온 광명동수와 북천이 만나 배천이 되어 흐르다가 다시 동쪽에서 흘러내려 온 선죽교수와 서쪽에서 흘러온 앵계가 만나 남계南溪가 되어 성 밖으로 나간다. 풍수지리에서는 이처럼 서쪽에서 동쪽으로 흘러나가는 하천을 명당수라고 한다.

그것은 앞서 고려에 사신으로 온 사람들의 기록과 잘 맞아떨어졌다. 서긍의 눈에 개경의 지세는 오공산의 산줄기가 왼쪽 배천-남계와 어우러져 마치 '시냇물을 마시는 푸른 용'처럼 보였다. 전체적인 지세가 동방을 뜻하는 청룡의 형국이니 "독립된 영토를 보유하고도 중국의 속국이 되는 것이 합당하다"는 《계림지》의 기록이 그럴듯하다고 생각했다.

그러나 그것은 어디까지나 중국인의 시각으로 본 것이고, 고려 사람들은 개경의 지세를 늙은 쥐가 밭으로 내려오는 형국, 즉 노서하전형老鼠下田形의 명당이라고 하였다. 노서하전형은 자손이 번창하는 길지로 알려져 있다. 쥐는 번식을 잘하는 동물로 알려져 있기 때문이다. 게다가

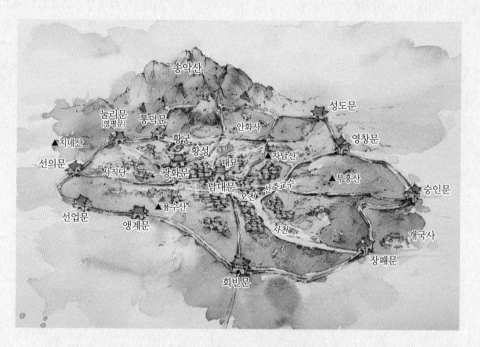

송악산 아래 펼쳐진 개경과 성곽

개경은 송악산 아래 산맥과 수맥이 잘 어우러진 곳에 자리 잡은 도시였다. 예부터 황제가 사는 도읍에는 세 겹의 성이 있었다. 궁궐을 보호하기 위해 쌓은 성은 왕성 또는 내성이라고 부르고, 그 바깥쪽에 내성과 관청, 시전, 민가 등을 보호하는 성곽을 나성 또는 나곽이라고 하였다. 고려 역시 이러한 구조를 계승하여 황궁을 감싸는 궁성, 궁성을 보호하는 황성, 그리고 황성과 개경 전체를 방어하는 나성 등을 축조하였다. 서긍은 여러 문과 관청, 사원이 지형을 따라 별처럼 흩어져 있으며, 개경의 백성들은 10여 家(가) 단위로 하나의 취락을 형성하고 있다고 기록하였다. 남대문에서 자남산으로 이어지는 산자락에 쌓은 성이 내성인데, 내성은 고려 말에 축조되었다. 따라서 서긍이 고려에 왔을 때 내성은 아직 없는 상태였다.

쥐가 밭을 찾아가니 먹이도 풍부하다. 그래서 고려 사람들은 개경의 좋은 땅에 살면 재물도 풍성하게 모을 것이라고 생각한다. 도성 안의 산 아래 또는 하천이 바라보이는 남쪽 산기슭에 큰 기와집들이 들어선 것도 그와 관련이 있다고 한다.

《계림지》에 기록된 내용과 고려 왕도의 모습을 비교하며 산세를 살피던 서긍은 문득 개경의 산세가 궁궐과 매우 잘 어울린다는 생각을 했다. 크지도 작지도 않은, 그러면서도 지형과 잘 어울리는 고려의 도성은 그 자체가 한 폭의 그림 같았다. 궁궐 위로 '비오' 소리를 내며 솔개 두 마리가 높이 날아올랐다.

서긍의 눈에 비친 개경의 풍경

중국 역대 왕조의 도성은 《주례周禮》의 〈고공기考工記〉에 따라 건설되었다. 그에 따르면 도성은 사방이 9리인 정사각형의 성으로 둘러싸여 있다. 도성의 면마다 3개의 성문을 두기 때문에 성문은 총 12개이다. 남북으로 9개의 도로를 두고, 동서로 9개의 도로를 두는데, 이를 9경9위九經九緯라고 한다. 또한, 좌묘우사의 원칙에 따라 동쪽에는 왕조의 조상에게 제사 지내는 종묘(태묘)를 두고, 서쪽에는 토지신과 곡식신에게 제사 지내는 사직을 둔다. 왕궁의 북쪽에는 시장을 설치하여 물건을 사고 팔게 하였다.

개경 역시 그러한 원칙에 따라 건설되었다. 먼저 도성에는 12개의 문이 설치되었다.* 정동쪽의 문은 선인宣仁, 정서쪽은 선의宣義, 정남쪽은 선화宣華, 정북쪽의 문은 북창北昌이라고 불렀다. 그리고 그 사이마다 2개의 작은 문을 더 두었다. 정동에서 정서에 이르는 동부대로와 서부대로, 광화문에서 가장 남쪽의 회빈문에 이르는 남대가와 남부대로는 다른 길보다 더 크고 넓었다. 두 길은 궁궐의 남쪽에서 교차했는데, 고려 사람들은 그곳을 '십자가'라고 불렀다.

왕궁은 도성의 서쪽에 치우쳐 있었다. 왕궁의 남문은 현무문이라고 하였고, 그 앞으로 승평문과 주작문이 있었다. 동쪽의 부흥산 동쪽 자락에 태묘를 두고, 서쪽의 오봉산 아래에는 사직단을 두었다. 좌묘우사의 원칙을 충실히 따랐던 것이다.

송나라 사신들이 묵는 순천관은 동북쪽에 자리하고 있었다. 송의 사신이 올 것이라는 연락을 미리 받았던 까닭에 순천관은 완벽하게 수리된 상태였다. 사신이 드나드는 서문도 다른 문들에 비해 화려하게 만들었다. 서긍은 새것처럼 말끔한 사신의 숙소와 잘 닦인 길을 보며 고려 왕이 송의 사신을 맞이하기 위해 얼마나 많은 준비를 했는지 알 수 있었다.

당, 송과 마찬가지로 고려의 시장은 도성 남쪽에 있었다. 고려의 시전은 경시사로부터 남쪽 흥국사 다리에 이르는 길과 광화문에서 봉선고에 이르는 길에 긴 행랑의 형태로 마주 보고 들어섰다. 그 규모는 수백 칸이나 되어 보였다. 행랑에는 영통永通, 광덕廣德, 흥선興善, 통상通商, 존신存信, 자양資養, 효의孝義, 행손行遜 등 좋은 의미의 글귀들이 쓰

---

* 《고려도경》에는 12개의 문이라고 하였으나 기록마다 다소 다르다. 예컨대 황성 문의 경우 《고려사》〈지리지〉 왕경 개성부 조에는 성문이 20개가 있었다고 하였으나, 《고려사》〈병지〉에는 왕성의 문이 12개이고, 나성의 문을 포함하면 문의 수가 총 25개라고 기록되어 있다.

인 현판들이 걸려있었다. 그러나 문이 열린 곳을 우연히 보았는데, 그 안에는 시장 대신 풀이 우거진 땅과 황무지가 펼쳐져 있었다. 서긍의 눈에 비친 개경의 시가지는 사실상 겉으로만 번지르르할 뿐 눈에 보이지 않는 곳은 누추하고 황폐했다. 순간 그는 왕궁 앞의 대로를 따라 길게 지은 행랑들이 시전이라기보다는 백성들이 사는 모습을 감추기 위해 지은 가림막일지도 모른다는 생각을 했다.

그 외에 도성에는 여러 관부와 궁사, 사찰, 별궁, 객관 등이 지세에 따라 별처럼 늘어서 있었다. 민가는 10여 家 단위로 하나의 취락을 형성하였다. 그중에는 한두 채의 기와집도 섞여있었는데, 그것은 관리들의 집이라고 했다. 그러나 일반 백성들의 집은 벌집이나 개미구멍처럼 작았다. 목재라고는 서까래 두 개를 세워놓은 정도였으며, 지붕은 대부분 띠로 이은 초가집이었다.

통역관의 말에 따르면 개경의 호수는 약 10만에 이른다고 했다. 그의 말이 과장이 아니라면 개경 안에 사는 사람의 수는 적어도 30만에서 50만 정도는 될 것이다. 30만이 사는 도시라면 당시 송에서도 작은 도시는 아니었다. 서긍은 문득 개경에 다녀온 사신들이 쓴 보고서의 구절들을 떠올렸다. "오랑캐의 땅에 세워진 도시라고 하기에는 믿기 어려울 만큼 크고 격식을 갖춘 곳". 그들이 개경을 보고 왜 그런 표현을 했는지 눈으로 확인하니 이해가 될 듯했다.

그때 서긍의 눈에 장대를 세운 집들이 눈에 들어왔다. 서긍은 통역관에게 장대를 세운 이유가 무엇인지 물었다. 이전의 사행 기록에서 장대를 세운 집은 "민가와는 구분되는 광대의 집이다"라는 구절을 읽은 것이 생각났기 때문이다. 그러나 통역관의 답변은 그의 생각과 달랐다. 그

고려 궁궐 전경 상상도

송악산 아래에 남아있는 고려 궁궐의 모습을 상상하여 그린 것이다. 궁성 안에 조성된 고려 궁궐의 명칭은 만월대로 잘 알려져 있으나 고려시대에는 '본궐', '본대궐'이라는 명칭으로 불렸던 것 같다. 《고려사》에 기록된 연경궁이나 수창궁 등은 법궁을 일컫기보다는 이궁을 일컫는 말로 보인다. 실제로 《신증동국여지승람》에는 만월대가 연경궁의 정전 앞 계단이라고 기록되어 있다. 아래는 일제강점기에 촬영한 만월대 전경 사진. ※출처: 국립중앙박물관.

것은 나쁜 기운을 누르거나 좋은 일이 생기기를 바라는 마음에서 세우는 것이라 했다. 그 말을 들은 서긍은 진수의 《삼국지》에서 본 소도라는 것의 흔적이 아닐까 하는 생각이 들었다. 《삼국지》에는 "(마한에) 소도라는 것이 있는데, 긴 장대를 세우고 북과 방울을 걸어둔다"고 씌어있다. 그러나 고려인들이 세운 장대에는 방울과 북이 걸려있지는 않았다.

고구려와 고려를 구분하지 못한 서긍

고려는 송과 가장 가까운 나라이지만 정작 송나라 사람들은 고려에 대해 아는 것이 많지 않았다. 서긍은 고려로 출발하기 전에 《사기》를 비롯하여 《삼국지》, 《구당서》, 《신당서》에 수록된 〈동이전〉을 열심히 읽었다. 특히, 1103년에 고려에 다녀온 왕운이 쓴 《계림지》는 구절을 모두 외울 만큼 탐독하였다.

《계림지》에 따르면 고려의 역사는 기자조선으로부터 시작되었다고 한다. 기자는 은나라의 성인으로 은이 멸망할 무렵에 조선의 왕으로 봉해졌다는 인물이다. 고려는 1072년(문종 26)에 김제金悌를 송에 사신으로 보내면서 본국을 기자의 후예라고 소개했었다. 통역관의 말에 따르면 고려에서는 서긍이 고려를 방문하기 20여 년 전인 1102년(숙종 7)에 기자의 능을 찾아 보수하고, 사당도 지었다고 한다.

서긍은 통역관의 말을 들으면서 말로만 듣던 기자의 흔적이 고려에 남아있다는 사실에 놀랐다. 그는 고려인들이 기자의 후예임을 이야기할 때마다 반신반의했었다. 기자에 관한 기록은 《한서》〈지리지〉에 "기자가 낙랑, 조선 백성의 범금 8조를 만들었다"라고만 간단히 수록되어 있을 뿐 더 이상의 흔적은 남아있지 않기 때문이다. 그러나 이번에 고려에 와서 제도와 문물을 보면서, 고려인들이 실제로 기자의 교화를 받았다고 믿고 있다는 사실을 확인하게 되었다.

기자가 분봉 받은 조선은 대대로 이어지다가 준왕 대에 이르러 위만에게 왕위를 빼앗겼다고 한다. 위만은 한나라 고조의 죽마고우였던 노관의 부하로 연나라 사람이다. 여태후가 정권을 장악하고 노관을 압박해 오자 그는 반란을 일으키고 흉노로 망명하였다. 주군이 달아나 갈 곳이 없어진 위만은 마침내 조선으로 건너와 준왕에게 의탁했다. 준왕은 위만을 믿고 의지하였으나 위만은 준왕을 쫓아내고 왕위를 차지하였다.

생각이 그에 미치자 서긍의 머릿속에는 위만이 조선에 망명할 때 머리카락을 짧은 몽둥이처럼 묶고, 오랑캐 옷을 입었다고 한 《사기》의 구절이 떠올랐다. 머리를 짧은 몽둥이처럼 묶었다는 것을 이해하지 못했던 서긍은 고려에 와서 고려인들의 머리를 보고 나서야 비로소 알았다. 고려인들은 상투관을 쓴 중국인들과 달리 머리를 모아 올리고 동곳이라는 작은 비녀로 고정시킨다. 그런데 그 모양이 실제로 짧은 몽둥이처럼 생겼다. 옷을 여밀 때도 중국인들과는 달리 겉 옷섶이 좌측으로 오게 한 후 허리띠를 묶었다. 발을 조일만큼 꽉 끼는 버선을 신거나 아버지와 아들이 같은 방에 자는 것, 죽은 후에 친척들이 같은 곳에 묻히는 것은 몹시 괴상한 풍속이라는 생각이 들 정도였다. 서긍의 눈에 비친 고려 문명은 송과 비슷하면서도 세밀한 면에서는 차이가 많았다.

왕건의 증조모가 당 숙종과의 사이에서 그의 할아버지 작제건을 낳았다는 이야기도 미덥지 않은 것은 마찬가지였다. 서긍이 고려에 와서 들은 왕건의 탄생 이야기를 요약하면 다음과 같다.

옛날 당나라 숙종이 왕위에 오르기 전에 천하를 유람하다가 패강(예성강) 서쪽 나루터에 내린 후 송악에 이르렀다. 당시 송악에는 왕건의 조상 보육이라는 사람이 살고 있었다. 숙종은 보육을 찾아가 자신의 터진 옷을 꿰매줄 것을 부탁했다. 보육은 손님이 범상치 않은 사람임을 알고 그의 딸 진의에게 옷을 꿰매주게 하였다. 그 일을 계기로 두 사람은 사랑에 빠졌다. 숙종은 진의와 한 달 정도 지내다가 당으로 돌아갔다. 숙종이 떠날 때 진의는 아이를 잉태한 상태였다. 숙종은 진의에게 지니고 있던 활과 화살을 주면서 "나는 대당大唐의 귀한 가문 사람貴姓이오. 아들을 낳거든 이것을 주시오"라고 했다.

숙종이 떠난 후 진의는 아들을 낳았다. 아들의 이름은 그 아버지가 지어준 대로 작제건이라고 했다. 작제건은 어려서부터 총명하고 용력이 신과 같았다. 특히, 글씨와 활쏘기에 능했다. 작제건이 16세가 되자 진의는 그의 출생에 관한 비밀을 아들에게 말해주었다. 이야기를 들은 작제건은 마침내 중국의 상선을 얻어 타고 당으로 떠났다. 배가 큰 바다에 이르렀을 때쯤 갑자기 사방이 구름과 안개로 어두워져 3일이나 떠나질 못했다. 배에 탄 사람들이 점을 치니 '고려인을 남겨두고 떠나라'는 점괘를 얻었다. 그 말을 들은 작제건이 바다에 스스로 뛰어드니 그곳은 서해 용왕이 사는 용궁이었다. 작제건은 용궁에 묵으며 용왕을 괴롭히는 늙은 여우를 물리쳐 주고, 그의 맏딸 용녀를 얻어 고향으로 돌아왔다. 그 둘 사이에서 태어난 아들이 용건이니, 곧 왕건의 아버지 왕융이다. 왕융은 꿈에서 본 미녀를 실제로 만나 왕건을 낳았다. 왕건은 훗날 고려의 왕이 되었다.

왕건의 선조 이야기는 왕실 기록에 남아있다고 한다. 생각해 보면 불과 200~300년 전의 일인데 용궁, 용왕 등이 등장하는 이야기를 고려인들이 믿고 있다는 사실이 신기하고 흥미로웠다. 더구나 중국의 역사서 어디에도 당나라 숙종이 황제가 되기 전에 궁궐을 떠나 살았다는 기록이 없다. 서긍은 숙종이 고려 땅에 와서 왕건의 증조모와 혼인을 했다는 이야기가 영 미덥지 않았다. 물론 그런 표현을 드러내고 하지는 못하고 이야기를 듣는 동안 연신 고개를 끄덕이며 추임새를 넣었다.

서긍의 표정과 행동이 다른 점을 눈치챈 것인지 이야기를 들려주던 사람은 서긍의 표정을 살피며 '사실'이라는 점을 연거푸 강조했다. 그 예로 숙종이 처음 배에서 내릴 때 강가의 개펄이 질어서 발이 빠지자 배에서 동전을 던져서 딛고 나왔기 때문에 그곳을 아직도 '전포錢浦'라고 부른다거나 왕건의 할머니 용녀가 용궁을 드나들던 우물이 광명사廣明寺의 동상방東上房 북쪽에 있는 샘이라는 등의 증거를 덧붙이기도 했다.

한편, 서긍은 몇 달 전에 왕운의 《계림지》를 읽으면서 고려의 역사가 장구하다는 사실에 놀랐다. 왕운의 책에는 고려를 세운 왕씨가 고구려의 대성大姓이었다고 기록되어 있다. 본래는 장수였으나 고구려 왕이 민심을 잃자 신하들에게 추대되어 왕위에 올랐다는 것이다. 만약 그렇다면 고려는 천 년 넘게 이어져 왔다는 말이 된다.*

---

* 송이 고려와 교류한 기간이 짧다고는 하지만 서긍이 고려와 고구려를 구분하지 못한 것은 다소 의아한 일이다. 그것이 5대라는 혼란기 때문에 빚어진 관계 단절에서 비롯

중국인들에게 고구려는 수 양제와 당 태종의 침입을 물리친 강국으로 알려져 있다. 이번에 고려 왕을 설득하여 송의 책봉을 받게 하면, 송은 고려의 군사 지원을 받을 수 있을 것이다. 만약 그렇게 된다면 금을 몰아내고, 숙원이었던 연운 16주를 되찾을 수도 있으리라. 생각이 그에 미치자 서긍의 가슴이 벅차올랐다.

생각보다 엉성한 고려의 성곽

서긍은 고려의 수도와 송의 수도인 개봉을 비교하여 기록했다. 사실,

된 것인지, 고려가 고구려 계승의식을 표방한 것 때문에 그렇게 된 것인지도 확인하기 어렵다. 어쩌면 고려 사신들이 송을 드나들면서 의도적으로 고구려 계승의식을 표방했을 가능성도 있다. 중국인들 사이에서 고구려는 당에 대항했던 강성한 나라로 알려져 있었기 때문이다. 그와 같은 역사 인식은 고려 원종이 태자이던 시기에 쿠빌라이를 만났을 때 나눈 대화에서도 확인된다. 원종이 쿠빌라이를 찾아갔을 때 그는 막내 동생 아릭부케와 경쟁하고 있었다. 쿠빌라이는 원종에게 "고려는 옛 당 태종도 굴복시키지 못한 나라다. 그런 고려의 왕자가 나를 찾아왔으니, 이것은 하늘의 뜻이다"라고 하며 환대하였다. 쿠빌라이 역시 고구려와 고려를 구분하지 못하고 있었던 것이다. 그 자리에서 쿠빌라이는 고려의 풍속을 그대로 유지해도 좋다는 약속을 했다. 덕분에 고려는 원에 항복하고도 독자적인 왕실을 유지하는 몇 안 되는 나라 중 하나가 되었다. 쿠빌라이가 고려 태자의 항복을 높게 평가한 것은 20년간 끈질기게 항거했던 고려의 자발적인 항복이라는 점에 의미를 부여한 것으로 보인다. 그러나 그보다 더 중요한 것은 동생과 왕위를 다투던 상황에서 '당 태종도 굴복시키지 못한 고려'가 본인에게 귀부했다는 것을 표방함으로써 천명이 본인에게 있음을 알리는 것이었다. '나라와 풍속을 유지해도 좋다'는 약속은 그와 같은 상황에서 고려가 얻어낸 수확이었다. 실제로 친원 세력들이 입성책동을 일으켰을 때에 '세조(쿠빌라이)의 약속'은 그것을 무력화하는 데 중요한 역할을 했다.

송의 수도 개봉도 도읍으로서는 그리 안전한 편이 못 되었다. 금나라가 침입했을 때 황제가 포로로 잡혔던 것을 생각하면 그 방어력의 한계가 어떤지 금방 이해된다. 그런데도 서긍은 고려 수도 개경의 형상과 방어 상태를 보고, 걱정을 금치 못했다.

고려인들이 자랑하는 개경의 성곽은 크게 세 겹으로 구축되어 있었다. 가장 안쪽으로는 왕궁이 있는 궁성이 있고, 그 바깥으로 궁성을 네 방위에서 방어하는 황성이 있었다. 그리고 황성 바깥으로는 약 60리(28.44킬로미터)*나 되는 나성이 넓게 축조되었다. 나성은 산세를 이용하여 넓게 쌓았지만 전체적인 구조는 궁성과 황성이 북서쪽에 치우쳐 있다.

사신을 환영하는 축하연이 열렸을 때 병부상서에게 들은 바에 따르면 본래 개경에는 나성이 없었는데, 거란의 침입으로 수도가 함락된 후 강감찬의 건의에 따라 왕가도라는 사람을 시켜 축조했다고 한다. 서긍은 그 말을 듣고, 어떻게 기록해야 할지 잠시 고민에 빠졌다. 황성이니 황궁이니 하는 용어들을 그대로 보고서에 쓰는 것이 망설여졌기 때문이다. 이내 그는 궁성은 왕궁, 황성은 내성, 나성은 왕성으로 고쳐 썼다.

다음 날 궁궐을 잠시 산책하던 서긍은 고려의 도성 성곽을 자세히 관찰했다. 그의 눈에 비친 고려의 성곽은 엉성하기 이를 데 없었다. 서긍이 살고 있는 개봉의 도성은 적이 기어오르지 못할 만큼 벽돌로 높게 성벽을 쌓고, 해자를 깊게 파서 적이 건너지 못하게 한 형태였다. 벽돌

---

* 박종진의 《개경–고려왕조의 수도》에 따르면 북한에서 측정한 나성의 규모는 약 23킬로미터, 서긍의 《고려도경》에 따르면 60리이다. 당시 송에서는 1리는 300보, 1보는 5척, 기준척은 31센티미터이므로 28.44킬로미터가 된다고 한다.

개성 성곽 상상도
일제강점기에 찍은 유리판 사진 속의 개경 나성 자락을 그림으로 표현한 것이다. 개경
은 산으로 둘러싸인 도시였으므로 산세를 고려하여 성을 쌓았다. 서긍은 고려 나성을 보
고 '주위가 60리이며 산에 둘러싸여 있고, 토질은 모래자갈이 섞여있는데, 그 지형을 따
라 성을 쌓았으므로 구불구불하다'고 하였다. 아래는 개성 성곽. ※출처: 국립중앙박물관.

눌리문訥里門 상상도

현재 남아있는 눌리문의 무지개 모양 성문돌(아래)을 토대로 당시의 성문 모습을 상상하여 그린 것이다. 눌리문은 고려 수도 개경의 황성 서쪽 문으로 영평문永平門이라고도 불렸다. 서긍이 고려에 왔을 때는 견고하고 화려한 누각을 갖추고 있었을 것으로 보인다. 아래는 현재 남아있는 눌리문 성문돌. ※출처: 개성 만월대 남북공동발굴 디지털 기록관.

로 쌓아올린 성벽은 견고하고 높으며, 곳곳에 여장을 두어 성벽을 타고 오르는 적을 공격할 수 있게 했다. 그러나 개경의 나성에서는 그런 것들이 보이지 않았다.

서긍은 마음속으로 1010년(현종 1)에 거란이 개경을 쉽게 함락시킨 것도 고려의 도성이 견고하지 못했기 때문이라고 생각했다. 그 후에 나성을 쌓았다고는 하지만 그마저도 높고 낮음이 달라서 외침을 받게 되면 낮은 곳에서는 적을 감당하지 못할 것 같았다. 산지가 많은 지형 때문에 정사각형으로 쌓지 못한 것은 어쩔 수 없다고 하더라도 일부 구간을 제외한 대부분이 토성이라는 사실에도 놀랐다. 돌이 부족하면 벽돌을 이용할 수 있었을 텐데, 굳이 토성을 쌓은 이유가 무엇인지 이해가 가지 않았다.

서긍이 의아함을 감추지 못하고 통역관에게 묻자 그는 매우 간단히 답변했다. 토성은 판축을 해서 쌓게 되므로 석성에 비해 무너지는 일이 적고, 자연지형을 이용하기 때문에 축성 기간도 짧다는 것이다. 해자는 성곽 바로 아래는 없지만 대개 3~5리 사이에 강이나 냇가가 있으므로 굳이 공력을 들여 만들 필요가 없다고 했다. 이야기를 듣고 보니 개경 가까이에 큰 강과 크고 작은 하천들이 자연 해자 역할을 할 수 있겠다는 생각이 들었다. 아무리 그렇더라도 성을 공들여 쌓고, 해자를 만들어 적이 접근하지 못하도록 하는 것은 나라를 지키는 데 가장 기본이 되는 일이다. 이렇게 축조한 성들을 당 태종이 점령하지 못했다니. 알다가도 모를 것이 전쟁이라는 생각이 들었다.

7

서긍이 본
고려의 궁궐과 도성

장식이 빼어난 신봉문

옛 제도에 따르면 천자는 다섯 개의 문(고皐, 고庫, 치雉, 응應, 로路)을 세우고, 제후는 세 개의 문(고庫, 치雉, 로路)을 세운다고 하였다. 고려 역시 제후국의 예에 따라 세 개의 문이 있는 문루를 곳곳에 설치하였다. 서궁은 개경에 도착한 뒤 한 달 정도를 머물며, 여러 차례 궁궐을 드나들었다. 그가 처음으로 들어온 문은 왕궁의 정서쪽에 있는 선의문이었다. 문은 세 개가 나 있는데, 평상시에는 좌우의 문만 이용하고, 가운데의 큰 문은 왕의 행차 또는 사신이 도착할 때만 열린다. 문 위에는 문루가 있고, 앞에는 옹성이 있었다. 사신단은 차례대로 가운데 문을 통해 안으로 들어섰다.

선의문을 통과하면서 서궁은 갑자기 황궁으로 첫 출근하던 때를 생각했다. 햇볕에 빛나는 도자기 기와, 층층이 쌓인 서까래, 늘어선 경비병의 행렬, 출근하는 관리들의 행차 모습을 보면서 한참 동안 정신을 빼앗겼다. 사신 행차를 구경 나온 고려 사람들의 환영을 받으며, 사신단은 서부대로를 지나 궁성의 남쪽 문인 주작문에 들어섰다.

주작문은 고려 왕궁의 정남문에 해당하는 승평문으로 이어져 있었다. 그것은 또한 궁성의 동문인 광화문에서 오는 길과 승평문 앞에서 'ᄉ'자의 형태로 만났다. 승평문을 나가서 동쪽으로 갈 때는 광화문으로, 남쪽으로 갈 때는 주작문 쪽으로 향한다. 광화문 앞에는 남쪽으로 흐르는 배천이 있고, 배천 오른편으로 시장이 있다.

승평문은 위로 여러 층의 누각을 만들고, 옆으로는 양쪽 날개 건물을 지어 붙여서 세 문이 나란히 서있는 구조로 지어졌다. 사실 서긍은 승평문에 들어서며 그 규모와 장식의 화려함에 놀랐다. 《계림지》에 따르면 고려는 여러 차례 송에 사신을 보내 개봉을 살피고 성문의 제도를 모방하였으나, 재목이 모자라고 기술이 졸렬하여 거칠고 세련되지 못하다고 하였다. 그러나 실제로 보니 그렇지 않았다. 승평문의 장식과 조각은 섬세하고 화려하기 이를 데 없었다.

승평문의 네 모서리는 각각 구리로 만든 화주火珠로 장식했다. 문의 안쪽에서부터 좌우로 나뉜 곳에 정자가 두 개 세워져 있는데, 그 이름은 모두 동락同樂이라고 썼다. 동락이란 군주가 백성과 더불어 즐긴다는 '여민동락'의 준말이리라. 서긍은 혼자 생각하며 행렬을 따라 승평문으로 들어섰다.

승평문에 들어서자 예상치 못한 넓은 구장毬場이 나타났다. 고려에 자주 드나드는 상인들의 이야기에 따르면 고려의 구장은 본래 고려 왕과 왕족, 신하들이 격구를 즐기거나 반승(승려들에게 음식을 베푸는 행사)을 여는 행사장이라고 했다. 구장의 끝에는 광명수라 불리는 작은 하천이 서쪽에서 동쪽으로 흘러갔다. 정교하게 장식된 돌다리를 건너서 안으로 들어서자 신봉문이 나타났다. 신봉문은 승평문보다 더 크고 화려했다. 신봉문은 고려 왕이 정무를 보는 회경전으로 들어서는 문이다. 외관은 주칠(붉은 칠)이 되어있었으며, 기품이 있고 단정했다.

물론, 그것이 송의 황궁 정문보다 화려했다는 의미는 아니다. 송 황궁의 정문인 선덕루宣德樓는 다섯 개의 문이 나란히 있는 형태였다. 다섯 개의 문은 모두 붉은 칠이 되어있고, 금으로 된 장식 못이 박혀있다. 벽돌과 돌을 번갈아 쌓은 문루의 벽에는 용, 봉황, 날아가는 구름 등의 문양이 새겨져 있으며, 지붕에는 도자기로 만든 기와가 덮여있다. 그에 비하면 신봉문은 규모가 작지만 모양새와 장식이 정교했다.

신봉문의 동쪽에는 세자궁으로 통하는 춘덕문이 있고, 서쪽에는 왕의 거처로 들어가는 태초문이 있다. 문의 구조는 셋이 비슷하지만 화려하기로는 신봉문이 으뜸이었다. 세 문의 편액은 모두 붉은 바탕에 금으로 글씨를 썼다. 글씨체는 송에서도 널리 유행하고 있는 구양순체였다. 그러고 보니 고려의 문루와 궁궐에 걸린 현판, 주련의 글씨는 모두 중국에서 유행하는 글씨체였다. 궁궐 안의 중요한 문의 현판은 단정한 구양순의 해서를 쓰고, 궁궐의 전각 현판은 왕희지의 행서를 썼다. 왕희지의 행서 중에서 〈난정서蘭亭序〉는 송에서도 '천하제일 행서'라 하여 매우 귀하게 여기는데, 전각 편액은 그것을 집자集字한 듯했다. 그 외에도 궁궐의 주련에는 박력 있는 안진경의 행서체를 썼다. 서긍은 고려인들이 글씨를 쓸 때도 법식을 중요하게 여긴다는 말을 확인할 수 있었다.

광화문은 고려에 온 지 사흘 만에 제대로 구경을 했다. 광화문은 선의문과 대략 비슷하게 생겼다. 드나드는 문은 세 개이지만 옹성은 없었다. 서긍의 눈에 비친 광화문의 장식은 매우 정교하였다. 광화문의 좌우 편

신봉문은 의봉문이라고도 불렸다. 고려 궁성의 남문인 승평문을 지나 회경전으로 들어가는 중간에 있었다. 앞에는 넓은 구정毬庭이 있어 연등회와 팔관회, 격구 행사, 반승 행사 등이 열렸다. 서긍은 신봉문을 보고 15개의 전문殿門 중 가장 화려하다고 기록했는데, 그것은 신봉문이 누각 형태였기 때문이다. 그런 까닭에 다른 책에는 '신봉루'라고 기록된 경우도 있다.

"왕궁의 정남문인 승평문昇平門으로부터 작은 담장 몇 백 개가 연이어 신봉문神鳳門까지 이르렀는데, 문의 규모는 승평문보다 장대했다. 동쪽문은 '춘덕문[春德]'이라 했는데 세자궁으로 통하고, 서쪽문은 '태초문[太初]'이라 했는데 왕이 거처하는 곳과 통한다.……승평·신봉·창합 3문의 형식과 꾸밈새는 대개 서로 비슷하지만, 그 중 신봉문이 으뜸이다"(《고려도경》 권4, 궁궐문 승평문).

문에는 춘첩자春帖子(입춘날 대궐 전각 기둥에 써 붙이던 주련)와 주역의 글 귀 등이 적혀있었다. 여러 곳을 향하던 서긍의 시선이 춘첩자에 멈췄다.

　여러 제후들이 잔을 들어 천만수를 비니, 용포 위로 상서로운 빛이 넘 치는구나.

　박력 있게 잘 쓴 글씨였다. 글씨의 규격은 일정하고 획이 시작되는 곳과 끝나는 곳에서는 힘이 느껴졌다. 서긍은 자신도 모르게 글씨 앞으 로 다가섰다. 그러다가 곧 고개를 좌우로 가볍게 흔들었다. 제후, 천만 수, 용포는 제후국에서 감히 쓸 수 없는 일이다. 고려가 비록 여러 이적 의 국가 중 문명한 나라라고 하지만 예법을 알지는 못하는구나, 서긍은 속으로 쓴웃음을 지었다.

궁궐 꾸미기를 좋아하는 고려인들

진수의 《삼국지》에 따르면 고려인들은 궁실 꾸미기를 좋아한다고 했다. 서긍이 고려에 와서 보니 그 말이 허언이 아니었다. 고려인들은 궁궐을 지을 때 목재를 깎아 기둥을 둥글게 다듬고, 지붕은 각진 듯하면서도 날아가는 것처럼 매끄럽게 만들었다. 처마는 자연스럽게 하늘을 향해 솟았고, 서까래와 공포에는 금색, 붉은색, 녹색 등으로 단청을 칠했다. 지붕은 진한 회색의 기와를 얹은 것이 대부분이었으나 일부 건물은 청 자 기와를 잇기도 했다. 그러나 송의 황궁처럼 황색 도자기 기와를 얹은 건물은 없었다.

멀리서 바라본 고려의 궁궐은 송악산을 등지고, 흡사 여러 마리의 학이 하늘로 날아오르기 위해 날개를 펴고 있는 듯했다. 성안에는 9개의 궁전이 있고, 16개의 관부가 있으며, 전문殿門은 총 15개가 있다고 했다. 크고 작은 건물들이 각각의 모습으로 구불구불한 길을 따라 배치되어 있었다.

서긍은 고려의 궁궐을 보며, 산 중턱에 지어진 송의 사찰을 떠올렸다. 그렇지만 송의 사찰과 달리 고려의 궁궐은 건물과 자연이 묘하게 어우러져서 한 폭의 그림 같았다. 서긍은 재빨리 종이에 고려 궁궐의 모습을 스케치했다.

고려의 본궐인 회경전은 궁궐의 중앙에 있었다. 정문인 승평문을 들어서자 높이가 사람 키 나섯 배나 되는 돌계단이 눈에 들어왔다. 계단은 각지게 다듬은 돌을 지세에 맞게 쌓아올렸다. 세 개로 나뉜 계단을 오르면 정전으로 들어갈 수 있는 회경전 문이 있다. 문 밖에는 극戟을 잡은 병사 24명이 늘어서 있었다. 또한, 갑옷과 투구를 갖춘 군사들이 의장과 호위를 담당하였다. 왕이 정무를 보는 곳이기 때문인지 다른 성문보다는 호위하는 군인이 많고, 방비가 엄했다.

비록 계단이 세 개지만 그중 가운데 문은 오직 황제의 조서만이 출입할 수 있다. 조서를 실은 화려한 채색 가마가 먼저 가운데 계단으로 오르자 고려 왕과 사신들도 좌우로 나뉘어 회경전으로 들어갔다. 서긍도 사신의 무리에 섞여 안으로 들어섰다.

회경전은 고려의 궁궐 중 가장 크고 아름다운 건물이었다. 회경전의 난간은 붉게 칠해져 있고, 난간 곳곳에는 구리로 만든 꽃이 장식되어

회경전 문 상상도

회경전은 고려의 정전으로 높은 계단 위에 자리 잡고 있었다. 현재 남아있는 개경의 궁궐 유적은 4개로 구성된 남쪽의 중앙 계단을 중심으로 그 위에 형성된 회경전 영역과 북서쪽에 위치한 서부 건축군 영역으로 구분되어 있다. 회경전 영역은 고려시대 정전의 역할을 한 회경전과 장화전, 원덕전, 만령전 등이 들어선 곳이었다. 흔히 만월대라고 소개되는 대형 돌계단은 회경전 문으로 오르는 계단을 일컫는다. 고려 멸망 후 붕괴되고 훼손된 것을 보수하였는데, 조사 결과에 따르면 중앙의 계단은 2개가 아니라 3개이며, 양측에 1개씩의 계단이 있어 총 5개의 계단이 있었던 것으로 파악되었다. 아래는 만월대 회경전 중앙 계단. ※출처: 개성 만월대 남북공동발굴 디지털 기록관.

회경전 상상도

회경문을 들어서면 만나게 되는 고려 궁궐의 중심 건물이다. 동서 약 445미터, 남북 약 150미터의 대지에 정면 9칸, 측면 4칸의 규모로 조성되었으며, 동행각과 서행각 등의 회랑으로 둘러싸여 있었다. 회경전의 중앙 중심 건물은 한 단 더 높이 조성되어 있었던 것으로 보이는데, 기단의 평면은 ⊏▭⊐형으로 되어있다. 아래는 만월대 회경전 터.

※출처: 개성 만월대 남북공동발굴 디지털 기록관.

있었다. 네 방향에 회랑이 둘러져 있었는데, 양쪽 회랑은 30칸은 족히 되어 보였다. 문과 전각 사이의 뜰은 넓적한 벽돌로 덮여있었다. 고려 왕과 사신들이 벽돌을 밟고 지나가니 걸을 때 소리가 났다. 견고하게 다지지 않아 빗물의 흙이 쓸려나간 듯했다. 앞서 서긍이 들은 바에 따르면 회경전은 평소에는 사용하지 않고, 사절이 도착하여 조서를 받을 때나 표를 올릴 때만 사용한다고 했다. 그러나 고려에 와서 보니 꼭 그런 것 같지는 않았다. 고려인들은 송과 주고받는 외교문서뿐만 아니라 자국의 왕과 신하들이 주고받는 문서도 표와 조서라고 부르기 때문이다. 조서가 전각 가운데에 멈춰 서자 고려 왕이 직접 조서를 받들었다. 조서를 읽고, 가져온 물품을 고려 왕에게 전달하는 의식이 거행되었다.

그대가 왕위를 이어받아 겨우 조심스럽게 국사를 처리하고 있다는 것을 멀리서 들었소 살펴보니 왕위를 계승한 처음에 가장 중요한 것은 선조의 기대에 부응하기 위하여 열심히 힘쓰는 것인데, 갑자기 닥친 변고 때문에 매우 크게 상심하였을 것이오. 이에 급히 사신을 보내 선대의 어진 성왕聖王을 잇는 후계자임을 널리 알리고 예물을 내려서 애도와 더불어 영광의 뜻을 나타내오······((고려사) 권15, 인종 원년(1123) 6월 19일).

정사가 조서를 읽자 통역관이 곧바로 고려 왕에게 고려 말로 바꾸어 전하였다. 동행한 고려의 높은 벼슬아치들도 함께 조서의 내용을 경청하였다.

의식이 끝나자 곧이어 연회가 열렸다. 연회에서 정사와 부사는 회경전의 중심 건물 서쪽 기둥 앞에 앉아 동쪽을 향했으며, 정전의 동쪽 건물에는 상절, 서쪽 건물에는 중절, 그리고 양쪽 회랑에는 하절이 남쪽에서 북쪽을 향해 앉았다.

이전에 왔던 사신들이 남긴 자료에 따르면 고려 왕은 송의 사신들에게 회경전에서 1회, 건덕전에서 3회의 잔치를 연다고 했다. 그러나 이번에는 고려 왕이 상중이었으므로 회경전과 건덕전에서 각각 1회씩만 잔치를 열었다. 그나마도 두 차례 모두 술잔을 돌리는 정도로 마무리하였다. 연회에서 술잔을 돌리는 동안 서긍은 고려 왕과 대신들의 얼굴을 살피고, 그들의 행동을 상세히 관찰하였다. 군신 간의 예의는 분별이 있고, 말과 행동은 조심스러웠으며, 분위기는 엄숙하였다. 서긍은 송나라 외에도 예의격식이 잘 지켜지고 있는 나라가 있다는 사실에 새삼 놀랐다. 만약 고려에 사절로 오지 않았다면 아마도 믿지 못했을 것이다.

왕의 생일잔치를 열었던 장경전

《계림지》에 따르면 고려의 궁궐에는 장경전, 중광전, 선정전이라는 전각이 있다고 했다. 그러나 서긍이 직접 확인해 보니 장경전과 중광전은 없고 선정전만 남아있었다. 서긍이 주변에 물어보니 두 전각은 수리하여 별전으로 바꾸었다고 한다. 선정전 앞에 있는 두 개의 각이 그것이 아닐까 여겨졌다.

선정전은 고려 왕이 세시歲時에 신하들과 모여 연회를 여는 전각이다. 고려에서는 송과 마찬가지로 왕이 태어난 날을 절일이라고 한다. 절일에는 모두 길상을 의미하는 이름을 붙였는데, 그것을 절명節名이라고 했다. 세상을 떠난 왕우(예종)의 생일은 함녕咸寧이라 했는데, 그것은 《주역》의 '건乾'괘 단사象辭에 '만물에서 으뜸으로 나오니, 만국이 모두 평안하다(咸寧)'라는 말에서 취한 것이다.

해마다 함녕절이 되면 왕족과 높은 관리, 왕을 가까이에서 모시는 관리들을 장경전에 불러모아 잔치를 열었다고 한다. 함께 온 송상宋商들 중에는 함녕절 행사에 참여했던 자도 있었다. 그의 말에 따르면 고려 왕은 절일에 송상이 객관에 와있을 경우 관리를 보내 그들을 손님으로 맞이하는데, 그때 상인들이 물건을 바치면 값비싼 물건들을 나눠준다고 한다.

함녕절 행사 때는 중국의 음악인 당악과 고려의 전통음악인 향악을 함께 연주하고, 왕의 덕을 찬양하거나 무병장수를 기원하는 문장을 크게 외친다고 한다. 서긍은 고려 관리로부터 함녕절에 외친다는 문장을 받아서 기록하였다.

지금 상서로운 빛 궁궐 숲 비추고,
화기和氣 짙고 짙어 쌓인 음기를 깨뜨리네.
향 피운 수많은 집에서 국왕의 장수를 빌고,
생황으로 연주하는 이부二部의 곡조가 손님의 마음을 즐겁게 하네……
-《고려도경》 권6, 궁전宮殿 장경전長慶殿)

역사를 살펴보면 국왕이 태어난 생신날을 절일이라고 부른 것은 당 태종 때부터였다. 당 태종이 자신의 생일을 '천추절'이라고 하고, 황후와 태자의 생일에 한정하여 '절'이라는 이름을 붙이게 한 것이다. 황가의 생일만 절일이라고 한다는 원칙은 중국에서 철저히 지켜졌다. 그러나 고려에서는 그런 원칙을 개의치 않는 듯했다.

학술기구 청연각과 보문각

연영전각延英殿閣은 고려 왕이 진사들을 친히 시험하는 곳이다. 지금 천하에서 과거를 통해 인재를 선발하는 곳은 송을 제외하면 고려와 대월大越(베트남 리 왕조)밖에 없다. 고려의 과거는 본래 후주 사람으로 고려에 망명한 쌍기의 건의로 시행되었다고 한다. 그 후 고려에서 학문을 숭상하는 분위기가 크게 조성되어 지금은 고려 사람 중에 시를 짓고, 학문을 논하는 자가 셀 수 없을 만큼 많아졌다.

연영전 북쪽의 자화전 역시 고려 왕이 신하들과 함께 연회를 즐기는 곳이라고 한다. 자화전 앞에도 두 전각이 있었는데, 각각 보문각과 청연각이라는 현판이 붙어있었다. 서긍이 윤언식에게 들으니 보문각은 중국의 여러 황제가 내린 조서를 봉안하는 곳이며, 청연각은 여러 유교 서적과 제자諸子, 문집을 보관하는 곳이라고 한다. 앞서 고려에 다녀간 사신들의 기록에 따르면 왕순王詢(고려 현종) 때에 이미 임천각에 소장된 책이 수만 권이나 되었다고 하였다. 가만히 들여다보니 청연각에도 그에 못지않은 경經·사史·자子·집集의 책이 잘 갖춰져 있었다.

서긍은 그곳에서 비석에 새긴 '청연각기淸燕閣記'를 직접 보았다. 청연각의 기문은 고려의 이름난 학자 김인존이 지었는데, 일찍이 송에도 알려져 있었다.

그 내용은 고려 왕 예종이 청연각과 보문각을 두고 송 황제의 조서와 여러 유교 서적을 보관하며, 유학자들을 크게 우대하는 것은 모두 송을 본받았다는 것이다. 김인존은 그로 인해 고려의 학문 풍토가 중국과 어깨를 나란히 하게 되었고, 예종이 연회를 베풀고 선물을 내려 어진 신하를 우대하는 것이 중국에 못지않으니 사대부들이 모두 기뻐하고 임금의 은혜에 감동하게 되었다고 썼다. 서긍은 김인존의 글솜씨를 크게 칭찬하고, 그중 가장 인상적인 글귀를 베껴 적었다.

보문각의 경연에서 유학에 뛰어난 인재를 구하여 찾은 것은 선화의 제도를 따랐고, 깊은 궁궐의 가까운 자리에서 재상을 맞아들여 만나는 것은 태청의 연회를 본받았다. 비록 예에는 더하고 덜함이 있으나 현명한 이를 우대하고 능력이 있는 이를 높이는 뜻은 모두 같다.……흥취가 무르익어 연회가 끝나도록 더위를 피할 뜻이 없었고 모두 취하도록 즐겁게 마시다가 밤이 깊어 파하였다. 이에 진신縉紳 사대부들은 모두 흔연히 기쁜 색을 띠고 서로 말하였다.

"우리 왕께서는 자애로움과 검소함을 귀중하게 여기시어 마음대로 하거나 지나친 행동이 없으시니 옷은 무늬가 수놓인 것을 입지 않고, 그릇은 장식을 새기어 치장한 것을 쓰지 않으십니다. 오히려 한 사람이라도 알맞은 자리를 얻지 못할까, 한 가지 일이라도 법도에 맞지 않을까 걱정하시어 매일 정사로 바쁜 중에도 애태우고 가엾게 여기십니다. 그리고 군신과 귀한 손님을 대접함에 있어서는 곧 내부의 귀한 것과 중국[上國]의 은사품까지 내어놓아 하루해가 다하면 힘써 불을 밝혀 계속하고도 오히려 사치라고 생각하지 않으십니다. 현명한 이를 존중하고 예를 두터이 여기며, 선을 좋아하고 권세를 내세우지 않는 마음은 실로 역대 왕들보다 뛰어나다고 할 수 있습니다(《선화봉사고려도경》 권6, 궁전 청연각기).

세상을 떠난 고려 왕 왕우(예종)는 어질고 학문이 뛰어나다고 송까지 이름났었다. 그는 때때로 송에 사신을 보내 학술 서적과 각종 악기를 구해 가고, 도교를 받아들이기 위해 도사와 천존상을 보내줄 것을 청하기도 했다. 하늘이 불쌍하게 여기지 않아 45세에 세상을 떠났으니 군신들이 모두 안타까워하였다. 그의 유언은 상복 입는 기간을 줄여 하루를 한 달로 계산하고, 지방에 나가 있는 관리들은 3일만 상복을 입으라는 것이었다고 한다.

또한, 서긍이 들으니 죽은 왕우는 신하들에게 자신이 잘못하는 것이 있으면 늘 간언을 아끼지 말라고 했다고 한다. 그럼에도 신하들이 왕의 뜻을 반신반의하여 몸을 사리고 말을 아끼자 스스로 '벌곡조伐谷鳥(고려 말로 뻐꾹새)'라는 노래를 만들었다고 한다. 뻐꾹새는 아름다운 소리로 잘 우는 새이다. 신하들이 뻐꾹새처럼 계속 왕의 잘못을 비판해도 자신은 개의치 않겠다는 뜻으로 지었다고 했다. 서긍은 문득 개봉의 황제 생각이 났다. 송의 조정에는 뻐꾸기 같은 신하가 얼마나 있는가.

크고 작은 9개의 전각들

고려의 왕궁에는 처음 조서를 전달한 회경전 외에 8개의 건물이 더 있었다. 먼저 회경전과 함께 사신들을 위한 잔치가 열리는 건덕전乾德殿은 회경전의 서북쪽에 있다. 건물의 구조는 회경전과 유사하지만 규모는 좀 더 작다. 비록 송의 사신이 아니라 지방 관리가 고려 조정을 찾아오더라도 건덕전에서 잔치를 연다고 하였다.

장화전長和殿은 회경전 뒤 정북쪽의 한 산등성이에 있다. 지세가 높고 험한 곳에 자리 잡은 까닭에 규모나 장식은 건덕전보다 못하다. 다만 장화전의 양쪽 회랑은 모두 보물을 보관하는 창고로 이용된다. 동쪽 화랑에는 송에서 황제가 보낸 물건들을 쌓아두고, 서쪽에는 고려의 금, 은, 비단 등을 보관한다고 한다. 보물을 보관하는 전각이므로 장화전의 경비는 어느 곳보다 삼엄한 것 같았다.

장화전의 뒤쪽에는 원덕전元德殿이 있다. 지세가 험한 까닭에 건물의 규모와 장식은 장화전만 못했다. 통역관의 말에 따르면 원덕전은 전쟁이나 내란 등 나라에 큰일이 생겼을 때 왕이 가까운 사람들과 모여 논의하는 곳이라고 한다. 군사를 동원하는 문제, 중요한 인물을 처형하는 문제 등도 모두 원덕전에서 결정된다고 한다.

건덕전 뒤에 있는 만령전萬齡殿은 왕의 후궁과 시녀들이 거처하는 곳이다. 숭산 중턱에서 건물 안쪽을 내려다보면 양쪽으로 길게 지어진 회랑의 형태를 하고 있다. 왕의 침소이자 여인들의 공간이기 때문에 서긍이 직접 들어가지는 못하였다. 다만, 통역관들의 이야기에 따르면 만령전의 규모는 크지 않지만 단청이나 장식은 다른 곳보다 화려하고 아름답다고 한다. 전각의 방은 그곳에 사는 후궁이나 시녀의 수와 같다고 하는데, 정확한 칸 수를 파악하지는 못하였다.

장령전長齡殿은 건덕전 동쪽에 있는 건물로 만령전보다 규모가 크다. 장식이나 화려함은 건덕전에 미치지 못한다. 서긍은 일찍이 고려에 자주 드나드는 역관들에게 장령전에 관해서 들은 적이 있었다. 그에 따르면 송에서 사신을 파견하기 전에 개소 편에 서신을 보내는데, 개소가 도착하면 고려 왕은 서신을 장령전에서 받는다고 한다. 또한, 송의 상인이 고려에 오거나 팔관회에 참석할 때도 장령전에서 헌상한 물품을 받는다고 한다. 송상이 목숨을 담보로 여러 차례 바다를 건너 고려에 오는 것은 그들이 가져오는 중국의 물품을 고려 왕이 몇 배로 보상해 주기 때문이다. 따라서 송상 중에는 사신을 자칭하는 자도 있다는 말을 들은 적이 있었다. 서긍은 말로만 듣던 장령전을 실제로 보게 되니 반갑고도 신기하였다.

그 외에도 개경의 왕성에는 장경궁, 좌춘궁, 우춘궁, 별궁 등 여러 개의 궁궐이 있다고 한다. 그러나 서긍은 사신 행차가 허용되는 곳 외에는 제대로 관찰하지 못했다. 따라서 통역관, 상인, 관리들에게 들은 내용과 《계림지》의 내용을 토대로 나머지 궁에 대한 정보를 적었다. 장경궁은 본래 왕옹(숙종)의 여러 누이동생이 살던 곳인데, 결혼하여 나간 후에는 왕우(예종)가 그곳에서 병 치료를 하다가 세상을 떠났다고 한다. 따라서 새로 왕위에 오른 인종은 예종에게 제사 지내고 송의 사신으로부터 문상 받는 일을 모두 장경궁에서 했다.

좌춘궁은 고려의 왕세자가 관례를 마친 후 왕이 될 때까지 거주하는 곳이며, 우춘궁은 왕의 누이들과 여러 딸이 사는 곳이다. 별궁은 왕의

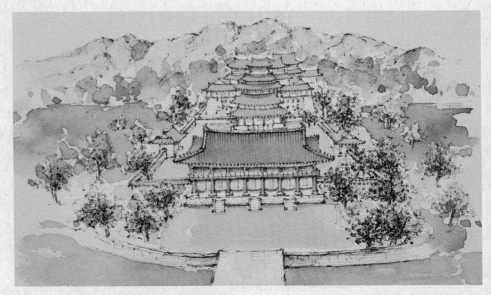

고려 궁궐 상상도(정면에서 올려다본 모습)

개성에 복원한 궁궐 모형 등을 참고하여 그린 상상화이다. 고려 궁궐은 산등성이를 따라 비스듬히 올라가는 지세를 그대로 이용하여 조성하였다. 이러한 형태의 건축은 건물을 실제 크기보다 더 웅장하게 보이게 하는 효과가 있는 것으로 알려져 있다. 아래는 개성 만월대 전경. ※출처: 개성 만월대 남북공동발굴 디지털 기록관.

자제들이 거주하는 곳과 왕을 위해 특별히 지은 궁궐을 모두 일컫는 말이다. 서긍은 도성 안에 계림궁, 부여궁, 금관궁, 진한궁 등이 있다는 이야기를 들었다.

통역관의 말에 의하면 별궁은 각기 나라에서 토지를 받아 유지비를 충당한다고 한다. 지금은 10개 중 9개 정도가 비었는데, 그처럼 궁이 비게 되면 백성들이 궁에 딸린 토지에 농사짓고, 조세와 공물을 나라에 바치게 한다고 했다.

서긍이 보기에 고려의 궁궐은 송나라 개봉의 황궁보다는 규모가 작지만 화려하고 아름다웠다. 개봉이 물 위의 도시라면 개경은 산에 의지한 도시였다. 송의 황궁이 강을 낀 평지에 반듯반듯하게 지었다면 고려의 궁궐은 산줄기와 물줄기를 따라 지형대로 지었다. 질서가 없는 듯하지만 어지럽지는 않았고, 담장이 반듯하지는 않았지만 묘하게 지형과 어우러졌다. 서긍은 고려 궁궐의 모습을 다시 한번 눈에 담으며 심호흡을 했다. 내려다보이는 십자가 거리에 사람들이 분주히 오가고 있었다.

도성 안의 여러 관청들

고려의 관부는 대개 당과 송의 제도를 많이 본받았다. 그러나 관청과 직책은 고려의 실정에 맞게 바꾸었기 때문에 이름과 역할이 맞지 않는 것이 많았다. 서긍은 두루 여러 관청을 둘러보고 위치와 대략적인 역할을 정리하였다. 먼저 고위 관료들이 집무를 보는 상서성은 승휴문 안에 있었다. 앞에 대문이 있고, 양쪽의 행랑은 10여 칸이다. 상서성 서쪽과

춘궁 남쪽 앞에는 문 하나가 있고, 그 안에 세 채의 집이 나란히 있는데, 가운데가 상서성, 왼편이 문하성, 오른쪽이 추밀원이다. 세 기구에는 국상, 평장사, 지원사 등의 고위 관료들이 근무하며 정사를 처리한다고 한다.

사신 맞이와 접대를 담당하는 예빈성은 건덕전 앞쪽에 있었다. 고려에 사신을 보내는 나라는 송, 거란, 여진 등 여러 나라가 있다. 그들 사신이 묵는 객관을 관리하고, 연회와 음식 등을 관장하는 등의 일은 예빈성에서 맡는다고 하였다.

팔관회를 담당하는 부서인 팔관사는 승평문의 동쪽에 있다. 팔관회는 고려의 최고 행사로 송에까지 알려져 있다. 1년 열두 달 중에서 10~12월을 겨울이라 하는데, 그중 11월에 열린다고 하여 중동 팔관회라고도 부른다. 팔관회에 참여했던 상인들의 이야기에 따르면 팔관회가 열릴 때면 고려는 온 나라가 축제 분위기가 된다고 한다. 이때는 송상을 비롯하여 여러 나라 상인들이 물품을 바치고, 고려 왕으로부터 온갖 종류의 선물을 받아간다. 그중에서 상인들이 가장 귀하게 여기는 것은 인삼과 종이, 먹, 모시와 같은 고려의 특산물이다. 인삼은 말할 것도 없고, 종이와 먹은 송에서도 인기 있는 물품이다. 송의 문인들 사이에서는 고려의 종이와 먹을 선물하는 것이 유행이었기 때문이다. 고려를 특별 대우하는 것을 못마땅하게 여긴 소식조차도 고려 종이의 우수함은 높이 평가했다는 이야기를 들은 적이 있다.

어사대는 그 이름처럼 관리를 감찰하고, 풍속을 바로잡는 기구이다. 어사대는 좌동덕문左同德門 안에 있다고 한다. 한림원은 건덕전의 동쪽에 있으며, 문한을 담당하는 기구로 송의 한림원과 역할이 크게 다르지 않다. 그 옆으로 수레와 말을 관리하는 상승국과 무기와 의장을 간수하는 군기감이 있다고 하는데, 경비가 삼엄하여 직접 확인하지는 못하였다.

궁성의 동쪽 문인 광화문 밖에는 도로를 따라 관청이 즐비하게 늘어섰다. 그래서 고려인들은 그 거리를 관도官道라고 부른다. 관도의 북쪽에는 상서호부가 있고, 그 동쪽으로 상서공부, 고공사, 대악국 등 네 개의 건물이 있다. 네 건물에는 각기 문이 있고, 건물은 모두 북쪽에서 남쪽을 바라보고 있다. 관도의 남쪽에는 병부, 형부, 이부가 있다. 이들 세 건물은 모두 남쪽으로 줄을 지어 북쪽을 바라보고 있다. 즉, 북쪽의 건물과 남쪽의 건물이 관도를 사이에 두고 마주 보고 있는 구조이다. 그들 건물의 동남쪽 수십 보 거리에 동전의 주조와 유통을 담당하는 주전감이 있고, 주전감보다 좀 더 북쪽에는 장작감이 있다. 장작감은 건물과 도로, 성곽의 축조 등을 담당하는 부서이다.

고려의 중앙군은 2군과 6위로 편성되었다고 기록되어 있다. 서긍은 그중에서도 북문 안에 있는 감문監門·천우千牛·금오金吾 등 3위의 위치를 확인했다. 3위 중 금오위가 가장 왕궁 가까이 있었는데, 그것은 국왕의 호위를 담당하고 있기 때문일 것이다.

개성의 업무를 담당하는 개성부는 성의 40리 거리에 있는데, 모든 백성의 혼인, 전답, 소송 등의 업무를 담당한다. 그것은 송의 개봉부에서 담당하는 일과 크게 다르지 않은 듯하였다. 서긍은 개성부의 건물을 보며 송 개봉부와 포증(포청천)을 떠올렸다. 고려에도 포증과 같은 청백리가 있으려나. 고려 사람들은 포증의 명판결 이야기를 들어봤을까. 부질없는 생각이 꼬리를 물며 이어지다가 어느새 개봉에 있는 가족들에 이르렀다. 개봉을 떠난 지 벌써 두 달이 넘었다. 연로하신 부모님은 평안하신지…….

그 외에 외성 안에 관현악기를 만드는 방坊, 활과 화살 제조를 만드는 사司, 복두를 만드는 소所, 천문을 관측하는 대臺 등이 있다. 이들 기구는 모두 이름이 다르지만 국가 운영에 필요한 물자를 만들어 공급하거나 노동력을 제공하는 역을 담당하였다.

쌀을 오랫동안 보관하는 창고

고려의 관청 중 서긍의 눈에 가장 인상적이었던 것은 개경에 세워진 창고들이었다. 고려는 용도에 따라 곡식과 각종 물자를 보관하는 창고들을 두었다. 본래 3개의 큰 창고가 있다고 하는데, 서긍이 직접 목격한 것은 우창뿐이었다. 그 외의 창고에 대해서는 이전의 기록을 그대로 쓰고, 새로 알게 된 내용만 추가하였다.

앞서 기록된 자료에 따르면 고려 왕의 보화를 저장하는 내탕고의 이름은 대영창大盈倉이라고 했다. 대영이라고 함은 크게 채워진다는 뜻이니 창고의 이름으로는 제격인 셈이다.

선의문 밖에는 용문창이 있고, 장패문에는 대의창이 있다. 용문창은 군량미를 보관하는 창고이다. 그러나 단순히 군사용으로만 쓰이는 것이 아니라 구휼에 이용되는 경우도 있는 듯하였다. 통역관의 말에 따르면 문종 재위 시절에 개경 인근 염주와 배주에 흉년이 들었을 때 용문창의 곡식 8천 석을 농민들에게 지급한 사례가 있다고 한다.

대의창 역시 흉년에 대비하여 마련한 곡식을 보관하는 창고이다. 본래 서남문에 두고 쌀 300만 석을 보관하였는데, 화재가 나서 모두 타버리자 장패문으로 옮겼다고 한다. 장패문은 도성 안에 흐르는 물줄기가 하나가 되어 밖으로 빠져나가는 곳에 있다. 물이 가까우니 화재에 대비하기에 적합하다고 여겨서 옮겼다고 한다. 그 외에도 해염창과 상평창이 서로 수백 보쯤 떨어진 곳에 있고, 비상시에 대비하여 저축한 곡식을 보관하는 우창이 있다.

서긍이 본 우창은 창고라기보다는 담장에 가까웠다. 건물을 만들어 빗장이나 자물쇠를 걸어 관리하는 것이 아니라 바깥에 둥근 모양의 담장을 쌓되, 문을 하나만 만들어 곡식을 출납하고 도둑을 막았다. 고려인들이 창고를 만드는 방법은 독특하고 기발하였다. 바닥에 흙으로 2자쯤 되는 둥근 대를 쌓고, 그 위에 섬[苫]에 담은 쌀을 차곡차곡 쌓았는데, 그 높이는 두어 길이나 되어 담장 밖으로 솟아있다. 그리고 별다른 지붕 시설이 없이 쌀더미 위에 풀로 이엉을 만들어 덮어서 비와 눈이 들이치는 것을 막는다.

대개 쌀은 공기가 통하지 않으면 썩는다. 송에서도 세금으로 거둔 쌀을 창고에 보관하지만 새와 쥐의 피해를 막기 위해 밀폐하다 보니 1년만 지나도 썩어 나가는 쌀이 3분의 1이나 된다. 그러나 고려의 창고에 보관된 쌀은 비록 두어 해가 지나도 새것과 같은데, 그것은 섬에 담아 공기가 통할 수 있게 하였기 때문이다.

고려에서 섬은 매우 다양한 용도로 사용된다. 쌀을 담는 것은 물론이고, 숯과 같은 땔감을 담는가 하면, 심지어 밀가루나 면과 같은 음식 재료들도 섬에 담아 나른다. 특히, 길이 험하여 수레가 다니지 못하는 길을 갈 때는 말이나 노새의 등에 물건을 넣은 섬을 얹어 싣고 나르기도

쌀을 담는 섬

일제강점기에 제작된 가마니와는 다소 다른 형태로, 짚을 성글게 엮어서 만들었다.
우리말 섬은 곡식을 담는 도구이자 그것을 세는 단위를 의미하기도 한다.
세는 단위로 사용할 때는 한자로 석石이나 곡斛이라고 쓴다.

고려시대의 벼

태안 마도 1호선과 함께 출수된 고려시대의 볍씨이다. 도정하지 않은 채로 실려있었으며,
낱알(알갱이)의 크기는 현재 우리가 먹는 것보다 약간 작다.
※출처: 국립해양문화재연구소, 《고려 뱃길로 세금을 걷다》, 2009, 21~22쪽.

한다.

서긍이 들은 바에 따르면 고려의 국상國相은 해마다 쌀 420섬을 받으며, 퇴임한 후에는 절반을 받는다고 한다. 그러나 그것은 고위 관리에 해당하는 이야기이고, 관직이 낮아지면 녹봉도 줄어들어서 상서(정3품)와 시랑(정4품)에 이르면 250섬이 되고, 그보다 낮은 여러 군의 위尉(정8품)나 녹사錄事(정8품)에 이르면 19섬밖에 되지 않는다고 한다.

고려의 관리는 현임으로 녹을 받는 사람이 3천여 명이고, 관등만 있고 관직이 없는 산관 동정이 1만 4천여 명이나 된다고 한다. 그들이 국가로부터 받는 전토는 모두 지방에 있어서 농민들이 농사를 지어 개경에 가져다 바치면 관등에 맞게 고루 나눠주는 것이 관례라고 하였다. 지방에서 곡식이 올라올 때면 예성강에는 쌀을 나눠주는 사람과 그것을 실어가기 위해 대기하고 있는 녹전거祿轉車들로 인산인해를 이룬다고 한다. 녹전거는 바퀴가 크고 짐을 싣는 부분이 넓은 수레이다. 많게는 쌀을 10석 가까이 실을 수 있는데, 소나 말이 수레를 끌었다.

빈약한 시장과 허울뿐인 화폐

숭녕(1102~1106)과 대관(1107~1110) 연간에 다녀간 사신들의 기록에 따르면 매번 송의 사신이 올 때마다 고려인들은 모여서 큰 시장을 만들고, 온갖 물품을 진열했다고 한다. 나전칠기와 비단 등 화려하고 아름다운 물건은 물론이고, 왕실 창고에 보관되어 있는 금은으로 만든 그릇과 용품까지 가져다 늘어놓아 사신들에게 과시한다는 것이다. 그러나 서긍이 고려에 왔을 때는 그런 모습을 확인하지 못했다.

서긍이 관찰하고 조사한 결과 고려에는 나라의 허가를 받고 운영하는 시전이나 관에서 직접 운영하는 다점茶店, 주점酒店, 복두점幞頭店 등을 제외하면 민간에서 운영하는 상설 점포는 없는 것 같았다. 밤낮없이 시장에서 물건을 사고파는 송과 달리 고려인들은 해가 떠있는 동안에만 남는 물품을 가지고 나와 필요한 물품과 바꿀 뿐이었다. 심지어 물건을 사고팔 때 화폐를 사용하는 것도 보지 못했다. 대부분의 사람은 모시와 삼베, 또는 은병으로 그 값을 지불하는 듯했다. 은병은 은 1근으로 만든 고려의 화폐로 주둥이가 벌어진 모양이어서 활구라고 부른다.

숭녕통보

송에서 제작되어 고려로 건너온 동전으로 숭녕 연간(1102~1106)에 제작된 것이다. 고려에서도 성종 때 철전(건원중보)이 제작되고, 숙종 때에도 동전(삼한통보, 해동통보, 해동중보 등)이 주조되었으나 널리 유통되지는 못하였다. ※출처: 국립중앙박물관.

흡사 복주머니처럼 생겼는데, 고려 사람들은 자국의 지형을 본따 만들었기 때문에 그렇게 생겼다고 했다.

문제는 물건의 값이 옷감 1필이나 은 1근에 미치지 못할 때인데, 그때는 쌀을 되나 말로 측정하여 지불한다. 송에 있을 때 서긍은 고려에서 스스로 화폐를 만들고, 그것을 주관하는 기구로 주전도감鑄錢都監을 두었다는 이야기를 들은 바 있다. 그러나 서긍이 보니 백성들이 물건을 사고팔 때는 옷감이나 곡식을 이용하였다. 시장에는 물건을 사기 위해 옷감과 곡식 자루를 들고 나온 사람들이 많았다. 옷감은 베나 모시가 주로 쓰이는데, 옷을 지어 입기 어려울 만큼 거칠고 성겼다. 통역관에게 물어보니 그 옷감은 옷을 만들어 입기보다는 상거래에 주로 사용하는 것으로 '추포麤布'라고 부른다고 했다.*

익숙하게 쌀과 옷감으로 거래하는 모습을 지켜보던 서긍은 문득 의문이 생겼다. 송상들이 송의 화폐를 지급하고 고려의 물건을 사온다던데, 송의 화폐는 어디로 갔단 말인가. 조정에서 고려에 화폐를 하사한 일도 있었다던데 그것도 유통되지 못했단 말인가.

나중에 안 일이지만 송상을 통해 고려로 유입된 화폐와 조정에서 고려에 내려준 동전들은 모두 왕부의 창고에 보관되어 있다고 한다. 창고에 보관된 화폐를 관리들에게 보여주어 감상하게 할 뿐 실제로 사용하

---

* 옷감은 씨줄과 날줄을 엮어서 만든다. 그중 승은 씨줄의 가닥을 가리키는 말이다. 1승은 보통 80가닥의 씨줄을 의미한다. 1승은 80개, 2승은 160개, 3승은 240개의 씨줄로 짠 옷감이다. 고려~조선시대에는 보통 5승 정도의 옷감을 규격품으로 인정하였다. 5승포는 400개의 씨줄로 짠 옷감이다.

지는 않는다는 것이다. 또 더러는 불상과 탑을 만들 때 봉안하거나 건물을 지을 때 기단 아래 묻는 진단구鎭壇具*로 사용되는 일도 있다고 한다. 그러고 보니 복건 지방에서도 배를 만들 때 동전을 넣는 보수공保壽孔을 만들어 사악한 기운을 몰아내고 안전 항해를 기원한다는 말을 들었던 기억이 났다.

돈은 하늘과 땅의 이치를 구현하여 만든 것이다. 겉이 둥근 것은 하늘의 모습, 안에 정사각형의 구멍이 난 것은 땅이 네모진 것을 형상화한 것이다. 따라서 하늘과 땅처럼 돌고 돌아야 하는 것이 돈인데, 그것을 고이 모셔두거나 땅에 묻는다면 동전의 의미가 사라지는 것이다. 상황이 그렇다 보니 구리는 날로 부족해지는 것이 아니겠는가. 서긍은 납득가지 않는다는 표정을 지으며 돌아섰다.

돌아오는 길에 서긍은 흥국사 앞에서 십자가 거리에 이르는 길, 즉 고려인들이 남대가라고 부르는 큰 거리에 대시사大市司·경시사京市司가 동서로 마주 보고 있는 것을 보았다. 두 관사는 모두 시장 상거래와 도량형의 정확성 등을 관리하는 관청이다. 만약 상인들이 저울의 눈금이나 도량형기를 속이는 경우 두 관청에서 잡아다 벌을 준다고 한다.

---

* 진단구 또는 지진구地鎭具는 건물, 탑, 무덤 등을 만들거나 수리할 때 화재와 같은 재앙으로부터의 안전을 기원하며 주춧돌, 기단 또는 그 주변에 묻는 물품을 일컫는다. 옥이나 유리구슬과 같은 장신구로부터 금속제품, 토기류 등 종류는 다양하다.

8

서긍이 만난
고려 사람들

어진 왕의 기질을 갖춘 고려 왕

송의 사신단이 조서를 가지고 왕성에 도착했을 때 고려 왕 왕해(인종)가 나와 조서를 받았다. 왕해는 왕우(예종)의 아들로, 이자겸의 외손이라고 한다. 지난해 갑자기 왕우가 세상을 떠나니 14세 어린 나이로 이자겸 등의 지원을 받아 왕위에 올랐다. 서긍이 처음 본 왕해의 얼굴은 이마가 넓고 아름다운 15세 소년이었다. 얼굴은 작지만 풍만하여 광대뼈가 보이지 않고, 성품은 슬기로웠으며, 배운 것이 많은 듯했다. 서긍은 그가 노윤적을 맞이하는 장면을 목격했는데, 어린 나이의 임금이라고 생각되지 않을 만큼 기품이 있고 명석하였다. 다소 살집이 있었으나 행동은 둔하지 않았고, 말을 하거나 행동할 때도 법도에 어긋남이 없었다.

사신을 맞으러 나온 고려 왕은 자주색 비단으로 지은 공복을 입고, 옥으로 만든 허리띠를 두르고 있었다. 손에는 상아로 만든 홀을 들었다. 조서를 받을 때는 제후로서의 역할을 공손히 했다.

서긍이 그 장면을 보며 잠시 생각에 잠긴 사이에 의식은 끝났다. 물러나는 자리에서 서긍은 동반관同伴館 이지미에게 궁금한 몇 가지를 물었다. 그중에는 왕태자의 임명 절차와 교육 등에 관한 내용도 있었다.

"고려에서도 왕태자를 교육하는 제도가 있습니까?"

"물론입니다. 동궁 책봉 의례가 끝나면 인품이 훌륭하고 학식 있는 학자들을 뽑아서 학문과 국왕의 도리를 익히시게 됩니다. 선왕께서 살아계실 때도 여덟 명의 학자를 뽑아 왕태자 교육을 맡게 했습니다."

"동궁은 어떤 것을 공부하십니까?"

"시詩와 부賦는 물론이고, 경전과 역사를 배웁니다. 《논어》, 《효경》, 《문선》 등을 동궁의 태사와 사부들이 강연하거나 토론하지요."

이지미의 말에 따르면 왕해는 어려서부터 배우기를 좋아했으며, 성품이 엄숙하여 관속들이 잘못하면 반드시 꾸짖었다고 한다. 그리고 보니 새 왕은 나이가 어렸지만 관원들이 모두 어렵게 여기고 두려워하는 듯했다. 비록 나이가 많고 경륜이 있는 신하라고 해도 왕을 만날 때는 행동거지를 몹시 조심하였다. 그것은 왕의 뒤에 이자겸이 버티고 있는 것도 한몫했을 테지만 사람됨이 그에 미치지 못하면 억지로 되지 않는 것이다.

서긍의 눈에는 고려 왕이 국서를 받고, 안치하고, 연회를 베푸는 과정이 몹시도 생경하였다. 그러나 여유롭게 국신사가 가져온 조서를 받고, 표를 올리고, 연향례를 행하는 고려 왕의 모습은 매우 익숙하고 안정되어 보였다. 서긍은 연회 장면을 지켜보면서 고려 왕이 비록 나이는 어리지만 어른 풍모를 풍긴다고 생각했다.

서긍은 환영 의례가 끝나고 난 후 숙소로 돌아오자마자 하루 동안 있었던 일들을 정리했다. 그리고 고려 왕에 대해서는 "동이의 어진 왕이

고려 인종의 능에서 출토된 옥책과 청동 사자 모양 도장

위는 고려 제17대 왕 인종(재위 1122~1146)이 세상을 떠난 후 시호를 올리면서 지은 글을 백옥(대
리석)에 새긴 옥책이다. 옥책에는 인종의 덕성과 인품, 그리고 생전의 업적을 기술한 후 공효대
왕이라는 시호와 인종이라는 묘호를 올린 내용 등이 담겨있다. 아래는 인종의 왕릉(장릉)에서 옥
책과 함께 출토된 것으로 전하는 청동 도장이다. 두 마리 사자가 앞발로 보주를 받들고 있는 모
습을 하고 있다. ※출처: 국립중앙박물관.

될 만하다"라고 기록하였다. 서긍에게 선견지명이 있었던 것일까. 그의 평가처럼 고려 왕은 세상을 떠난 후 '인종仁宗'이라는 묘호를 받았다.

고려 최고의 훈척 이자겸

고려인들은 본래 가문의 명망을 숭상하여 나라의 재상은 훈척勳戚(큰 공을 세운 왕의 친척)에서 많이 배출되었다. 이자겸은 고려의 가장 권세 있는 훈척으로 알려져 있다. 서긍은 고려에 오기 전부터 예종이 죽고 새 왕이 왕위에 오르는 과정에 이자겸이 개입했다는 소문을 들은 적이 있었다. 지난해 왕우(예종)가 사망한 후 그의 동생 왕보가 왕위를 빼앗으려 하자 이자겸이 그것을 저지하고 지금의 왕을 왕위에 앉혔다는 것이다.

이처럼 고려의 소식은 고려를 오가는 송상을 통해 거의 실시간으로 송에 전달되었다. 송상은 단순히 상인이 아니라 양국의 소식을 전달하는 정보통의 역할을 하기도 했다. 그들을 통하면 고려의 정세뿐 아니라 특정 인물의 최근 동향까지도 알아낼 수 있었다. 물론, 그들은 이익이 되는 일이라면 송의 정보를 고려에 파는 일도 서슴지 않을 것이다. 실제로 고려인들 역시 송에서 일어난 거의 모든 일을 상세히 알고 있었다.

고려인들은 이자겸의 본관인 경원(인천)을 일컬어 '어향御鄉(임금의 고향, 임금을 배출한 곳)'이라고 부른다. 그의 할아버지 이자연이 처음으로 딸을 문종의 왕비로 들인 후 순종, 선종, 예종의 왕비가 모두 인주 이씨 가문에서 배출되었기 때문이다. 이자겸 역시 그의 딸을 예종에게 시집 보내 지금의 왕인 왕해를 낳고, 왕해가 왕위에 오르자 다시 딸을 왕비로 앉혔다. 따라서 왕해에게 이자겸은 외할아버지이자 장인이 된다. 왕실의 혼사가 이렇게 되면 외척의 권력이 지나치게 강화되는 것이 이치이다. 게다가 이모뻘이 되는 사람을 왕비로 맞는 것은 서긍의 입장에서는 이해하기 어려운 일이었다.

이자겸을 만난 서긍은 자신이 생각했던 것과 다른 그의 모습에 적잖이 놀랐다. 서긍의 눈에 비친 이자겸은 풍채가 아담하고, 행동도 거만하지 않았다. 오히려 엄숙하고 고요한 분위기를 풍겼으며, 행동은 기품이 있고, 선행을 베풀기를 좋아했다. 또한, 국왕의 외조부라는 사실을 눈치채지 못할 만큼 왕을 대하는 태도가 공손했다.

그러나 송에서 함께 온 상인들의 말은 달랐다. 이자겸은 새 왕을 옹립한 후 한안인, 문공미 등 전왕의 측근을 모두 제거하고 무소불위의 권력을 행사하고 있다 한다. 심지어 왕우의 어린 아들이 왕위에 오른 것은 본인의 노력 때문이라는 말을 공공연하게 떠벌인다고도 했다. 언젠가는 왕이 이자겸의 비위를 맞추기 위해 그를 어떻게 대우할 것인가를 논의하라고 하니, 아첨하기를 좋아하는 정극영鄭克永이라는 학사가 이렇게 건의했다고 한다.

천자가 신하로 삼지 못하는 사람이 셋인데, 황후의 부모가 그중의 하나라고 했으니 이자겸이 글을 올릴 때는 신하를 칭하지 말고, 인사를 할 때도 임금이 있는 단상에 올라 절하게 한 후 왕이 답배한 다음 그 옆에 앉도록 해야 합니다(고려사 권98, 열전 제신諸臣 김부식).

그 해괴한 일은 김부식의 반대로 결국 성사되지 않았지만 그런 논의가 일어나도록 한 것 자체가 불충이라 할 수 있다.

또 어느 상인은 "이자겸은 참소를 잘 믿고, 이익을 탐하여 확보한 농장이 그 끝을 알지 못할 만큼이며, 씀씀이가 사치스럽다"고 했다. 또한, "사방에서 보내주는 고기가 창고에 쌓여 썩는 고기가 항상 수만 근이나 된다"라고도 했다.

서긍은 이자겸이 정사와 이야기 나누는 것을 가만히 듣고 있다가 숙소에 돌아와 그에 관한 이야기를 간단히 썼다. "이자겸은 국정을 잡고도 왕이 되지 않고, 왕씨에게 왕위를 돌려주었으니 어진 신하라고 할 만하다. 그러나 여러 경로로 뇌물을 받아 재물을 늘려 사람들이 그것을 비루하게 여겼으니 애석한 일이다." 그리고 끝으로 혼잣말을 하면서 메모장을 덮었다.

"시간이 지나면 고기가 썩는 것처럼 권력도 오래되면 부패하는 법이다. 물러남을 알지 못하니 언젠가는 그것이 화가 되겠구나."

문장이 뛰어난 윤관의 아들 윤언식

윤관은 숙종에서 예종 대에 걸쳐 여진족을 물리쳐 명성을 떨친 인물이다. 그러나 본디 그는 유학으로 이름을 날린 문관이다. 고려의 제도는 송과 유사하여 문신을 우대하고 무신은 크게 대우하지 않는다. 따라서 전쟁이 일어나거나 외적이 침입해 오면 문관을 최고사령관으로 삼고, 무관인 상장군과 대장군으로 하여금 그를 보필하게 한다.

윤관은 예종 때 추밀의 관직에 올라 송에 사신으로 온 적이 있었다.

그때 많은 송의 문사와 장수들이 그를 만나려 했다. 여진의 실정과 전술, 그들을 막아낸 병법 등을 묻기 위함이었다. 서긍 일행 또한 윤관의 명성을 일찍이 들어 알고 있었다. 따라서 그의 아들 윤언식이 접반관으로 자연도에 왔을 때 모두 얼굴을 보고 싶어했다.

윤언식의 가문은 이자겸의 가문과 혼인을 맺은 사이로, 두 사람은 매우 친밀한 듯했다. 왕해(인종)가 왕위에 오르기 전 윤언식은 그의 보좌관으로 활약했다고 한다. 이자겸의 도움으로 왕해가 즉위하니 윤언식도 자연히 관직이 높아지고 귀해졌다.

이미 한 번 본 얼굴이기는 했으나 관복을 입은 모습은 전과 달라 보였다. 풍채는 아름답고, 글을 짓는 재주가 뛰어나며, 언변도 훌륭했다. 경전과 고사에 관한 지식이 풍부하여 말을 할 때마다 유학자의 풍모가 느껴지니 외국의 선비로 대하기 어려웠다.

통역관에게 들으니 윤언식에게는 윤언이라는 동생이 있는데, 아직 약관에 불과하지만 재주는 〈칠보시〉*를 지은 위나라 조식(조자건)만큼이나 뛰어나다고 한다. 서긍은 문득 그를 만나보고 싶다는 생각이 들었으나 형편상 그렇게 하지는 못하였다.

---

* 조조의 아들 조비는 평소 재주가 뛰어난 동생 조식을 질투하였다. 어느날 조비는 동생 조식을 불러서 소 두 마리가 싸우다가 한 마리가 밀려 구덩이로 떨어지는 그림을 보여주며, '일곱 발자국을 걷는 동안 그림을 묘사하는 시를 지으라'고 명령했다. '만약 시간 안에 시를 짓지 못하거나 조건을 어기면 사형을 시키겠다'라고 했다. 그러자 조식은 곧바로 일곱 발자국을 걸으면서 "콩대를 태워 콩을 삶으니, 솥 속의 콩이 울고 있구나. 본래 한 뿌리에서 났건만, 어찌 이리 급하게 삶아대는가"라는 시를 지었다고 한다.

윤언이 묘지명

윤언이尹彦頤(1091~1150)는 윤관의 여섯째 아들로 형 윤언식과 함께 문장으로 이름을 떨쳤다. 김부식과는 정치적인 경쟁자였으며, 금이 사대를 요구하자 강력히 반대하고, 칭제건원(황제를 칭하고 연호를 사용하는 일)을 인종에게 건의하였다. 묘지명에서는 "공은 어려서부터 늠름하여 성인과 같았다. 손에서 책을 놓지 않아 굶주림과 목마름, 추위와 더위를 알지 못하는 지경에 이르렀다. 한 번 본 것이면 입으로 줄줄이 외웠으며, 널리 배워서 통하지 않는 것이 없어 평범한 사람들이 도달할 수 없었다"라고 하여 그의 명석함을 찬양하였다.

※출처: 국립중앙박물관.

윤언식의 관복은 서긍이 책에서 본 것과는 다소 다른 점이 있었다. 《구당서》에 따르면 고려의 관리들은 푸른색의 관을 쓰고, 진홍색 비단을 늘어뜨려 두 귀를 덮으며, 새의 깃털로 장식한다고 했다. 그러나 윤언식의 복장을 보니 자색 무늬가 있는 비단옷을 입고, 비단으로 만든 복두를 썼으며, 옥으로 만든 허리띠와 금어金魚 장식을 찼다. 송의 제도와 당의 제도가 서로 혼합된 듯했다. 듣자니 금어는 상서령이나 중서령 등 3품 이상의 관리가 패용할 수 있다고 한다.

소동파와 비견할 만한 김부식

김부식은 동접반으로 군산도에 사신을 맞으러 왔던 인물이다. 서긍은 군산정에서 사신과 김부식이 인사를 나눌 때 그를 보았기 때문에 얼굴을 기억하고 있었다. 사실 김부식의 얼굴은 한번 보면 잊기 어려울 만큼 개성이 있었다. 살진 얼굴에 몸은 장대했으며, 얼굴은 검고 눈이 튀어나왔다. 서긍은 김부식을 보고 처음부터 송의 전설적인 영웅 포증을 떠올렸다. 언젠가 개봉의 극장에서 본 포증의 얼굴도 김부식처럼 검고 풍채가 컸다. 검은색 얼굴 때문일까, 아니면 풍채 때문일까, 두 얼굴이 묘하게 머릿속에서 겹쳐 보였다.

군산정에서 봤을 때도 느꼈던 것처럼 김부식은 학식이 뛰어났다. 또한 배움이 넓고 기억력이 좋아 문장을 잘 지었다. 그가 중국의 역사를 이야기할 때면 마치 누에고치에서 실이 나오는 것처럼 끊김이 없었다. 게다가 긴 이야기를 하는 동안에도 그의 말에는 오류가 하나도 없었다.

또한 사신들과 글을 지어 주고받았는데, 글 짓는 솜씨도 매우 뛰어났다. 단언컨대 김부식은 서긍이 만난 사람 중에서 가장 뛰어난 문장가였다. 고려의 학사들 모두 그를 신뢰했으며, 고려 국왕 또한 문장을 짓거나 중요한 교서를 내릴 때 그에게 의지했다.

김부식은 고려의 오래된 명문가 출신이다. 어려서 아버지를 잃고 4형제가 홀어머니 밑에서 자랐으나 모두 과거에 급제하여 명망을 얻었다고 한다. 통역관에 따르면 그로 인해 나라에서 지금까지도 그 어머니에게 곡식을 내려주고 있다고 하였다.

실제로 김부식이나 윤언식 같은 문인들은 송의 문인들과 비교해도 결코 뒤지지 않았다. 그들의 시는 서정적이면서도 세상을 풍자하는 면이 있었다. 서긍은 김부식과 연회에서 직접 글씨를 주고받은 적이 있다. 그때 그의 동생 김부철도 함께 있었는데, 시를 짓는 형제의 솜씨가 모두 뛰어났다. 김부식이 먼저 읊었다.

물결은 노르스름, 바람은 일렁
원두밭 푸성귀는 비에 젖어 짙푸르구나.
이따금 한가한 걸음, 밭둑에 주저앉아
어부랑 나무꾼 만나 웃고 이야기 길어라.
-김부식, 〈동교 별업東郊別業〉

옆에 있던 김부철이 뒤를 이었다.

하늘 고요하고 거친 기운 없어 해가 더디니

절이란 참으로 잠자기 알맞다네.

화서몽華胥夢(3황5제 중 1명인 황제가 신선 세계에서 놀았다는 꿈) 깨우는

사람 없으니

하루 종일 성긴 발이 적막히 드리워 있네.

－김부철(김부의), 〈승사주면僧舍晝眠〉

서긍은 잠시 김부식 형제의 시를 감상하느라 눈을 감았다. 그러다가 문득 형제의 이름이 부식과 부철인 이유가 궁금해졌다. 서긍이 김부식에게 물었다.

"두 분의 성함을 들으니 소식과 소철 형제가 연상됩니다."

김부식이 웃으며 바로 고개를 끄덕였다.

"저희 형제가 동파를 흠모해서 이름을 그렇게 지었습니다."

서긍은 고개를 끄덕이며, 그들의 솜씨가 소씨 형제에 비교해도 손색이 없다고 칭찬했다. 송에 돌아가면 그들 형제에 대해 오랫동안 이야기할 것 같은 예감이 들었다.

수염이 아름다운 김인규

예부터 사람을 판단하는 기준은 신身, 언言, 서書, 판判의 순이었다고 한다. 그 첫 기준인 '신'은 말 그대로 외모이다. 송과 마찬가지로 고려에서도 적당히 살집이 있고, 수염이 아름다운 사람을 제일로 친다. 그래서 수염이 없는 사람들은 늘 숱 많은 수염을 부러워한다.《삼국지》에 등장

하는 관우의 별명이 미염공美髯公(수염이 아름다운 사람)이었다는 이야기는 널리 알려져 있다. 전해지는 이야기에 따르면 관우는 자기 수염을 사금낭이라는 비단주머니에 넣고 다녔다고 한다.

김인규는 고려에서 서긍이 만난 사람들 중 가장 수염이 아름다운 사람이었다. 얼굴도 잘생기고, 풍채도 좋았다. 또한 몸가짐이 단정하고, 중후하였다. 서긍은 일찍이 송에 있을 때부터 그에 대한 고려 왕의 총애가 각별하다는 이야기를 들었다. 지금 고려 왕의 증조부인 문종이 김인규의 집안에서 왕비를 들였으므로, 문종의 아들 숙종은 그를 사석에서 외숙이라 부르며 따랐다고 한다. 지금의 고려 왕이 왕위에 오를 때에도 이자겸과 힘을 합쳐 후원하였으므로 고려 왕 또한 그에게 함부로 하지 못한다. 얼마 전에는 이자겸의 아들과 그의 딸이 혼인하여 두 집안의 위세가 더욱 높아졌다.

김인규는 서긍이 순천관에 머물 때 가장 많이 본 관리였다. 그가 송 사신들의 숙소와 영접, 수행을 주관하는 관반의 책임을 맡았기 때문이다.

서긍은 간혹 그가 노윤적과 만날 때 그의 언행을 눈여겨보았는데 말이나 행동이 법도에 어긋남이 없었다. 서긍이 글을 쓰거나 메모를 위해 필요한 것을 요구하면 친절히 마련해 주었다. 이야기를 할 때면 다른 사람의 단점을 이야기하지 않았으며, 시시비비를 따지려 하지 않았다. 보통 높은 관직에 오르면 교만하거나 아랫사람을 가볍게 여기는 일이 많은데, 김인규에게서는 그런 모습을 찾기 어려웠다.

서긍은 그가 앞서 들었던 접반의 자격에 잘 부합하는 인물이라고 생각했다. 왕실에 관한 이야기나 고려의 외교 정책에 관한 이야기를 할 때도 명분과 신의를 중시하는 모습이었다. 그의 바른 행동은 몸에 익은 듯 자연스러웠고, 문장은 유려하였다. 그것은 김인규뿐만 아니라 고려의 문벌 출신 관리들에게서 공통으로 발견되는 특징이기도 했다.

다만, 문벌이 모든 주요 관직을 차지하고, 혼인 관계를 통해 세력을 형성하는 것은 새로운 갈등을 낳을 수 있겠다고 생각했다. 실제로 고려에 머무는 동안 그는 어린 국왕의 편에 선 세력과 문벌 간의 대립이 보이지 않게 존재하고 있다는 느낌을 받았다. 역사에 비춰볼 때 그러한 대립은 곧잘 정치적인 박해나 정변으로 이어지는 경우가 많았다.

중화의 풍모를 가진 이지미

동반관은 관반과 함께 송 사신의 객관 업무와 연회, 수행 등을 책임지는 관리이다. 접반관 김인규와 함께 이번 사신들의 객관 업무를 담당한 관리는 이자겸의 아들 이지미였다. 서긍은 이지미가 송에 왔을 때 그를 본 적이 있었다. 좀 더 정확히는 지나면서 서로 얼굴을 살핀 정도였지만 한눈에도 이지미는 풍채와 용모가 빼어나고 아름다워 귀공자다움이 있었다.

당시 송의 관리들 사이에서는 고려 조정의 실세인 이자겸의 아들이 사신으로 온다는 이야기를 듣고 모두 궁금해 했었다. 이자겸이 어떤 생각을 하고 있는지 알아야 이후 대고려 정책의 방향을 바로 세울 수 있다고 판단한 까닭이다. 이지미는 송에 사신으로 와있는 한 달 동안 황제를 만나고, 고려의 일을 상의하였는데, 그의 행동이나 처결은 예에 맞지 않는 것이 없었다. 심지어 행동거지가 세심하고, 우아하였으며,

여유로우니 그를 본 사람들이 모두 중화의 풍모를 가졌다고 칭찬했다.

　오랜 시간이 지났지만 서긍은 이지미를 한눈에 알아봤다. 이지미 또한 그를 기억하고 있어 먼저 반갑게 인사했다. 잠깐 사이에 둘은 친밀해졌다. 이지미는 매번 송의 황제와 조정에 대해 이야기할 때마다 연모하는 기색을 감추지 않았다. 노윤적을 비롯한 송 사신은 그를 이야기할 때마다 그가 송의 조정을 대하는 것이 마치 해바라기가 해를 보는 듯하다고 칭찬했다.

연회에서 만난 사람들

서긍이 개경에 도착하기 전에 만난 사람들은 대개 중앙의 관리이면서도 지방관을 맡고 있는 인물들이었다. 사신의 배가 고려의 경내에 들어서자 먼저 형부시랑 겸 지전주 오준화와 예부시랑 겸 지청주 홍약이, 호부시랑 겸 지광주 진숙 등이 바다로 나와 맞이하였다. 그들은 각각 군산정, 안흥정, 경원정에서 사신을 맞이하는 의식을 맡았던 사람들이다. 전주, 청주, 광주는 고려에서 큰 고을에 속한다. 고려에서는 학술이 뛰어나고 덕망 있는 인물들을 큰 고을의 방백方伯(지방 장관)으로 내보냈다. 따라서 오준화와 홍약이, 진숙 등은 예의 바르고, 글을 잘 지었으며, 제도와 법식에 따라 사신을 정성껏 대접하였다.

　또한 사신단이 개경에 도착하자 고위 관료이자 왕의 측근인 박승중, 김약온, 최홍재, 임문우, 척준경, 이자덕 같은 인물들이 사신들을 위해 잔치를 열고 잔을 주고받았다. 그 외에도 형부시랑 임경청, 예부상서

김부일, 합문지후 윤인용 등이 사사로이 사신들과 만나기를 요청하고, 예물을 보내왔다. 통역관에게 물어보니 그들은 모두 재능이 있고, 박학하여 고려 왕이 특별히 선발했다고 한다. 그런 까닭인지 상견례로부터 손님을 맞이하고 대접하는 행동이 예법에 부합하고, 문장이 아름다웠으며, 몸가짐이 정중했다.

학구열이 높은 고려인들

송의 영토가 파초잎이라면 고려의 영토는 대나무 잎새만 하다고 할 수 있다. 그러나 좁은 영토에 비하면 고려의 인구는 많은 편에 속한다. 개경의 규모는 개봉에 비할 바가 못 되지만 사신단이 지날 때 구경하러 나온 인파는 결코 적다고 할 수 없었다.

서긍은 일찍이 고려 사람들이 사민四民 중에서 선비를 가장 귀하게 여긴다는 말을 들은 적이 있다. 가난한 집이라고 하더라도 책이 없는 집이 없으며, 선비들은 과거에 급제하기 위해 아주 어릴 때부터 스승을 찾아 학문을 익힌다고 했다. 서긍은 고려에 온 지 며칠 되지 않아 그 말이 사실이라는 것을 금세 알 수 있었다. 사신들의 말을 끄는 마부는 물론이고, 순천관에서 심부름을 하는 아이들도 글을 읽고 쓸 줄 알았다.

관리들은 연회장에 모일 때마다 시를 지어 주고받았다. 또한, 건물 기둥에는 중국의 고전 속 명문장으로 주련을 만들어 걸었다. 글씨를 잘 쓰는 사람들도 많아서 사신들과 글을 써서 주고받는 일도 많았다.

접반 김인규도 좋은 경치를 보거나 향기로운 음식을 먹을 때면 종종 시를 짓곤 했다. 그의 말에 따르면 고려의 선비들은 하과夏課* 때가 되면 귀법사라는 절에 모여 글공부를 한다. 그때가 되면 과거에 급제는 하였으나 아직 관직을 받지 못한 선배들이 찾아와 종일 후배들과 강론을 하고, 각촉부시刻燭賦詩라는 것을 하며 즐긴다고 한다. 각촉부시란 초의 중간 부분에 눈금을 새기고, 초가 그 지점까지 타기 전에 시를 짓는 일종의 글짓기 경연대회이다.

그런 까닭에 고려에는 곳곳에 학교가 있다. 개경에는 국자감 외에 사학이라는 것이 있고, 지방에는 고을마다 글공부를 하는 경관經館과 서사書社가 두셋씩 들어서 있다. 따라서 고려의 결혼하지 않은 젊은이들은 무리를 지어 함께 거주하며 스승에게 경서를 배우고, 어른이 되어서는 함께 공부할 벗을 선택하여 각각 그 부류에 따라 절이나 사학에서 강습을 한다.

사학은 개경에 총 12개가 있는데, 그중 9재학당이라고도 불리는 최충의 문헌공도가 가장 유명하였다. 9재학당은 학교 안에 악성樂聖·대중大中·성명聖明·솔성率性 등 9개의 반으로 이루어져 붙여진 이름이라 한다. 그것을 세운 최충은 문종 때 시중을 지낸 인물로, 고려인들은 그를 '해동의 공자'라고 부르며 존경한다.

고려의 여러 임금이 학문을 중요하게 여기고, 학자들을 높은 자리에

---

* 사학에 다니는 학생들이 여름방학 동안 선배들에게 받았던 일종의 방학 특강이다. 매년 5월과 6월 사이 50일 동안 사찰의 승방을 빌려서 진행했다고 한다. 대개 개경의 귀법사와 구산사, 강화 천도 시기에는 연미정 등지에서 열렸다. 《고려사》에는 1285년 (충렬왕 11) 6월에 왕이 구산사에서 하과하는 9재학당 학생들을 방문하니, 학생들이 가요를 지어 왕에게 바쳤다는 기록도 있다.

발탁하자 고려에서는 공부하는 사람들이 크게 늘어났다. 국자감에는 학생들의 글 읽는 소리가 끊이지 않았으며, 매달 배운 책을 확인하고, 계절별로 시험을 보는 중국 태학의 제도를 그대로 실현하고 있었다.

며칠 전 김부식이 말하기를 "우리나라에서는 멀리 떨어진 군과 현에도 학교가 세워져 시골 사람들이라 하더라도 글을 읽을 줄 압니다"라고 했다. 처음에 서긍은 그 말을 곧이듣지 않았다. 송의 사신이 자기 나라 선비들을 행여라도 얕볼까 싶어 과장하는 것 같았다. 그러나 고려에 머무는 동안 그 말이 헛되지 않음을 금방 알게 되었다. 고려 관리들은 여유가 있을 때마다 시를 지었고, 말을 할 때도 성현의 말과 경전을 인용하는 것을 예사로 하였다.

고려인들의 학구열이 높다는 말은 비단 문무 양반가의 자손들에게만 한정되지 않는다. 문벌가의 자손들은 물론이고, 아래로는 군졸과 어린 아이들까지 향선생에게 글을 배운다. 고려 조정에서는 지방의 백성들에게도 공부할 기회를 주기 위해 경학박사를 파견한다. 시전거리를 지나다 보니 여염집과 누추한 시장거리에도 책을 파는 가게들이 두셋씩 마주 보고 있었다.

서긍은 고려인들이 경쟁하듯이 글을 읽고, 시를 배우는 것이 몹시도 신기하였다. 과거제도가 있다고는 하지만 그것은 2~3년마다 한 번씩 시행될 뿐이다. 과거에 합격하더라도 관직의 수도 많지 않아 실제로 관직에 나아가려면 오랜 시간을 기다려야 한다. 그나마 집안이 좋지 못하면 관리가 되더라도 재상의 자리에 오르는 것은 꿈도 꾸지 못한다. 그런데 무엇이 고려인들로 하여금 공부벌레가 되도록 하는 것일까.

송의 태학에 입학한 고려인들

해동에서 중국에 처음 학생을 보낸 것은 신라 때의 일이다. 당 태종이 위징魏徵의 말을 좇아 인의를 숭상하는 정치를 베푼다는 소문이 신라까지 퍼지자, 그 나라 왕이 자국의 학생들이 당에 머물며 공부할 수 있게 해달라고 요청해 온 것이다. 태종이 그것을 허락하자 집안이 좋고 총명한 인재들이 당으로 와서 태학에 머물면서 공부를 하고 돌아갔다.

당에서는 외국인들에게 빈공과라는 시험을 시행하여 관리로 채용하기도 했는데, 그 시험에서 58명이나 되는 신라인들이 급제하였다고 한다. 그러나 신라는 과거를 직접 시행하지 않았다.

고려에서 과거를 처음 시행한 것은 왕소王昭(광종) 때였다. 후주에서 사신으로 온 쌍기가 과거 시행을 건의하자 그 의견을 채택한 것이다. 왕소는 쌍기를 설득하여 고려에 머물게 하고 그를 과거 시험관으로 임명하여 전체 과정을 주관하게 하였다. 그 후로 지금까지 고려는 꾸준히 과거제를 운영하고 있다.

고려에서는 과거에 1차 합격한 사람들을 진사라고 부른다. 개경 사람들은 그들을 토공土貢이라고 부르고, 그들의 출신 지역에서는 향공鄕貢이라고 부른다. 각 지방에서 합격한 진사들은 다시 국자감에 모여 시험을 친다. 이 시험에서 400명을 선발하는데, 그것을 국자감시라고 한다. 이 400명을 왕이 직접 시험하여 합격한 사람을 관리로 삼는다. 이를 친시 또는 전시라고 하는데, 시험과목은 시詩, 부賦, 논論이라고 한다.

서긍이 조사한 바에 따르면 고려에서 시행되는 과거의 방법이나 내용은 송과 크게 다르지 않았다. 과거 준비를 위해 공부하는 과목도 비숫했다. 이처럼 고려의 과거제도가 송의 제도와 비슷해진 것은 최근인 정화 연간(1111~1118)에 고려 학생들이 송에서 공부하고 온 후부터라고 한다. 송의 태학에서 공부한 학생들이 고려에 돌아온 후 송의 제도를 따라 재정비했다는 것이다.

고려 출신이 태학에 입학했다는 소식은 서긍도 일찍이 들은 적이 있다. 고려 사신이 학생 5명을 데리고 와서 당의 숙위학생제도에 따라 태학에 입학시켜 줄 것을 청했다는 것이다. 황제는 그들의 요구를 흔쾌히 허락하셨다. 그 후 그들이 어느 정도 개봉 생활에 적응하자 황제는 집영전集英에서 친히 김단,* 권적權適, 조석趙奭 등을 책문으로 시험하여 이들에게 합격증을 주고 상사上舍에서 공부하도록 하였다. 고려인들이 태학의 상사에 들었다는 말을 두고 조정 관리들 사이에서는 서로 다른 의견이 있었다. 한쪽은 그들의 솜씨가 결코 상사 학생들에게 뒤지지 않는다는 것이었고, 다른 하나는 황제께서 고려를 회유하기 위해 그들에게 은혜를 베푸신 것에 불과하다는 것이었다.

김단 등은 2년 정도 태학에 머물다가 1117년에 고려 사신 이자량을

---

* 김단은 송에 건너가 태학에 입학한 후 상사上舍에 들어간 인물이다. 상사는 왕안석이 시행한 태학 삼사법에 따라 설치된 곳으로 가장 실력이 우수한 학생들이 공부하는 곳이다. 김단이 송에 들어간 시기에 대해서는 《고려사》와 《송사》에 차이가 있다. 《고려사》에서는 그가 1115년(예종 10)에 송의 태학에 들어갔다고 기록되어 있으나(《고려사》 권74, 지28, 선거2 제과), 《송사》에는 1105년인 숭녕 4년에 "왕옹王顒(숙종)이 죽자 아들 왕오王俁(희종)가 왕위를 이었고, 조공하는 사신이 연달아 왔다. 또, 선비 김단 등 5명을 태학에 들어가도록 하니, 조정은 그들을 위하여 박사를 두었다"라고 하여 1105년에 송에 왔다고 되어있다(《송사》 권487, 열전 246, 외국열전, 고려, 휘종 숭녕 4년). 앞뒤 기록을 고려하면 김단이 송에 간 것은 1115년이며, 1117년에 이자량과 함께 귀국한 것이 정확하다고 생각된다.

따라 귀국하였다. 이자량이 떠나기 전날 황제 폐하는 그들을 불러 이별 연회를 베풀었다. 잔치가 무르익자 폐하는 친히 시를 지어 보이시고, 고려인들에게 그에 답하는 응제시를 짓도록 하였다. 그 자리에 참여한 이자량은 물론, 태학에서 공부한 김단 등도 문장이 모두 다 뛰어났다. 글을 받아 읽으신 폐하께서는 크게 칭찬하시며 몇 번이나 그 구절을 읊 으셨다.

그들이 귀국하는 날에는 황제와 신하들이 조정에 모여 송별 인사를 했다. 황제 폐하는 안전히 귀국하라는 덕담과 함께 슬쩍 여진의 형편에 대해서도 물으셨다.

"내가 들으니 너희가 여진과 국경을 접하고 있다고 하던데, 다음해에 올 때는 그 나라의 사신과 함께 올 수 있겠느냐?"

이자량이 답변하였다.

"여진은 비록 사람의 얼굴을 하고 있으나 마음은 짐승과 같습니다. 북쪽 오랑캐 중에서도 가장 탐욕스럽고 추하니 황제께서 그들을 부르 는 것은 좋은 일이 아닙니다."

이자량의 답변을 들은 황제의 얼굴이 굳어졌다. 그리고 곧 근심 어린 표정으로 고개를 옆으로 돌렸다. 옆에서 황제의 반응을 살피고 있던 측 근 한 명이 곧바로 말을 이었다.

"여진에서는 희귀하고 기이한 물건이 많이 난다고 합니다. 고려는 일 찍부터 여진과 서로 통하여 무역을 해왔습니다. 고려는 우리와 그 이익 을 나누지 않기 위해 두 나라 사이를 막으려는 것입니다. 폐하께서는 고려를 갓난아이처럼 사랑하시는데, 고려가 이처럼 그 은혜를 저버리 니 저들에 의지하지 마시고, 친히 여진 사람을 불러 타이르십시오."

목소리는 높지 않았으나 그의 말에는 가시가 돋쳐있었다. 갑작스럽게 분위기가 험해지자 이자량이 차분히 다시 답변하였다.

"저희가 그들과 교류하는 것은 그들을 달래기 위한 것입니다. 여진은 틈만 나면 저희 국경을 넘어와 재물을 훔치고, 백성들을 살해하거나 잡아 갑니다. 그래서 하는 수 없이 그들이 가진 물건을 가져와 필요한 물건으로 바꾸어 가도록 한 것입니다. 저희가 무엇 때문에 폐하를 속이겠습니까? 만약 그들을 불러보신다면 저희가 어찌할 수 없겠지만, 그들은 반드시 훗날 걱정거리가 될 것입니다. 깊게 생각하소서."

황제는 그 말을 듣고 고개를 끄덕였다. 그리고 다시 온화한 표정으로 조심히 돌아갈 것을 당부했다.

그 장면을 지켜본 서긍은 이자량의 말이 이치에 어긋나지 않는다고 생각했다. 그것은 거란을 믿고 끌어들였다가 나라를 망친 석경당의 전례를 통해서도 알 수 있는 것이다. 만약 금을 끌어다가 요를 친다면 두 세력 간의 마찰이 일어날 것이고, 그중 하나가 최종 승리하게 되면 송의 안전은 보장할 수 없었다. 북방에서 거란과 여진이 국경을 맞대고 서로 대립하게 하는 것이 송에게 가장 유리한 전술이자 중국이 전통적으로 추진해 온 '오랑캐로서 오랑캐를 제어 한다'는 이이제이以夷制夷의 원칙인 것이다.

고려로 돌아온 김단, 권적, 조석 등은 청연각에서 고려 최고의 학자들과 함께 예종 앞에서 《예기》, 《서경》의 〈무일無逸〉 등을 강론했다고 한다. 그 후로 고려 왕은 그들을 몹시 아껴 학문을 토론하는 자리에서 늘 그들에게 글을 읽고 해석하게 하였다고 한다.

9

고려인들의
복식과 의장

관등에 따라 장식과 색깔이 다른 관복

서긍이 범엽의 《후한서》를 보니 고구려의 대가大加들은 책幘을 쓰고, 소가小加는 절풍이라는 모자를 썼다고 한다. 책은 중국의 관과 같은 모양이고, 절풍은 중국의 고깔과 같은 모양이니, 두 모자는 모두 중국의 은과 주의 것을 본받은 것이라고 했다. 그러나 서긍은 그 말을 믿기 어려웠다. 은과 주가 있던 시기에 고구려는 있지도 않았다. 또한, 《구당서》에는 당나라 초에 이르러서야 비로소 고구려가 차츰 비단옷을 입기 시작했고, 흰 비단으로 만든 백라관을 썼으며, 허리띠를 금고리로 장식했다고 기록되어 있기 때문이다.*

---

* 이 부분은 서긍의 오류이다. 357년에 제작된 것으로 알려진 안악 3호분의 묘주도에 백라관을 쓴 묘주의 벽화가 그려져 있기 때문이다. 또한, 〈양직공도〉에 그려진 고구려와 백제, 신라의 사신은 모두 비단옷을 입고, 머리에 절풍처럼 생긴 모자를 쓰고 있음이 확인된다.

고구려 복식 풍속에 신하는 푸른 비단으로 만든 청라관을 써서 백라관을 쓴 왕과 구별한다고 한다. 진홍색 비단으로 모자의 매듭을 묶고, 새의 깃으로 장식한다고 했다. 그러나 서긍이 보기에는 관직명이나 공신의 등급에 따른 명칭이 모두 중국의 것과 유사했다. 접반에게 물으니, 그것은 《당육전唐六典》에 따라 정비했기 때문이라고 한다.

서긍이 고려에 와서 보니 고려의 왕과 관리들은 모두 송과 비슷한 관복을 입고 있었다. 위계에 따라 관복의 색깔이나 허리띠와 같은 장식이 모두 달랐다. 순서로는 자색이 가장 높고, 붉은색이 그다음이며, 비색과 녹색은 그보다 더 낮은 사람들의 복장이었다. 또한, 관등에 따라 금어대와 은어대를 착용하는 범위가 정해져 있었다. 그는 접반과 통역관들에게 물어서 고려의 관복제도를 상세히 정리했다. 그리고 송에 돌아간 후 채색하기 위해 밑그림을 그렸다.

고려 왕은 평소에 검은색 비단으로 만든 오사모에 소매가 좁은 담황색의 포를 입고, 허리에는 금빛과 푸른 비단실로 수놓은 자줏빛 비단띠를 두른다. 또한, 관리와 백성들을 만날 때는 복두幞頭를 쓰고, 각대를 두르며, 제사를 지낼 때는 면류관을 쓰고, 옥으로 만든 규圭를 든다고 한다.

실제로 서긍이 조회에 나서는 고려 왕의 모습을 보니 복두를 쓰고, 각대를 두르고 있었다. 통역관의 말에 따르면 고려 왕은 공무가 없을 때는 검은색 두건에 흰색 모시옷을 입는다고 한다. 그것은 일반 백성들과 같은 복장이다.

서긍이 본 고려인들 중 고위 관리들은 대부분 자색 무늬 비단옷을 입고, 비단으로 된 복두를 쓰며, 허리에는 옥대를 두르고 있었다. 그중 태사太師·태위太尉·중서령中書令·상서령尙書令 등과 같은 재상들은 자색 무늬 비단옷에 둥근 무늬의 금제 허리띠[구문금대毬文金帶]를 두르고, 금어대를 찼다.

국왕을 가까이에서 모시는 근시들은 무늬가 있는 자색 비단옷에 어선화[여지]를 새긴 어선금대御仙金帶를 두르고, 금어대를 찬다. 중추원의 승선과 6상서, 한림학사, 송 사신을 맞이하는 접관 등이 이에 해당한다.

어사대의 중승中丞, 간관諫官, 시랑侍郎, 지방을 다스리는 주목의 유수 留守와 사使, 국왕의 특별한 은혜를 입은 사람들과 왕의 형제 등은 자색 무늬의 비단옷에 어선화를 새긴 금대를 두른다.

그 외에도 각 관청의 경卿과 감監, 육시六寺의 경卿과 소경少卿, 국자유 관國子儒官은 주황색 무늬 비단옷[비문라포緋文羅袍]에 붉은 가죽으로 장 식한 서대[홍정서대紅鞓犀帶]를 두르고, 은어銀魚를 찬다. 그리고 그보다 낮은 관직에 해당하는 사업박사司業博士와 사관교서史館校書, 태의성太醫 省·사천성司天省의 녹사綠事 이상 관리들은 무늬 있는 비색 비단옷에 검 은 가죽으로 장식한 뿔허리띠를 두르고, 은어銀魚(은으로 만든 물고기 모 양의 장식)를 찬다. 그보다 신분이 낮은 서관들은 녹색 비단옷을 입고, 목제 홀을 들고 머리에는 복두를 쓰며, 가죽신을 신는다.

그보다 낮은 관리들이나 서리들은 녹색 옷에 목제 홀을 들고, 복두 를 썼으며, 검은 가죽신을 신었다. 예컨대 진사로 처음 관리가 된 사 람, 중앙 관서의 실무 행정을 맡는 서리, 주현의 영위令尉 등이 이에 해당한다.

이처럼 고려의 관복은 관등과 관직에 따라 색깔 및 허리띠 장식에 차 이가 있었다. 서긍이 김인규에게 들은 바에 따르면 고려의 관직은 정해

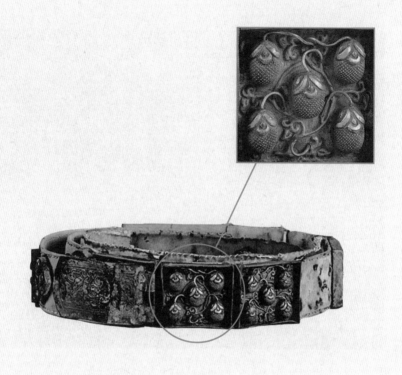

여지문 금대와 허리띠(안동 태사묘)

여지는 중국의 남방에서 자라는 열대 과일이다. 중국에서 일찍부터 귀한 과일로 여겼기 때문에 중국에서는 여지를 다른 말로 어선화御仙化라고도 했다. 생김새가 둥근 원圓형이 므로, 같은 음을 가진 원元과 동일한 의미가 있다고 하여 귀한 물건을 만들 때 문양으로 썼다. ※출처: 문화재청.

〈지장시왕도地藏十王圖〉 속 고려 관리 모습

제일 아래 오른쪽에 고려 관리의 복식을 갖춘 사람 두 명이 그려져 있다. 머리에 복두를 쓰고, 관복을 입었으며, 손에는 홀을 들었다. 〈지장시왕도〉는 여러 점이 남아있는데, 대개 유사한 복식을 갖춘 관리들이 1~2명씩 그려져 있어 당시의 관복 모양을 추정케 한다. ※ 출처: 일본 정가당.

진 기간이 있으며, 다음 관직으로 승진해야 관복을 바꿔 입을 수 있다고 한다. 비록 재물이 많고 왕의 총애를 받는다고 하더라도 법을 지키지 않으면 곧 탄핵을 면하기 어렵다고 했다.

서긍이 고려에 와서 머물렀던 순천관에도 하급 관리들이 배정되어 있었다. 관반인 김인규는 사신들에게 각기 두 명의 관원을 배정하여 안내와 편의를 제공하게 했는데, 그들은 주황색 옷을 입고 있었을 뿐 어대魚袋는 차지 않았다. 그것은 중국에서 붉은색 옷을 입은 두 명의 관원이 고관들을 안내하는 주의쌍인朱衣雙引 제도와 다르지 않았다.

갑옷을 입은 말과 여러 종류의 수레

《고사고古史考》에 따르면 5제 중의 한 명인 황제가 수레와 배를 만들어 통행할 수 없는 곳을 건널 수 있게 만들었다고 한다. 그로 인해 이름을 헌원軒轅이라 하였으니 헌은 수레라는 뜻이고, 원은 수레의 앞부분에 길게 튀어나온 끌채라는 의미이다.

《주례》〈고공기考工記〉에는 재주 있는 기술자를 가리키는 7공七工 중 윤인輪人·여인輿人·거인車人·주인輈人 네 기술자가 수레를 만들었다고 한다. 수레는 통하지 못하는 것을 통하게 하는 것이니, 그 나라 임금의 부를 묻게 되면 수레의 수효를 들어 답변하는 것은 그로부터 유래한 것이라 했다. 천승千乘의 나라, 만승萬乘의 나라라고 하는 것이 그것이다.

왕이 사는 도성의 동서남북에는 9궤가 가능하도록 하는 것이 법도였다. 궤란 수레바퀴의 넓이를 일컫는 단위이다. 대체로 1궤는 8척에 해당하므로 9궤는 72척(12보)이 된다.* 이에 따라 중국의 왕도에는 사방 72척(폭 약 14미터)의 도로가 조성되어 있었다.

또한, 수레는 용도에 따라 그 이름과 생김이 다르다고 했다. 길을 다닐 때는 승거乘車를 타고, 싸울 적에는 융거戎車를 타며, 짐을 실을 때는 대거大車를 쓴다. 농사를 지을 때는 역거役車를 쓰고, 밭에 물을 댈 적에는 수차水車를 사용한다.

서긍이 고려에 와서 보니 고려는 바다에 접한 나라이지만 무거운 물건을 끌거나 운송할 때는 수레와 말을 사용하고 있었다. 그러나 서긍의 눈에 고려는 수레를 사용하기에는 자연조건이 그리 좋아 보이지 않았다. 토지는 낮은 곳에 있고 면적이 좁으며, 길이 울퉁불퉁하기 때문이다. 그런 까닭인지 수레에 대한 제도나 말을 다루는 법이 송과 달라 보였다.

서긍이 고려에서 가장 처음 본 것은 채색 가마였다. 채색 가마는 세 종류였는데, 하나는 송 황제의 조서를 운송하는 것이고, 다른 하나는 어서御書를 운송하는 것이며, 마지막 하나는 금으로 만든 큰 향로를 실어 나르는 것이다. 채색 가마는 다섯 색깔의 무늬 있는 비단과 수놓은 비단을 섞어서 썼다. 수레의 가장 윗부분에는 날개를 편 봉황 장식이 있고, 네 모서리에는 연꽃 장식이 있는데, 그것들은 수레가 움직일 때마다 따라 흔들거렸다. 아래쪽의 목재 부분은 붉은 옻칠을 했고, 가마

* 주나라의 주공周公은 손가락 길이를 기준으로 단위를 측정하는 지척指尺을 주나라의 기준 척도로 삼고, 관척官尺이라고 불렀다. 당시의 1척은 지금의 길이로는 19.5센티미터 정도이다. 당초에는 주척으로 8자를 1보라고 하였으나 이후에는 6척 4촌을 1보로 정하였다.

를 들어올리는 네 개의 장대 끝에는 용의 머리 모양의 장식을 끼웠다.

채색 가마는 40명의 공학군控鶴軍이 함께 끌었다. 앞쪽에서는 두 사람이 엄숙하게 의장을 들고 소리를 치며 일행을 이끌었다. 채색 가마가 궁궐 가까이에 도착하니 고려의 왕과 고위 관료들이 조서를 실은 수레를 길 가운데서 맞이하여 절을 올렸다.

채색 가마 다음으로 인상적인 것은 어깨로 매는 견여肩輿였다. 견여는 큰 의자가 실려있어 호상胡牀과도 비슷했다. 견여는 군산도에서 정사와 부사가 배에서 내려 군산정으로 들어갈 때와 예성강에서 도성으로 들어올 때, 그리고 순천관을 나설 때 준비되어 있었다. 고려인들은 정사와 부사에게 가마에 오를 것을 요청하였으나 두 사신은 "지나친 예의는 예가 아니다[過禮卽非禮]"라 하고 타지 않았다. 따라서 그것은 빈 채로 두 사신 앞에서 의장행렬을 따라갔다.

견여는 날아가는 난새* 조각으로 장식한 화려한 가마이다. 등나무로 난새를 만들었는데, 날개를 펴고 실제로 날아갈 것처럼 생동감 있게 만들었다. 가마의 나무 부분은 꽃무늬에 붉은색 옻칠을 하고, 사이사이에는 도금한 금속으로 장식하였다. 사람이 앉는 의자 부분에는 비단으로 만든 깔개를 두어 폭신하게 했다. 또한, 가마를 메는 네 개의 장대에는 각각 색을 들인 매듭 끈을 두어 어깨에 걸도록 했다. 가마를 메고 사람을 태우기 때문에 견여라고 부르는 것이다.

---

* 난새鸞는 중국 전설에 봉황과 함께 등장하는 상상 속의 길조이다. 《산해경》에 따르면 '생김새는 꿩을 닮았고, 오색 무늬가 있으며, 이 새가 나타나면 세상이 편안해진다'고 하였다.

서긍이 고려에 와서 느꼈던 가장 놀라운 사실은 고려에 준마가 많다
는 것이었다. 고려의 말은 북방이나 서역의 호마胡馬처럼 키가 크고 허
리가 늘씬했다. 아마도 요·금과 국경을 접하고 있어 북쪽 유목민들로
부터 들여온 것인 듯했다. 의례에 나온 말들은 모두 적당히 살쪄 있으
며, 몸의 털과 꼬리에는 윤기가 있어 햇빛에 반짝거렸다.

특히, 고려 왕이 타는 말은 안장과 언치*가 매우 화려했다. 말 안장은
금으로 장식한 것도 있고, 옥으로 장식한 것도 있었다. 서긍이 말을 유
심히 바라보는 모습을 본 접반 김인규가 말을 붙여왔다.

"이 안장은 송의 황제께서 하사하신 것입니다."

"저도 황궁에서 비슷한 것을 본 적이 있습니다. 조서를 받을 때 왕께
서 말을 타신 모습을 보았는데, 그때는 말이 갑옷을 입고 있었던 것 같
습니다만."

"네, 맞습니다. 팔관회에 참여할 때나 조서를 받을 때에는 말에게도
갑옷을 입힙니다."

서긍은 다시 고려에 온 첫날 보았던 고려 왕의 말 탄 모습을 기억해
냈다. 갑옷을 입은 말의 위에 수놓은 언치를 덮고, 그 위에 다시 안장을
얹은 후 가죽 허리띠와 가슴걸이를 걸었다. 가슴걸이 앞에는 화려하게
장식한 말방울이 있어 고운 소리가 간간이 울리고, 금으로 장식한 안장
은 햇빛을 받아 반짝였다. 말 안장 아래에 수놓은 깔개를 깔아두는 것
은 송에는 없는 제도였다. 서긍은 김인규에게 고려 왕의 말 장식이 예

* 말이나 소의 안장 밑에 깔아 그 등을 덮어주는 담요 또는 방석을 말한다. 말 등에 안장
이 직접 닿지 않도록 한다.

법에 어긋난다고 이야기하려다가 그만두었다.

사신단이 순천관에 도착하면 고려 왕은 길일을 선택하여 조서를 받는 의례를 행하였다. 순천관에서 행사장에 이를 때까지 사신들은 모두 말을 타고 이동했다. 준비된 말은 상절, 중절, 하절이 타는 것이 각기 달랐다. 정사와 부사가 타는 말은 고려 왕이 타는 말과 동일하게 금과 옥으로 장식한 안장을 얹고, 진홍색 비단에 수를 놓은 언치를 깔았다. 상절의 말은 그보다 한 단계가 낮고, 중절과 하절이 타는 말은 상절보다 한 단계 낮았다.

고려 왕이 보낸 말을 본 정사와 부사는 그 사치스럽고 예를 넘어선 장식을 부담스럽게 여겨 서너 차례 사양한 끝에 고려의 고관들이 타는 말

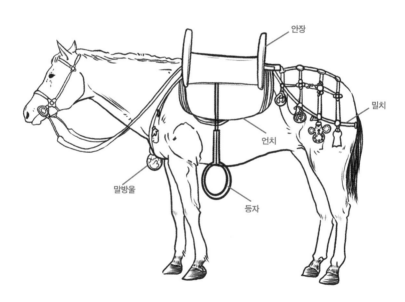

행사에 참석한 고려 말의 모습을 복원한 그림

로 바꾸었다. 고려 고관들의 말은 자주색 비단에 수를 놓은 언치를 깔고, 그 위에 은으로 장식한 안장을 얹은 것이었다. 서긍이 탄 말도 매우 훌륭한 말이었다. 그러나 마부의 말을 모는 솜씨는 그리 훌륭하지 않았다. 말이 마부를 앞서거나 다른 말과 속도를 맞추지 못할 때가 많았다.

사신단을 호위하는 기병대도 말을 타고 있었는데, 그들의 말도 매우 훌륭해 보였다. 기병대의 말 안장은 나전으로 장식하였고, 밀치[*] 끈과 고삐는 마노석을 이용하여 곱게 꾸몄다. 고삐의 중간중간에는 황금과 검은색 은[오은烏銀]을 섞어 문양을 냈다. 기병대의 말에 깔린 언치의 양쪽에는 고니를 수놓았다. 목이 몸에 비해 두 배나 긴 모습이었는데, 고려인들은 그것을 천아天鵝라고 했다. 늘씬한 말이 고개를 숙이고 힘차게 걸을 때마다 가죽 고삐에 달린 방울에서는 맑은 소리가 났다.

한편, 일반 백성들은 소와 말을 이용하여 물건을 나르거나 이동했다. 우연히 서긍은 순천관에서 나와 남대가를 지날 때 소가 끄는 수레[우차牛車]를 보았다. 우차는 제작방식이 간략해서 만드는 법이 정해진 것 같지는 않았다. 그가 본 우차는 두 개의 끌채가 앞으로 길게 나와 있고, 수레의 몸체에는 두 개의 바퀴가 달린 형태였다. 앞 끌채를 소의 몸에 걸쳐서 수레를 끌게 하는데, 수레 위에는 천막이나 난간이 없어서 새끼줄로 묶어야 물건이 떨어지는 것을 막을 수 있다. 더구나 고려의 도로는 대부분 울퉁불퉁한 산길이기 때문에 물건이 심하게 흔들리니 수레를 이용한다고 해도 별다른 이익이 없을 듯하였다.

* 밀치는 말의 꼬리 아래를 빙 둘러서 안장 뒤에 잡아매는 좁은 나무 막대기 또는 끈이다. 안장이 앞으로 쏠리지 않도록 하는 역할을 한다.

말은 소보다 빠르지만 도로가 험하여 수레를 매달아 쓰지 못하였다. 고려처럼 길이 험한 곳에서는 낙타가 유용할 텐데, 어쩐 일인지 고려에서는 낙타를 키우지 않았다. 따라서 고려인들은 말로 물건을 운반할 때 잡재雜載라는 것을 만들어서 이용한다. 서긍이 본 잡재는 바구니 두 개를 반 길쯤 되는 나무의 양 끝에 매단 후 말 등에 얹어서 쓰는 용기였다. 고려인들은 그 안에 온갖 물건들을 넣어서 운반하는데, 앞에서 끌고 뒤에서 미는 형태이지만 자못 그 속도가 빠르다고 한다.

행진할 때 세우는 여러 종류의 기치旗幟

국왕은 본래 위엄을 보이기 위해 행차할 때마다 여러 종류의 기를 세운다. 노부鹵簿와 같은 것이 대표적이다. 고려에서는 일찍부터 제례와 제천행사 때마다 큰 깃발 10개를 세운다고 들었다. 그중에서도 방위 색깔에 해당하는 4신을 그려 세운 것을 신기神旗라고 하는데, 그 크기가 비단 여러 필을 쓸 만큼이나 커서 바퀴가 달린 수레를 만들어 끌고 다닌다고 했다.

실제로 서긍이 고려에 와서 보니 왕이 가는 곳마다 군사 수십 명이 깃발을 매단 수레를 끌고 와서 줄을 맞춰 서있는데, 조금도 흔들림이 없었다. 깃발이 무겁고 커서 쓰러질 수도 있으므로 병사들은 큰 새끼줄을 사방으로 묶어 잡아당겨 바람이 불어도 움직이지 않게 하였다. 신기가 세워지면 고려인들은 감히 그곳에 가까이 다가가지 못하였다. 서긍은 고려에 와서 신기를 꼭 한 번 보았다. 송나라 황제의 조서가 처음 도성에 들어올 때였다.

그 외에도 고려에는 다양한 종류의 깃발이 있어 행사 때마다 여러 곳에 세워두었다. 행렬의 맨 앞에는 코끼리를 그린 상기象旗를 세운다. 그 깃발은 바탕과 술이 모두 검은색이다. 여러 깃발 중에서도 상기를 가장 먼저 세우는 것은 검은색이 북방을 상징하고, 오행五行 중에 물[水]의 기운에 해당하기 때문이다. 상기를 세울 때는 금빛 창을 쥔 젊은 병사 한 명이 한 손에 밧줄을 깃발에 매달아서 조심스럽게 잡아당겼다. 깃발이 크기 때문에 잘 펴지게 하려는 것 같았다. 상기가 행진할 때는 수레에 꽂아서 움직이며, 길이 좋지 못한 곳에서는 깃발이 쓰러지지 않도록 붙들고 천천히 앞으로 간다.

응준기鷹隼旗는 매와 새매가 날아오르는 모양을 그린 깃발로 바탕과 술이 모두 붉은색이다. 깃발에 매를 그려넣은 것은 매가 다른 어느 새보다도 민첩하고 빠르기 때문이다. 응준기는 남쪽을 상징하기 때문에 색깔로는 붉은색이고, 오행 중에는 불[火]의 기운을 상징한다. 때문에 행진할 때 상기 다음에 세운다.

해마기海馬旗는 말을 그린 깃발로 바탕과 술이 모두 푸른색이다. 깃발에 그려진 말은 한 마리인데, 앞 어깨에 갈기가 있어서 불이 치솟는 형상을 하고 있다. 그것은 불의 기운을 가진 말을 푸른색 바탕에 그려서 상생하는 의미를 부여했기 때문이다. 해마기는 방위로는 동쪽, 오행 중에는 나무[木]의 기운을 상징하므로 세 번째에 세운다.

봉기鳳旗는 봉황을 그려넣은 깃발로 몸체와 술이 모두 황색이다. 깃발 한 가운데에 날아가는 봉황 한 마리를 그렸는데, 그 몸에는 다섯 가지 색깔을 입혔다. 황색은 중앙을 의미하고, 흙[土]의 기운을 상징한다. 흙은

만물을 낳는다. 오행은 흙이 아니면 생겨나지 못하므로 중앙에 위치한다. 따라서 다섯 가지 방위의 색을 모두 봉황의 깃털에 표현한 것이다.

태백기太白旗는 금관을 쓰고 옥으로 된 홀을 든 사람을 그려넣은 깃발로 바탕과 술이 모두 흰색이다. 그림 속의 태백太白은 옥으로 만든 홀을 들고 머리에 금관을 썼다. 누런 옷에 녹색 겉옷을 걸쳤으며, 거북을 타고 있다. 거북은 그 머리가 흡사 뱀과 같으니 본래 뱀과 거북을 따로 그려넣던 것을 하나로 합친 것이다. 《예기》에 "임금이 행차할 때 앞에는 주작, 뒤에는 현무, 왼쪽에 청룡, 오른쪽에 백호가 있다"라고 하였으니, 고려의 깃발제도는 모두 법도에 맞는 것이라고 할 수 있다.

서긍은 군산도에서도 오방기를 본 적이 있었다. 배에 탄 병사들이 들고 있었는데, 북방은 흑색, 남방은 붉은색, 동방은 청색, 서방은 흰색이었다. 그 깃발들은 신인이 그려진 붉은색 깃발을 제외하면 별다른 문양이 없고, 술도 시원치 않았다.

송의 사신단은 예성강에 내린 후 금실로 수를 놓은 깃발 40개를 뱃사람들에게 들고 행진하게 했다. 40개나 되는 깃발들이 번쩍거리며 빛을 내고 그 뒤에 조서가 따르자 들판이 모두 빛나는 듯하였다. 그때에도 깃발을 든 고려 병사들이 사신을 호위하며 함께 행진했는데, 자신들이 들고 있는 깃발이 초라하여 부끄러워하는 듯하였다.

《예기》에서 말하기를 "무거武車(무예를 상징하는 수레)는 깃발을 늘어뜨리고, 덕거德車(덕을 나타내는 수레)는 깃발을 맨다"라고 하였다. 고려인들은 신기를 수레에 세워 행진한다. 그들의 수레는 무거인가, 덕거인가. 서긍은 문득 고려의 깃발이 상징하는 것이 무엇인지 궁금해졌다.

〈아집도雅集圖〉 대련

〈아집도〉 또는 〈문인아집도〉는 문인들이 이상적으로 생각하는 삶의 모습을 표현한 작품을 일컫는다. 두 장의 그림이 서로 마주 보도록 병풍 모양으로 표구하였으므로 〈아집도〉 대련對聯이라고 한다. 그림 속에는 여러 신분의 사람들이 등장한다. 중간에 그림을 감상하는 사람들은 관인층으로 보이는데, 모두 복두를 쓰고, 관복을 입었다. 반면, 시중을 드는 사람들은 모자를 쓰지 않거나 검은색 두건을 둘렀다.

※출처: 삼성미술관 리움.

〈아집도〉 대련

그림 중간에 관복을 입고 부채에 글씨를 쓰는 관리가 있고, 그 옆에는 먹을 가는 시종이
있다. 상단에는 두건을 쓴 젊은이 두 명이 책을 정리하고 있으며, 하단에는 국화 화분에
물을 주는 사람과 말 갈기를 손질하는 사람이 있다. 왼쪽 하단에는 건물에서 막 나오는
관리 한 명이 그림을 그리는 사람들을 보고 있고, 그 뒤에는 두건을 쓰고 책을 든 심부름
꾼이 있다. 두 그림 모두 뜰에는 학·강아지·고양이·사슴 등의 애완동물이 그려져 있다.

※출처: 삼성미술관 리움.

신분에 따라 조금씩 다른 고려인들의 옷차림

예부터 고려인들은 의복에 염색을 하지 않고 옷감 본래의 빛깔 그대로 옷을 지어 입었다고 한다. 또한 사치를 법으로 금하여 꽃무늬를 넣은 옷감이나 수놓은 옷을 입지 못한다고 한다. 그러나 서긍이 고려에 와서 보니 실제로는 신분이나 직업에 따라 입는 옷과 모자의 종류가 달랐다. 서긍의 눈에는 같은 듯하면서도 조금씩 다른 고려인들의 옷과 모자가 모두 신기하게 보였다. 그는 거리를 지날 때마다 접반이나 통역관, 그리고 사신의 시중을 드는 사람들에게 옷의 이름과 신분을 물어서 특징적인 사람들의 옷차림을 그림으로 그렸다.

우선 진사들이 입는 옷은 관리들과 확연히 달랐다. 그들은 네 가닥 띠가 있는 무늬 있는 비단 두건을 두르고, 검은 명주로 만든 옷을 입었다. 또한 허리에 검은 띠를 두르고, 가죽신을 신었다. 진사가 시험에 합격하여 향공이 되면 푸른색 햇빛 가리개에 노복이 끄는 말을 타고 성안을 거닐 수 있다고 한다. 과거에 합격한 영광을 자랑할 수 있게 하는 것이다.

고려 농민과 상인들의 복장은 크게 다르지 않다. 또한, 농민들의 복장은 가난한 사람과 부유한 사람의 구분이 없다. 그들은 모두 흰 모시로 된 겉옷을 입고, 네 가닥 띠가 있는 검은색 두건을 쓴다. 두건 중에는 거친 베와 가는 베로 만든 것이 있는데, 가는 베로 만든 두건을 쓴 사람의 형편이 좀 나은 듯했다.

특이한 점은 조정의 관리들이나 귀인들도 퇴근하여 일상생활을 할 때는 농민들과 같은 복장을 한다는 것이다. 흰색 베옷에 두건을 쓰는 것은 위로는 왕으로부터 아래는 농민에 이르기까지 고려 사람들의 공통된 복장이라 할 수 있다. 다만, 관료들은 두건에 두 가닥 띠를 둘러 자신들의 신분을 표시한다. 따라서 간혹 두건에 띠를 두른 사람들이 지나가면 향리나 백성들은 그것을 보고 길을 피한다.

장인(수공업자)들은 평상시에 흰색 도포를 입고, 검은 두건을 쓴다. 다만, 역을 맡아서 복두소幞頭所나 장작감將作監과 같은 관청에서 일할 때는 자주색 도포를 입는다. 따라서 자주색 도포를 입은 사람들은 역을 맡고 있는 중앙 관청의 수공업자라고 보면 될 것이다.

고려에서는 중국의 향병鄕兵이나 보오保伍쯤에 해당하는 사람들을 민장民長이라 부른다. 그들은 대개 백성 중에서도 생활이 넉넉한 사람들이다. 마을에서 일어나는 큰 일은 대개 관아에 가서 재판을 받지만, 작은 일은 민장이 맡아서 처리한다. 따라서 마을 사람들은 민장을 믿고 따른다. 민장의 옷차림은 무늬 있는 비단으로 두건을 만들어 쓰고, 검은 명주옷을 입으며, 검은 뿔로 만든 띠를 두른다. 또한, 검은 가죽으로 만든 네모난 신발을 신으니, 진사의 옷차림과 유사하다.

고려인들이 가장 좋아하는 모자는 두건이다. 두건 중에서도 무늬가 있는 두건을 가장 소중하게 여기기 때문에 두건 하나의 값이 쌀 한 섬의 값과 같다. 따라서 가난한 백성들은 이러한 두건을 사서 쓸 수 없으므로 대나무로 삿갓을 만들어 쓴다. 대나무 삿갓의 모양은 각이 진 것도 있고, 둥근 것도 있어 일정한 규격이 없다.

서긍이 본 사람들 중에는 뱃사람들이 이런 모자를 쓰고 있었다. 뱃사람들은 칡으로 만든 것처럼 거친 베로 옷을 만들어 입는데, 아래에 바지를 걸치지 않는다. 그들이 노를 저어 지날 때면 얼굴은 삿갓에 가려 보이지 않고, 검게 그을린 팔다리만 보인다.

고려식 히잡, 몽수를 쓴 고려의 귀부인들

소매를 걷으니 흰 손이 드러나고
흰 팔엔 황금팔찌가 둘러있네.
머리에는 금비녀를 꽂고
허리에는 비취색 옥구슬을 찼구나.
빛나는 구슬을 아름다운 몸에 두르니
산호 사이에 목난[木難珠]이 있는 듯하다.
비단옷은 어찌 그리 나부끼는가
가벼운 치마는 바람 따라 돌아간다.

　　　　　－조식曹植, 〈미녀편美女篇〉

　　조조의 아들이자 문장가로 이름난 조식이 중국 고대 미녀의 모습을
읊은 시이다. 글에 등장하는 여인은 황금팔찌, 금비녀, 푸른 옥구슬을
차고, 하늘하늘한 비단옷을 입은 모습이다. 시에 표현된 것처럼 중국의
여인들은 비단옷을 늘어뜨려 입고, 각종 장신구로 온몸을 치장했다.

　　서긍이 벽란도에 내릴 때 보니 고려 여인들은 대개가 흰색 모시 저고
리에 노란색 치마를 입고 있었다. 그는 그것을 보고 《계림지》에서 읽은
구절을 생각해 냈다. 고려의 여인들이 무늬가 들어간 비단옷을 입거나
꽃무늬를 수놓은 옷을 입으면 어사라는 관리가 그것을 압수하고, 그 사
람은 벌을 준다는 내용이었다.

　　그러나 개경의 왕성에 들어와 보니 왕비와 비빈들은 물론이고, 고관대
작의 부인들도 화려한 비단옷을 입고 있었다. 머리는 금은이나 옥으로

만든 비녀를 꽂고, 온갖 종류의 보석으로 치장하였다. 옷차림이나 금은 장식만으로는 중국과 고려의 여인들을 구분하기 어려울 것 같았다.

원풍(1078~1085) 연간에 고려에 다녀온 경험이 있다는 중국인 통역관의 말에 따르면 고려 여인들의 옷이 화려해진 것은 송의 사신이 고려에 왕래한 후부터라고 한다. 서긍은 자신이 본 것과 《계림지》에 기록된 것, 그리고 통역관과 상인들의 도움을 받아 고려 여인들의 복장을 그림으로 그려넣었다.

먼저, 귀부인들은 진한 화장을 좋아하지 않았다. 따라서 얼굴에 분은 바르지만 붉은색을 과하게 사용하지 않았다. 부인들의 눈썹은 버드나무 이파리같이 길게 그렸는데, 송의 여인들보다는 굵게 그렸다. 그녀들의 눈썹을 본 서긍은 《후한서》 〈마원전〉에 있는 '반이마 눈썹'이라는 구절이 떠올랐다. 본래의 말은 "장안의 속담에 성안 사람들이 상투를 높게 하면 시골 사람들은 상투의 높이를 한 자나 되게 하고, 성안 사람들이 넓은 눈썹을 좋아하니 시골 사람들은 이마의 반이 되도록 눈썹을 길게 그리고, 성안 사람들이 넓은 소매를 좋아하니 사방 사람들은 소매를 만드느라 비단 1필을 쓴다"는 말이다.* 송나라 여인들의 눈썹이 초사흘에 뜨는 초승

---

* 본래의 표현은 '柳眉半額'이다. 해석대로라면 '버드나무 같은 눈썹이 이마의 절반을 차지한다'는 뜻인데, 여인들의 아름다움을 표현하는 말로는 적절치 않다. 이 구절의 어원은 본래 《후한서》 〈열전〉 권24, '마원전馬援傳'에 기록된 '城中好高髻 四方高一尺, 城中好廣眉 四方且半額, 城中好大袖 四方全匹帛'라는 속담이다. 따라서 눈썹을 실제 눈썹보다 높은 곳에 버들잎 모양으로 짙게 그리거나 눈썹 끝을 치켜올려 이마 중턱까지 올린다는 것이지 실제 이마의 절반을 눈썹으로 칠한다는 의미는 아니다. 눈썹 끝을 치켜올려 그린 모습은 당대에 그려진 여인의 모습에서도 확인된다.

달 같다면, 고려 여인들의 눈썹은 초엿새날 뜨는 달만큼 굵었다.

고려 귀부인들의 복장에서 가장 인상적인 것은 검은 비단으로 만든 몽수蒙首라는 너울을 쓴다는 것이다(250쪽 참조). 몽수는 세 폭으로 만들어졌으며, 폭의 길이는 8척(약 160센티미터)이나 된다. 얼굴과 눈만 내놓고 모든 것은 가리는데, 정수리로부터 아래로 늘어뜨리니 땅바닥에 끌리게 된다.

윗도리로는 엉덩이까지 내려오는 흰색 모시 저고리를 입는다. 포袍라고 불리는 이 저고리의 모양은 남자의 것과 크게 다르지 않다. 바지는 무늬가 있는 비단으로 폭을 넓게 만들어 입는다. 바지 안에는 무늬 없는 명주로 안감을 넣어서 몸매가 드러나지 않도록 한다.

바지와 치마, 포를 갖춰 입은 후에는 허리에 감람빛 넓은 허리띠를 두른다. 허리띠에는 물들인 끈으로 금방울을 달고, 비단으로 만든 향주머니를 찬다. 고려의 여인들은 이 향주머니가 많을수록 귀한 신분으로 여긴다.

부잣집에서는 큰 돗자리를 깔고 그 위에 부인들이 앉는다. 그 곁에는 부인의 시중을 드는 시녀가 수건과 정병을 들고 서있는데, 비록 더운 날씨라고 해도 괴롭게 여기지 않는다. 가을과 겨울에는 간혹 노란색 비단으로 치마를 지어 입는데, 색깔은 짙은 것도 있고 연한 것도 있다고 한다.

공경대부의 처와 벼슬 없는 선비, 백성, 기생의 복색은 특별히 구분이 없다. 고려인들에게 들으니 왕비와 신분이 높은 관리의 부인은 홍색을 숭상하여 홍색 바탕에 무늬를 넣거나 수를 많이 놓아 화려함을 더한다고 한다. 그러나 낮은 관리들과 서민의 부인은 홍색을 감히 쓰지 못한다고 한다.

한편, 서긍은 처음 고려의 도성에 들어올 때 양쪽 길가의 누각 사이에서 난간에 기댄 채 그들을 바라보고 있었던 여인들을 보았다. 나이는 열 살 남짓으로 결혼은 아직 하지 않은 것 같았다. 그녀들은 머리를 풀지 않았다. 또한 노란색 옷을 입고 있었는데, 여름철에 입는 옷이 아니었다. 서긍은 이상하게 생각하여 여러 번 통역관과 상인들에게 물어보았지만 그들이 누구인지 알아내지 못하였다. 어떤 이는 그것이 왕부王府(왕실)의 어린이들이 입는 옷이라고 하였으나 정확치 않다고 했다. 서긍은 하는 수 없이 그들의 모양을 그린 후 '귀녀貴女'라고만 써두었다.

고려 여인들 사이에서 유행한 한쪽 머리 묶기

귀부인들과 달리 왕실의 잉첩(귀인의 시중을 드는 첩)이나 고위 관료의 첩, 그리고 백성의 처와 허드렛일을 하는 여자 종은 입는 옷이 비슷하다. 그녀들 역시 몽수를 쓰지만, 힘든 일을 하기 때문에 귀부인들처럼 늘어뜨리지는 않고 머리 위에 겹쳐서 얹어둔다. 옷은 걷어올려서 손을 쓰기 쉽게 하며 더러는 부채를 쥐고 있는 경우도 있다. 그러나 손톱을 보이는 것을 부끄럽게 여겨 진홍색 주머니로 손을 감싸서 드러나지 않게 한다.

고려 여인들의 머리 모양은 대개 비슷하기 때문에 그것으로 신분을 가늠하기는 어렵다. 부인들은 모두 귀천 없이 한쪽은 오른쪽으로 드리우고, 다른 한쪽은 그대로 아래로 늘어뜨린다. 다만 가난한 집 여인들은 너울을 쓰지 못하는데, 그것은 법으로 금지하기 때문이 아니라 값이

고려 불화 〈수월관음도〉 속의 귀부인 모습

1323년에 제작된 불화 속 고려 귀부인의 모습이다. 머리를 위로 올려서 비단으로 묶고, 그 위에 꽃 모양의 장신구를 꽂았다. 상의는 허리까지 오는 긴 노란색 저고리를 입었고, 하의는 꽃무늬 장식이 있는 비단치마를 입었다. ※출처: 일본 대덕사.

조반趙胖(1341~1401)의 부인 계림 이씨 초상

고려 말 조선 초에 활동한 조반 부인의 초상화를 후대에 다시 따라 그린 것이다. 허리까지 내려오는 녹청색 저고리에 옥색 치마를 입고, 그 위에 짙은 군청색의 긴 겉옷을 걸쳤다. 머리 모양은 머리카락을 모두 위로 올려서 묶었는데, 앞보다는 뒤쪽으로 더 기울어져 있다. 이런 머리 모양을 일컬어 추마계라고 부른 것이 아닐까 생각된다.

※출처: 국립중앙박물관.

은 1근의 값에 버금갈 만큼 비싸기 때문이다.

치마는 두르는 치마를 입는다. 8폭으로 만들되, 겨드랑이까지 올려서 묶는다. 대개 고려의 여인들은 주름이 많은 것을 좋아하여 부귀한 사람들의 처첩들은 비단 7~8폭을 이어서 만들기도 한다.

숭녕 연간(1102~1106)에 고려에 다녀간 유규劉逵와 오식吳拭 등의 기록에도 고려 여인들의 옷차림에 대한 내용이 있다. 그때가 마침 칠석이라서 사신들을 위해 연회를 열었는데, 고려의 관리 유신柳伸이 춤추고 악기를 연주하는 기녀들을 돌아보며 이렇게 말했다고 한다.

"우리나라 여인들은 머리를 묶어 올리지 않고, 저들처럼 빗어서 늘어뜨립니다. 제 생각에는 아마도 그것이 추마계墮馬髻가 아닐까 생각합니다."

유신의 말을 들은 송 사신 유규는 엄숙한 표정으로 답했다.

"추마계는 동한東漢 시기 양기梁冀라는 사람의 처 손수孫壽의 머리 모양이 아닙니까. 그것은 본받을 만한 것이 못됩니다."

양기라는 사람은 후한 때의 대표적인 간신이다. 그는 여동생인 양납을 순제의 비로 바쳤는데, 양납이 순제의 황후가 되면서 외척으로 정권을 잡았다. 순제가 살아있는 동안 그는 일족들과 함께 무소불위의 권력을 휘둘렀다. 이후 순제가 세상을 떠나자 충제, 질제, 환제 등 3명의 황제를 제 손으로 세웠다. 그러나 환제와 환관의 연합 공격을 받자 결국 자살했다. 그 과정에서 환관의 세력이 강화되었고, 그것이 곧 십상시十常侍의 화로 이어졌다.

양기의 아내 손수는 성격이 드세고 난폭하였으나 매우 아름다웠다고 한다. 그녀는 몸치장을 잘하기로 유명하였다. 최고 권력자의 부인이자 아름다운 여인이었기 때문인지 그녀의 옷차림이나 화장법은 당시 여인들 사이에서 크게 유행했다. 그중 하나가 추마계이다. 추마계는 말 그대로 말에서 떨어진 사람처럼 머리 모양이 약간 흐트러졌다는 뜻이다. 당시 여인들은 머리카락을 크게 묶어 가체처럼 틀어올리는 것이 일반적이었다. 따라서 여인들이 말을 타다 떨어지면 머리 묶음이 한쪽으로 기울어지고 느슨해졌다. 그것이 마치 다른 사람을 유혹하는 것 같기도 하고, 문란해 보이기도 했는데, 어쩐 일인지 그것을 따라 하는 여인들이 많았다고 한다.

유규의 기록대로라면 유규가 엄중히 말했으므로 유신은 여러 번이나 알았다고 답변했다고 한다. 유규는 자신이 고려의 풍속을 교화했노라고 자찬했지만 그 후에도 고려 여인들의 머리 모양은 변하지 않은 것 같았다.

서긍은 유규의 말을 떠올리면서 다시 고려 여인들의 머리 모양을 바라보았다. 그러나 자세히 보니 추마계는 아닌 듯했다. 고려 여인들은 전체 머리를 묶어 올린 것이 아니라 절반 정도는 오른쪽 앞으로 내어 늘어뜨리고, 나머지는 등 뒤로 늘어뜨렸다. 그리고 그것을 진홍색 비단으로 묶은 뒤 작은 비녀를 꽂아 고정시켰다. 서긍은 그것이 여인들도 상투를 틀었던 흔적이 아닐까 생각했다.

머리 모양은 결혼한 남녀를 구분하는 표시가 되기도 한다. 여자의 경우 시집가기 전에는 분홍색 비단으로 댕기머리를 묶고, 남은 머리는 아래로 늘어뜨린다. 남자도 역시 마찬가지인데, 분홍색 비단 대신 검은색 끈을 쓰는 것이 다른 점이다.

물건을 이고 지고 아이까지 업은 고려 여인들

고려의 남자들이 소나 말을 이용하여 물건을 운송한다면 여인들은 그 것을 머리에 이거나 등에 진다. 고려에서는 관청에 속한 노비의 신분이 대대로 세습된다. 여자 종들은 일할 때 어깨에 멜 힘이 없으면 등에 지 는데, 그 행보가 빨라서 남자도 따라잡지 못한다.

고려 여인들은 또한 물건을 머리에 이는 것을 매우 잘한다. 어지간히 큰 물건이 아니라면 어깨에 메지 않고, 머리에 이고 다닌다. 그녀들이 머리에 이고 다니는 물건은 물, 쌀, 밥, 술 등 매우 다양한데, 그것들을 대부분 구리로 만든 항아리에 넣어서 운반한다. 항아리에는 두 개의 귀 가 있어 한 손으로는 머리에 인 항아리의 귀를 붙들고, 다른 한 손으로 는 옷을 추스르며 걸어간다. 한번은 외출했다가 돌아오는 길에 나이든 노파가 머리에 동이를 이고, 지팡이를 짚으며 지나가는 장면을 보았다. 그 광경을 보고 있던 서긍은 문득 《맹자》의 한 구절을 떠올렸다.

> 맹자가 이르기를 학교에서 가르침을 신중하게 하고, 반복하여 가르치 기를 효제(부모에 대한 효도와 형제들 간의 우애)의 의리로서 한다면 머리 가 반백이 된 자가 도로에서 지거나 이지 않게 될 것이다.

맹자의 말씀은 교육이 잘 행해지고, 인의로운 사회가 된다면 모든 예 의가 갖추어질 것이니 연장자들이 굳이 힘든 일을 하지 않아도 된다는 의미이다. 어느 시대이든 머리에 이거나 등에 지는 것은 모두 힘든 일 이다. 반백이 된 자들이 물건을 이고 지지 않는 것은 너무 힘이 들기 때문이다. 단순히 근육과 뼈에 부담을 더해주는 것이 아니라 그런 자세가 불가능해진다는 의미이다. 그런데 고려의 여인들은 노소를 불문하고 물건을 이고 지고, 게다가 아이까지 업고 다닌다.

서긍은 아이를 업은 여인들이 몰려온다는 구절을 《논어》에서 읽은 적이 있기는 했다. 윗사람들이 예를 좋아하고, 의를 행하며, 신을 중시하면 사방의 백성들이 자식을 포대기에 싸서 업고 몰려올 것이라는 구절이다. 그렇다면 고려인들은 그 왕의 덕에 감화되어 자식들을 업고 달려오고 있는 것인가? 그렇게 보기에는 그들의 행색이나 표정이 너무 안 되어 보였다. 서긍은 잠시 하늘을 바라보며 마른 침을 삼켰다.

예의 바르고 부지런한 하급 관리들

사마천의 《사기》 이래 모든 역사서에서는 동서남북의 오랑캐 종류와 그들의 풍속을 상세히 적는 것을 관례로 삼았다. 따라서 《한서》, 《후한서》, 《삼국지》, 《구당서》, 《신당서》 등 거의 모든 책에 그들에 대한 기록이 있다. 언젠가 서긍은 《예기》에서 중국의 동서남북에 각각 동이, 서융, 남만, 북적이라는 이민족이 있다는 글을 읽은 적이 있었다.

동방의 오랑캐들을 '이夷'라고 한다.
그들은 머리털을 풀어헤치고 몸에 문신을 한다.
화식을 먹지 않는 자도 있다.
남방의 오랑캐를 '만蠻'이라고 한다.

그들은 이마에 문신을 하고 발이 엇갈리게 하며[交趾]

화식을 먹지 않는 자도 있다.

서방의 오랑캐를 '융戎'이라고 한다.

그들은 머리털을 풀어헤치고 가죽옷을 입으며

곡식을 먹지 않는 자도 있다.

북방의 오랑캐를 '적狄'이라고 한다.

그들은 짐승 털 옷을 입고 굴에 살며

곡식을 먹지 않는 자도 있다.

이처럼 오랑캐들은 승냥이와 함께 살며, 사슴과 어울려 뛰어논다고 한다. 그런 지경이니 관아를 만들고, 관리를 두는 법을 어찌 알 수 있겠는가?

서긍은 개봉에 있을 때 간혹 조공을 바치기 위해 국경을 넘어온 이국인들을 본 적이 있었다. 그들은 대개 제대로 마름질 된 옷 대신 비단을 두르고, 신을 신지 못하였다. 머리에 흰색 비단을 1필쯤 두르고, 귀에 큰 귀고리를 하기도 했다.

그에 비하면 고려인들은 오랑캐라 부르기 무색할 만큼 송과 유사한 제도와 문물을 갖추었다. 중앙의 관청으로는 대臺·성省·원院·감監을 두었으며, 지방은 주州·부府·군郡·읍邑으로 나눈 후 관서를 설치하고 관리를 보내 일을 맡겼다. 고위 관리는 대강의 일을 담당하고, 하급 관리는 번잡한 실무 행정을 맡으니 비록 나라의 일이 송에 비해 간단하지만 이치에 부합하는 것이다.

고려의 백성들은 매우 온순하고 법을 잘 따른다. 도적을 쫓는 관리가 사람들을 부르면 비록 편지 몇 자만 보내더라도 백성들은 기한을 맞춰 모인다. 그러므로 위로는 최고기관인 중서성으로부터 아래로는 지방의 실무를 맡는 민장에 이르기까지 나태한 모습을 찾기 어렵다.

서긍이 고려에 와서 보니 지나는 사람들이 길에서 관직이 높은 사람을 만나면 반드시 무릎을 구부려 공손히 절하였다. 관아에서 또는 순천관에서 윗사람이 명령을 내리면 무릎걸음으로 천천히 다가와서 손을 올리고 얼굴을 낮춘 후에 경청하였다. 서긍은 간혹 그런 모습을 볼 때마다 감탄을 금치 못하였다. 따라서 인상적인 장면이라고 생각될 때마다 그들의 모습을 하나씩 그림으로 그렸다.

중앙 관청의 서리들은 일반 관리와 유사한 관복을 입었다. 관리들이 입는 옷 중 가장 낮은 등급에 해당하는 녹색 관복인데, 그중에는 진한 것과 옅은 것이 있다. 서긍은 "고려 사람들이 당의 제도를 사모하여 푸른색 옷을 입는다"라고 들었는데 직접 와서 물어보니 그렇지 않았다. 푸른색 관복은 하급 관리들이나 서리들이 입었다. 색깔이 진한 것도 있고, 옅은 것도 있는 까닭은 새옷과 헌옷의 빛깔에 차이가 있기 때문이다. 고려에서 도포 1벌의 값은 거의 은 1근의 값이나 된다. 따라서 한번 도포를 사면 낡을 때까지 입고, 여러 번 빨아서 색깔이 빠지면 다시 물들여 입는다. 그렇다 보니 푸른색 관복을 입은 사람들 사이에서도 짙고 옅은 색이 있는 것처럼 보일 뿐 등급에 따라 짙고 옅은 것은 아니다. 관리의 자제들 중에서 서리가 된 사람은 물론이고, 지체 높은 가문의 자제들 중에도 푸른색 옷을 입은 사람들이 있다. 그들은 관품이 오르면 그에 해당하는 색깔의 관복으로 바꾸어 입을 수 있다. 따라서 청색 관복을 계속 입는 것은 하급 관리 또는 신분이 세습되는 서리들에 국한된다.

지방의 관아에서 실무 행정을 맡아 일하는 서리들은 인리人吏라고 한다. 인리들은 검은색 관복을 입고 복두를 쓰며, 검은색 가죽의 네모난 신을 신는다. 관부에 들어갈 때는 더러 색깔이 있는 관복으로 갈아입는 경우가 있다고도 들었다. 인리는 관청의 서리들에 비하면 신분이나 역할이 적다. 그들의 임무는 주·현에 속한 창고나 관청에서 곡식과 옷감, 금전 등의 출납을 담당한다. 때로는 길을 지나는 사람들 속에서도 그들을 볼 수 있다.

산원散員은 중국 사신들이 가는 곳마다 소반을 들고, 술잔을 들며, 옷을 들고 수건을 받드는 등의 일을 맡아보는 사람들이다. 이들은 자주색 비단의 소매가 좁은 옷을 입고, 복두를 썼으며, 가죽신을 신었다. 고려에서는 종8품에 해당하는 무신들을 산원이라고 한다. 송나라의 관직에 비유하자면 궁궐의 수비와 방어를 맡은 금군禁軍과 같은 부류에 해당한다. 고려에서는 무과를 시행하지 않기 때문에 무신들은 대개 음서로 채용된다. 무신들의 자제가 처음 군인이 되면 모두 처음에는 산원으로 삼는다고 한다.

서리들 중에서 처음 성인(16세 이상)이 되어 관청에 나온 사람들은 정리丁吏라고 불렀다. 이전 사신들의 기록에는 정례頂禮라고 되어 있는데, 그것은 발음이 잘못 기록된 것 같다. 그들의 역할은 고관들 옆에서 비서 업무를 수행하는 것이다. 접반 김인규에게 물어보니 정리는 조정의 관리들에게 관품에 따라 차등 있게 배정된다고 한다.

서긍이 들은 바에 따르면 정리들이 승진하면 리吏가 되고, 이직吏職을 거친 뒤에는 관직을 준다고 한다. 정리들은 평상시에 일을 볼 때 무늬가 있는 비단 두건을 쓰고, 송의 사신이 고려에 오면 그 위에 책幘이라는 모자를 덧쓴다. 서긍은 이번 사행에서 그들을 여러 차례 만났는데, 사신을 맞는 고려 관리에게 배정된 정리와 송의 정사·부사에게 배정된 정리들의 복장이 모두 같았다.

사신의 시중을 드는 하인들

송 사신이 묵는 순천관에서 심부름하는 자들은 방자房子라고 부른다. 방자 역시 그가 모시는 관리의 관품에 따라 배정된 인원이 다르다. 그들은 무늬가 있는 비단 두건에 자주색 옷을 입고, 뿔로 만든 허리띠와 검정 신발을 신는다. 사신들의 거처에 배정된 방자들은 신분이 낮은 사람이라고 보기 어려울 만큼 행동이 조심스럽고 붓글씨를 잘 썼다.

서긍이 어느 날 외출하고 순천관에 돌아와 보니, 그들이 식사 준비를 돕고 있었다. 서긍을 비롯한 사절들은 이미 궁궐에서 베푼 연회에서 배불리 먹었기 때문에 밥생각이 없었다. 따라서 대부분 먹는 둥 마는 둥 하고 상을 물렸는데, 그 남은 것을 그들이 모두 챙겨갔다. 그 모습을 본 서긍은 다음 날 일부러 음식을 덜어두었다가 그에게 나누어 주었다. 그러자 서긍이 머물던 방을 담당하는 방자는 그것을 광주리에 담아 어디론가 가져갔다.

서긍이 고려에 도착했을 때는 한참 더위가 심할 때여서 음식 중에 금방 상하는 것도 있었다. 사신들이 상한 음식을 먹지 않고 물리면, 그들은 아무렇지도 않게 먹었다.

"남은 음식은 모르더라도 상한 것은 먹지 말게."

"본래 향과 맛이 그런 것이지 상한 것은 아닙니다."

"어제는 남은 음식을 챙겨가던데 집으로 가져간 것인가?"

"네, 그렇습니다. 가족들에게 나눠주려구요. 저는 궁에서 간혹 좋은 음식을 먹지만 가족들은 그렇지 못합니다. 어제 남은 고기를 보니 어머니 생각이 났습니다."

"그렇구먼. 자네 녹봉은 얼마나 받는가?"

"녹봉이라고 할 것도 없습니다. 저희 같은 방자들은 약간의 쌀과 채소를 받습니다."

"오늘은 내 저녁식사를 가져가게나. 오늘 나는 저녁을 먹지 않아도 될 것 같네."

"날씨가 더워서 병이 나신 것은 아닌지요? 의원을 불러드리겠습니다."

"아닐세. 하룻밤 자고 나면 괜찮아질 걸세."

서긍은 그 후에도 몇 번 더 좋은 음식을 싸서 그에게 주었다. 그것이 고마웠는지 서긍이 순천관을 떠나올 때 그 방자는 돌아서서 눈물을 흘렸다. 서긍이 마음을 써준 것도 이유이긴 하지만 고려인들은 대체로 그처럼 정이 많았다. 서긍도 그런 그의 모습을 보니 눈시울이 뜨거워졌다.

고려의 궁궐에서 심부름을 하는 아이들은 소친시小親侍라고 부른다. 그들은 자색 옷에 자색 두건을 쓰고, 또 머리를 묶지 않고 늘어뜨렸다. 그것은 결혼하지 않은 남자라는 뜻이기도 하다. 고려의 남자들은 장가들기 전에는 수건으로 머리를 싸고 뒤로 머리를 늘어뜨렸다가, 장가든 후에는 머리를 묶어 올리고 관을 쓴다. 소친시라고 불리는 아이들은 나이가 열 살 남짓밖에 되지 않는데 어른이 되면 궁을 나간다고 한다. 왕의 친척이나 종신들에게도 때때로 소친시를 내려준다고 한다.

구사驅使라고 불리는 소년들도 아직 장가가지 않은 남자 종을 일컫는 말이다. 그들은 중간에 다른 천을 이어서 만든 소매가 넓은 옷을 입고 검은 두건을 썼다. 구사의 일은 낮은 관리나 서리들의 심부름을 하는 것이다. 또한, 얇고 가벼운 비단으로 만든 검은 옷을 입은 아이들을 선랑仙郎이고 부른다. 그들은 귀한 집의 자제들이라고 한다.

재주가 좋은 고려의 수공업자들

고려는 산림이 많고, 평탄한 땅이 적기 때문에 수공업자들의 형편이 농민들보다 좀 나은 편이다. 수공업자들은 관청에서 일정 기간만 복무하면 남은 기간 동안 물건을 생산해서 판매할 수 있다. 따라서 수공업자들 중에는 제법 부를 축적한 사람들이 많다. 또한, 고려의 장인들은 솜씨가 매우 뛰어나다. 특히, 관청에 속해 있는 장인들은 손기술이 정교하여 아름다운 물건들을 만들어 낸다.

흥미로운 점은 그들 중의 상당수가 거란인이라는 사실이다. 고려에 오래 드나든 중국 상인들의 이야기에 따르면 고려에 항복한 거란인 포로 수만 명 중 열 명에 한 명은 장인이었다고 한다. 고려 왕은 그들 중 특별히 재주가 뛰어난 기술자들을 뽑아 중앙의 관청에 머물며 물자를 생산하게 하였다고 한다. 그 후부터 고려의 수공업 생산기술이 이전보다 훨씬 좋아졌다는 것이다. 서긍의 눈에도 귀금속이나 비단, 복두 등의 물품은 매우 정교하고 우수해 보였다.

고려에 온 후부터 서긍에게는 당황스런 상황이 되면 글을 쓰다가 멈

성불사 석불좌상

고려 초에 제작된 불상으로 본래 충북 괴산군 불정면 성불사에 있던 것을 충주박물관으로 옮긴 것이다. 머리에는 보관을 쓰고 손은 항마촉지인을 하고 있는데, 옷차림이나 양식 등은 거란의 영향을 받은 것으로 추정된다. 한편, 고려에는 거란에서 망명한 사람들이 많았다. 고려 정부는 그들을 몇몇 지역에 모여 살게 했는데, 고려 예종 연간에는 남경(서울) 일대에도 거란인 마을이 있었던 것으로 보인다. 아래 자료는 1117년 예종이 남경을 방문했을 때 근처에 살던 거란인들이 모여 왕을 위해 공연한 사실을 기록한 것이다. ※출처: 충주박물관.

"왕이 남경南京에 도착하자, 투화投化하여 남경 근처에 흩어져 사는 거란인이 거란의 노래와 춤, 잡희雜戲(줄타기, 땅재주, 재주넘기, 불 토하기, 탈춤, 악기 연주 등)을 공연하며 어가를 맞이하였다. 왕이 타고 가던 수레를 멈추게 하고 관람하였다"(《고려사》 권1, 예종 12년 8월).

추는 습관이 생겼다. 평상시라면 떠오르는 느낌을 정리하는 대로 글이 되었는데 이상한 일이었다. 그런 상황은 대개 고려에서 매우 뛰어난 물품을 보았을 때 나타나는 듯했다. 고려의 물품들은 대부분 소박하여 질박하다는 생각이 들 정도인데, 궁궐이나 귀금속 제품 중에는 송에서 본 것보다 더 화려하고 사치스러운 것들이 있었다. 마음속으로는 기술이 대단하다고 생각하면서도 실제로 글을 쓸 때는 '예를 넘어선다'거나 '참람하다(주제넘다)', '오랑캐의 풍속', '가소롭다' 등으로 비하하여 표현하는 때가 많았다. 결국 서긍은 자신의 감정을 정리하지 못하고 이렇게 썼다.

근래에 기복器服은 더욱 정교해졌으나, 경박하고 겉치레가 너무 많아져서 예전의 순수하고 질박했던 것을 회복할 수 없게 되었다.

상인들의 형편도 농민들보다는 낫지만 그리 넉넉한 것은 아니다. 주·군에서 생산되는 토산물은 모두 관청으로 들어간다. 따라서 상인들이 멀리 가서 물자를 사다가 파는 일이 적다. 개경에 사는 사람들조차도 시장에 가서 자기가 가진 것을 필요한 물건으로 바꾸는 상황이니 산골의 상황은 안 봐도 알 수 있을 것이다.

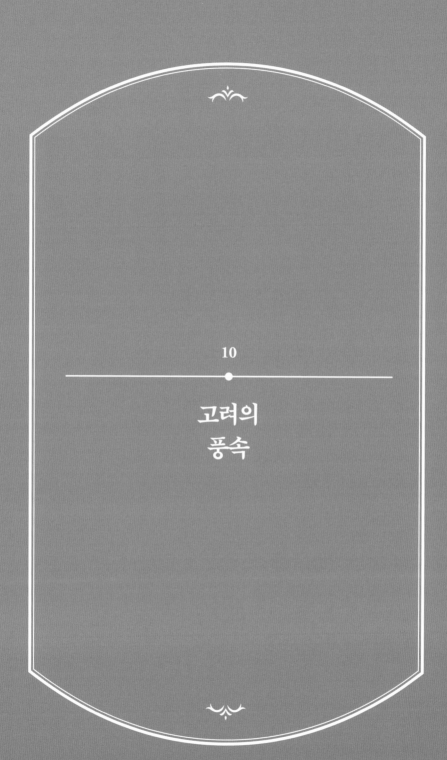

10

고려의
풍속

부처를 숭상하는 나라

서긍이 읽은 《예기》〈왕제편王制篇〉에 다음과 같은 구절이 있었다.

넓은 골짜기와 큰 하천에 따라 그 제도가 달라지며,

그 사이에 살고 있는 백성들은 풍속이 다르다.

그 성질의 강유剛柔와 경중輕重과 지속遲速이 가지런하지 않으며

오미五味의 조화가 다르고

기계의 제작이 다르며

의복의 마땅함이 다르다.

그러니 마땅히 그들의 교화를 닦을 뿐

그 습속을 바꾸지 않으며

그들의 정치를 질서 있게 할 뿐

그 마땅한 바를 바꾸지 말아야 한다.

《예기》에서 말하는 넓은 골짜기와 큰 하천이 있는 곳은 반드시 먼 지방이나 동떨어진 지역을 가리키는 것이 아니다. 중국으로만 한정하더라도 회수淮水를 기준으로 남과 북의 풍토가 다르다. '귤이 회수를 건너면 탱자가 된다橘生淮南則爲橘 生于淮北爲枳'는 말이 공연히 나온 것이 아니다.

서긍이 지방관으로 나갔을 때도 지방 백성들의 풍속은 개봉과 크게 달랐다. 특히, 국경 가까운 지역에 사는 사람들은 몰래 밀무역을 일삼고, 관리와 조정을 속이기를 밥 먹듯 했다. 중국 안에서도 도읍과 지방의 물정이 이렇게 다른데, 해외의 나라인 고려는 어떻겠는가? 서긍은 고려에 머무는 동안 지금까지 그가 송에서 보지 못한 장면들을 여러 차례 목격했다. 서긍은 고려의 독특한 풍속들을 따로 모아 정리했다.

서긍을 비롯하여 많은 송나라 사람들은 고려가 사이四夷 중에서도 가장 문물이 발달하고 예의를 갖춘 나라라고 알고 있다. 《사기》에 이미 조선의 사람들이 조두를 쓴다고 하였고, 《삼국지》〈동이열전〉에도 그들이 조두의 풍속을 가지고 있다고 했다.

서긍이 고려에 와서 보니 고려인들은 먹고 마실 때 그릇을 이용하고, 문자는 해서와 예서를 모두 쓰고 있었다. 또한 그들은 서로 물건이나 문서를 주고받을 때 무릎을 꿇고 절하며 엄숙히 공경하는 모습을 보였다. 음식을 권하거나 세숫물을 올릴 때도 머리를 숙이고, 무릎걸음으로 앞으로 와서 두 손을 높이 들어 바쳤다. 서긍은 고려인들이 예의와 염치를 아는 의젓한 사람들이라고 생각했다.

그러나 그러한 모습이 한결같은 것은 아니었다. 서긍은 고려인들이 중국의 제도를 수용하면서도 한편으로는 고유한 의복과 풍속을 그대로 유지하고 있는 것을 종종 목격하였다. 예컨대 남자들의 두건은 당의 제도를 본받았지만 여인들의 머리는 그렇지 않았다. 고려 여인들은 머리를 땋아서 아래로 늘어뜨렸는데, 그 모양이 흡사 거란이나 여진인들의 변발처럼 보였다.

고려에 온 지 열흘 쯤 지났을 때 서긍은 비단보자기에 싼 나무상자 여러 개를 말에 싣고 시끄럽게 떠들며 길을 가는 한 무리 사람들을 보았다. 서긍이 통역에게 어떤 사람들이냐고 물으니, 통역관은 혼인하는 신랑 집안에서 신부 집에 보내는 예물을 싣고 가는 사람들이라고 하였다. 서긍은 모든 이들이 그처럼 예물을 후하게 주고받는지 또다시 물었다. 통역은 잠시 머뭇하더니 '예물을 주고받는 것은 부유한 집안에 한정되고, 일반 백성들은 단지 술이나 쌀로 예물을 대신하는 경우가 많다'라고 답변하였다. 서긍은 송에 있을 때 고려 사람들이 재물을 중시하고, 은혜를 베푸는 일이 적다는 말을 들은 적이 있다. 그러나 고려에 와서 보니 꼭 그런 것 같지는 않았다. 오히려 혼인과 장례식을 성대하게 치르는 것은 물론, 평상시에도 손님이 찾아오면 정성을 다해 음식과 선물을 마련하여 대접하였다.

그 외에도 고려에는 송과 다른 몇 가지 풍속이 있었다. 예컨대 고려인들 중에는 이복형제나 사촌 간에도 혼인을 하는 사례가 많았다. 부유한 사람들은 3~4명의 부인을 맞기도 하지만, 전례典禮(정해진 격식과 절차)가 없어서 쉽게 만났다가 헤어지는 일이 많다. 남편이나 아내가 죽으면 재혼하는 것도 이상하게 여기지 않는다. 재혼한 사람의 자녀가 과거를 보거나 재물을 물려받을 때에도 본처의 자식들과 차별하는 일도 없다. 왕실이나 관리가 이처럼 예법을 따르지 않으니, 일반 백성들은 말할 나위도 없을 것이다. 《예기》〈혼의편昏義篇〉에 이르기를 '혼례는 예의 근

본'이라고 했다. 부부의 의리가 있어야 아버지와 아들의 의리가 있고, 부자의 의리가 있은 후에야 임금과 신하의 의리가 생기기 때문이다. 서긍의 눈에는 그런 고려의 풍속이 곱게 보이지 않았다.

또한, 고려 사람들은 자식이 중병을 앓으면 비록 부모라고 하더라도 약을 달여 직접 건네지 않는다고 한다. 사람이 죽으면 염만 하고, 관은 사용하지 않는데 그것은 왕이나 귀족의 경우도 마찬가지라고 했다. 가난하여 장례를 지낼 형편이 못 되면 들 가운데 버려두는 일도 있는데, 까마귀와 솔개, 개미가 시신을 훼손하더라도 그것을 크게 잘못이라 여기지 않는다고 한다. 실제로 개경 근처에는 왕릉을 제외하면 무덤이라고 할 만한 것이 보이지 않았다. 서긍이 통역에게 물으니 도성 인근 사방 10리에는 백성들의 무덤을 쓰지 못할 뿐 아니라 장례를 치르더라도 백성들의 무덤은 봉분을 만들거나 묘표를 세우지 않는다고 하였다. 최근에는 불교의 영향 때문인지 몰라도 화장을 하는 경우가 많다고 한다.

서긍은 통치이념으로서의 유교와 종교로서의 불교가 교묘하게 공존하는 고려 사회가 매우 이색적으로 보였다. 서긍의 눈에 가장 거슬리는 것은 고려인들이 신분의 고하를 막론하고 불교를 믿는다는 것이었다. 심지어 왕실에서도 종묘에 제를 지낼 때 승려들을 불러 범패를 했다. 서긍이 고려에 온 후 예종의 빈전 앞을 지난 적이 있었다. 그가 들은 범패에서의 염불은 아는 말도 있고, 이해가 되지 않는 생소한 말도 있었다. 송에서도 불교를 믿는 사람들이 많지만 나라의 공식적인 행사는 철저히 유교적인 절차에 따라 진행되었다. 종묘에서 범패를 부르는 일은 송에서는 있을 수 없는 일이다.

고려 사람들은 뇌물을 주고받는 것이 공공연하며, 길을 다닐 때는 바

고려 예종 유릉

일제강점기에 촬영한 예종睿宗 유릉裕陵의 모습이다. 예종은 숙종의 큰아들로 이름은 왕우王俁
이고, 1079년(문종 33)에 태어나 1100년(숙종 5)에 왕태자로 책봉했다. 1105년(숙종 10)에 즉위하여
1122년(예종 17)에 사망하였다. 서긍 일행이 고려에 온 가장 큰 목적은 예종의 죽음을 애도하기
위함이었다. ※출처: 국립문화재연구원, 《조선고적도보》 15.

삐 걷는 것을 좋아한다. 서있을 때는 손을 모으는 것이 아니라 뒷짐을
지는 사람이 많고, 부인이나 비구니가 절을 할 때도 남자처럼 한다. 이
런 것들은 중국인들의 입장에서 볼 때 모두 이해할 수 없는 것들이다.
서긍은 그중에서도 특징적인 몇 가지를 그림으로 그려넣었다. 고려 사
람들의 전반적인 생활 모습은 다 보지 못했지만 본인이 본 것과 상인
들, 그리고 접반, 방자 등의 도움을 받아 상세히 기록하고 스케치했다.

불을 밝히고 술을 마시는 고려 사람들

그대는 보지 못하였는가?

황하의 물이 하늘에서 내려

세차게 흘러 바다에 이르러

다시 오지 못하는 것을.

또 보지 못하였는가?

높은 집 맑은 거울 앞에 흰 머리 슬퍼하느니

아침에 검푸른 실 같던 머리

저녁에 눈같이 희어진 것을⋯⋯

인생이 잘 풀릴 때 즐거움 다 누리고

금 술잔 헛되이 달과 마주 보게 하지 말게나.

하늘이 내게 주신 재주 반드시 쓰일 것이며

많은 돈을 다 써버리더라도 다시 생겨나리라.

양고기 삶고 소 잡아 잠시 즐기리니

만나서 한번 마셨다 하면
모름지기 삼백 잔은 마셔야 하리.

—이백, 〈장진주將進酒〉

궁녀들이 연회에 참가한 사신들의 잔을 채우는 사이 접반 윤언식이
이백의 〈장진주〉를 읊었다. 서긍은 〈장진주〉의 매 구절을 음미하며, 송
에서 벗들과 함께 술자리를 즐기던 때를 떠올렸다. 왁자지껄한 자리,
큰 소리로 불렀던 권주가, 시국을 논하던 모습들이 차례로 눈앞을 스치
듯 지나갔다. 생각이 그에 미치자 문득 자신이 있는 곳이 먼 나라라는
사실이 실감 났다.

윤언식의 낭랑한 목소리가 연회장을 채우고 사방으로 트인 공간을
따라 퍼져나갔다. 잠시 딴생각을 하고 있던 서긍은 눈을 들어 주변을
돌아봤다. 사신들이 모두 가볍게 고개를 숙여 인사하고 천천히 술을 들
이키고 있었다. 서긍 또한 그들처럼 은잔에 담긴 술을 깊게 들이켰다.
목구멍을 따라 따뜻한 기운이 뱃속으로 내려갔다.

고려인들은 술 마시는 것을 즐겼다. 서긍이 고려에 온 후 여러 차례
잔치가 열렸는데, 그때마다 고려인들은 늘 취할 때까지 마시고, 밤이
늦어서야 자리를 파했다. 사신들이 고려의 문인들과 필담을 주고받다
보면 시간이 가는 줄 모르게 늦은 밤이 되었다.

고려에서는 해가 저물면 홰에 불을 붙여 어둠을 쫓는다. 횃불을 든 사
람들은 모두 같은 옷을 입고 있었다. 서긍이 통역에게 물으니 산원散員
(과거에 막 급제하여 아직 관직을 받지 못한 사람)이라고 했다.

서긍은 산원을 군산정에서 처음 보았다. 그들은 궁궐과 사신들의 숙

소, 경원정, 벽란정에서도 늘 같은 옷을 입고 불을 관리하고 있었다. 그들은 연회가 열리는 동안에도 녹색 옷을 입고, 붉은색 비단의 초롱을 들고 있었다. 사신들이 잔치를 마치고 늦은 밤에 순천관으로 돌아올 때면 그들이 앞에 길게 늘어서서 서로 나란히 길을 갔다.

고려인들은 어둠을 좋아하지 않았다. 따라서 궁궐이나 무덤, 사찰에서도 석등을 밝혀 어둠을 쫓았다. 석등의 불은 밀랍으로 만든 초를 사용하기도 했지만 소나무 관솔을 이용하는 경우도 있었다. 궁궐이나 사찰의 석등 중 검은 그을음이 있는 것은 관솔을 태운 연기의 흔적이다.

서긍은 송에서 고려인들이 초를 사용하지 못한다고 들었다. 나라에서 사치를 금하여 공식 화합이 있을 때도 초를 쓰지 못하게 하므로 초를 만드는 기술도 시원치 않다고 했다. 그러나 서긍이 고려에 도착해 보니 고려에는 다양한 종류의 초가 있었다. 큰 것은 크기가 서까래만 하고, 작은 것도 길이가 2척이나 되었다. 그러나 초의 질은 그다지 좋아 보이지 않았다. 밤마다 여러 개의 촛불을 켜지만 생각만큼 밝지는 않았다.

고려의 궁궐 안에는 시간을 알려주는 '설호挈壺'라는 관리가 있다.《계림지》를 보니 그 명칭과 임무는 당시에도 변하지 않았다. 이들은 시각에 따라 북을 쳐서 시간을 알렸다. 또한, 조정의 뜰 가운데 기둥을 세우고, 패를 걸어 표시하였다. 매시 정각이 되면 자주색 옷을 입은 하급 관리 한 사람이 시간을 알리는 패를 가지고 왼편에 서고, 오른쪽의 녹색 관복을 입은 관리는 몸을 구부려 시간을 크게 외치고는 들고 있던 홀을 뒤에 꽂고 기둥으로 가서 새로 바뀐 시간의 패를 바꾸어 놓았다.

단술과 떡이 빠지지 않는 잔칫상

서긍은 고려에 있는 동안 수차례 연회에 참석했다. 그중에는 조정에서 공식적으로 개최한 것도 있고, 고관들이 주관한 것도 있다. 그때마다 서긍이 느낀 것은 고려인들이 술과 단술을 귀하게 여긴다는 것이었다. 공식적인 행사가 있을 때는 왕족과 나라의 관리들에게만 탁자와 의자, 다과상이 제공된다. 그때마다 술과 단술은 반드시 포함되어 있다.

그 나머지 관리와 선비, 그리고 백성들에게는 단지 앉을 수 있는 작은 평상만 주어진다. 언젠가 서긍은 책에서 '진번하탑陳蕃下榻'이라는 고사를 읽은 적이 있다. 그것은 동한 때 예장태수豫章太守로 부임한 진번이 그 마을에 은거하면서 덕성으로 이름을 떨친 서치徐稚를 대접한 데에서 유래한 것이다. 진번은 서치를 위해 특별한 평상을 만들고, 평상시에는 그것을 잘 간수했다가 서치가 올 때에만 그것을 준비하게 함으로써 자신의 진심을 보였다는 것이다. 지금 송에서도 어진 사람을 극진히 대접할 때 '진번하탑'이라는 말을 사용한다. 그러나 송에는 평상을 만들어 손님을 대접하는 제도는 남아있지 않다. 공자께서 "중국이 예를 잃으면 사이四夷에서 구한다"고 하셨는데, 고려에 와서 이런 장면을 볼 때마다 어떤 면에서는 오히려 고려가 중국보다 더 예법을 잘 지키고 있음을 확인할 수 있었다.

서긍이 연회에 참석해 보니 잔칫상은 낮은 평상[좌탑] 위에 소반을 올려놓은 형태로 차려져 있었다. 좌탑은 네모진 평상인데, 사방에 난간이나 장식이 없이 돗자리만 깔려있다. 소반은 1인당 1개씩이며, 놋그릇에 말린 고기와 생선, 채소 등이 담겨있다. 종류나 양은 그리 풍성하지 않았다. 또한, 술을 따르는 절차와 법도도 없었다. 단지 사신들이 술잔을 비우기를 기다렸다가 따라주는 것만을 중요하게 여겼다. 그렇다 보니 짧은 시간에 여러 차례 술잔이 오갔다.

평상은 크기가 작아서 2명 정도 앉을 수 있다. 만약, 손님이 많이 모이면 그 수에 따라 평상을 더 가져다가 각기 서로 마주 보고 앉을 수 있도록 배치한다. 따라서 연회석은 여러 평상을 길게 붙여놓고, 그 위에 개인용 소반이 2개씩 놓인 형태가 된다. 그 앞에서 무희들이 공연을 하거나 노래를 한다. 연회가 진행되는 동안에는 소년들이 사신들에게 술을 따르고 심부름을 했다. 서긍의 눈에 그들의 행동은 다소 서툴러 보였다.

한편, 고려에서는 밀가루 음식을 귀하게 여겼다. 그 땅에서 쌀과 보리가 나지만 밀 생산량은 매우 적기 때문이다. 고려 상인들은 중국의 산동까지 가서 밀을 수입하여 시장에 판매한다. 그래서인지 고려 사람들은 밀가루를 '진말眞末', '진가루'라고 부르며 소중하게 여긴다. 서긍은 연회에서 면 요리를 몇 차례 보았지만 평상시에는 큰 잔치가 아니면 함부로 쓰지 않는다고 한다.

고려가 중국과 가까이 있으면서도 밀농사를 많이 짓지 않는 이유는 무엇일까? 서긍은 나중에서야 이유를 알았다. 고려인들의 주식은 쌀과 보리였다. 여름에는 보리를 거두어 먹고, 겨울에는 가을에 추수한 벼를 먹는다. 밀은 보리와 파종 시기가 비슷하지만 수확 시기가 늦다. 게다가 생산량도 보리보다 적다. 그렇다 보니 식량이 부족한 고려인들의 입장에서는 밀보다는 보리를 재배하는 것이 이익이라고 여기는 것이다.

밀이 적다 보니 고려에서는 면류보다는 떡을 더 많이 만들어 먹는다. 고려의 떡은 종류가 많고, 맛도 뛰어났다. 궁중 연회나 순천관의 식사와 간식에도 떡은 거의 빠지지 않는 음식이었다.

관리들의 일 처리

고려인들은 행정을 간소하게 처리하는 것을 좋아한다. 그래서 재판을 할 때도 별도의 문서 기록을 남기지 않는다. 관부에서 재판 업무를 처리할 때는 책상에 앉아서 처리하지 않고, 좌탑 위에 올라가서 지휘를 하는 것이 전부이다. 서리가 자신이 문초하여 작성한 공문서를 받들어 무릎을 꿇고 아뢰면 상관은 그것을 듣고, 즉시 결재한다. 서리가 작성한 문서를 남기는 법도 없고, 훗날에 그것을 재검토하기 위한 서류를 남기지도 않는다. 따라서 재판 기록과 공문서를 보관하는 문서고도 갖춰지지 않았다.

서긍은 문득 모든 문서가 그렇게 관리되는지 궁금해 접반 김인규에게 물었다.

"대송에서 오는 조칙이나 외교문서도 보관하지 않습니까?"

"아닙니다. 조칙이나 신사信使의 글은 모두 왕부王府(왕실 사무를 맡아 보는 부서)의 창고에 잘 간수되어 있습니다."

"그럼, 재판 관련 기록을 모아두지 않는 이유는 무엇입니까?"

"재판은 당률唐律에 따라 진행됩니다. 그러나 각 고을의 행정과 재판은 그 지방의 관리가 관습에 따라 처리합니다. 고을의 관리와 향리들은 풍부한 경험과 전례에 대한 지식이 있습니다. 굳이 문서로 남기지 않아도 큰 문제가 없습니다."

"재판이 잘못되어 억울한 사람이 생기면 어떻게 합니까?"

"재판하는 관리가 사형을 선고하더라도 그것이 곧바로 집행되는 것은 아닙니다. 고을의 재판에 불만이 있으면 개경이나 어사대에 상고를 하게 됩니다. 억울하게 목숨을 잃는 일은 일어나지 않습니다."

서긍은 김인규의 그런 자신감이 어디서 나오는지 알 수 없었다. 백성들도 그에 대해 큰 불만을 갖는 것 같지는 않았다. 재판이 끝나면 더 훌륭한 재판관이 나타나기를 기다리거나 상급 기관으로 가서 항소하는 것이 관례라고 한다. 특별히 외교문서를 중시하는 것은 나중에 문제가 생겼을 때 비교하여 대처하기 위함이라고 하였다.

관리가 관리를 만났을 때

서긍이 접반 등과 함께 궁궐로 들어갈 때 여러 명의 관리를 만난 적이 있었다. 그들 중 한 명은 김인규 앞에서 엄숙한 얼굴로 잠시 길을 멈추었다가 물러났다. 그 뒤에 있던 인물들 역시 김인규를 향해 절을 했다. 김인규 역시 그들의 절을 받자 답례했다. 서로 다른 인사를 한 까닭이 궁금해진 서긍이 김인규에게 차이점을 물었다. 그러자 김인규가 답하였다.

"그들 중 앞으로 나와서 잠시 멈췄던 인물은 저와 같은 관청에 근무하는 관리입니다. 그리고 뒤에서 절한 관리들은 저와 다른 관청에서 근무합니다."

"어떤 차이가 있습니까?"

"같은 관청에 근무하는 관리들끼리는 길을 가다가 잠시 멈춰 간단히 인사를 합니다. 서로 다른 관청에 있는 관리들은 궁중이나 길에서 만나면 서로 맞절을 합니다. 보통은 관직이 낮은 관리가 먼저 절을 하면, 고관이 답례를 합니다."

관직에 따라 위계가 있는 것은 송에서도 마찬가지지만, 고려인들처럼 예를 갖추지는 않는다. 생경하면서도 보기 좋은 모습이었다. 서긍은 고려인들이 예를 중시하는 모습을 여러 곳에서 목격했다. 관리들 사이에서는 물론이고, 병졸들과 관리들 사이에서도 상하 관계는 명확했다. 그것은 관복의 색깔이나 허리띠, 신발, 두건 등에서도 확연히 드러났다.

그 후에 서긍이 보니 김인규의 말처럼 같은 관청에서 일하는 관원들끼리는 가벼운 목례를 하고, 자기가 통솔하지 않는 다른 부서의 관원을 만나거나 오래 보지 못한 이졸들의 경우에는 반드시 절을 하였다. 비록 관직이 높고 낮음과 관계없이 남에게 인사를 받고도 답례하지 않으면 인사한 사람으로부터 예를 모르는 사람이라는 비난을 받는다고 한다.

관리가 행차할 때

고려의 관리들은 조정으로부터 심부름꾼이나 마부 등을 배정받는다. 그들을 급사라고 하는데, 급사에는 정리丁吏라 불리는 하급 서리와 구사驅使라고 불리는 심부름꾼 겸 마부가 있다. 재상(종2품 이상)에게 배속된 정리는 4명이고, 구사는 30명이다. 경(정4품) 이상에게 배속되는 정리는 3인이고, 구사가 20인이다. 정랑(정5품)에게는 정리 2인과 구사 15

인, 원랑 이상에게는 정리 1인과 구사 10인이 배속된다. 처음으로 품계를 받은 사람에게는 3명을 내려주는데, 모두 관노비이고, 이들은 대대로 세습된다. 백성이 말을 탈 때는 급사에게 말고삐를 잡게 하지 못하므로 스스로 채찍을 들고 고삐를 잡아야 한다.

서긍이 재상의 행차 모습을 보니 앞에는 푸른색 비단의 큰 우산 모양 덮개를 든 급사가 수십 보 밖에 서있었다. 말을 끄는 마부 두 사람이 고삐를 잡고 있었다. 재상 이하는 청개靑蓋(푸른 비단으로 된 의식용 우산)를 사용하지 않고, 두 사람이 고삐를 잡지는 못하게 한다. 정리들은 대부분 앞에서 말을 몰고, 급사는 수건이나 병, 그리고 딸린 물건을 들고 뒤에서 따라간다.

말을 타는 고려의 부인들

《예기》의 〈곡례曲禮〉에는 여인을 일컫는 호칭이 다음과 같이 기록되어 있다.

천자天子의 비를 '후后'라고 하고,
제후諸侯는 '부인夫人'이라고 한다.
대부大夫는 '유인孺人'이라 하고,
사士는 '부인婦人'이라고 하며,
서인庶人은 '처妻'라고 한다.

몽수를 입고 말을 탄 고려 부인 상상도

몽수는 당의 궁녀들이 말을 탈 때 입었던 것으로 알려져 있다. 조선시대의 상궁들 또한 그와 유사한 쓰개를 썼는데, 그것을 너울이라고 했다. 너울은 장옷과 함께 조선시대 여성의 얼굴과 몸을 가리는 대표적인 옷이었다. 서긍은 고려 여인들의 몽수가 전신을 덮을 만큼 길며, 입모라는 모자도 함께 썼다고 기록해 두었다. 아마도 몽수는 당의 너울과 조선 너울의 중간쯤 되는 가리개가 아니었을까 생각된다.

고려에서 부인婦人은 공경이나 귀인의 처를 일컫는다. 부인들이 외출할 때에도 말을 탄다. 그녀들이 타는 말과 그것을 끄는 노복은 나라에서 내려준 것이라고 한다.

서긍은 순천관을 오가다가 간혹 그녀들의 행차를 목격했다. 머리에는 검은 비단으로 만든 몽수를 썼는데, 그 안에는 챙이 넓은 모자를 썼다. 몽수의 끝은 말의 등을 모두 덮을 만큼 길어서 바람이 불면 하늘거렸다.

서긍은 상인들에게 "고려에서는 비록 왕비와 부인夫人이라고 하더라도 붉은색으로 장식만 할 수 있을 뿐 수레와 가마는 탈 수 없다"라는 말을 들은 적이 있다. 여인들이 말을 타는 것은 수레와 가마를 타지 못하게 하는 금법이 있기 때문이라고 한다. 고려 여인들이 치마 속에 바지를 입는 것도 말을 타기 때문일 것이다.

당나라 때 쓰인 책에는 당 무덕武德(618~626)으로부터 정관貞觀(627~649) 연간에 궁의 여인들이 말을 탈 때 너울을 넓게 펴서 전신을 가렸다는 구절이 있다. 고려의 몽수라는 너울은 아마도 당의 영향이 남아있는 것이 아닐까 여겨졌다. 만약 그렇다면 중국에서는 없어진 풍속이 고려에서 유지하고 있다는 이야기가 된다.

깨끗한 고려인, 잘 씻지 않는 중국인

서긍이 읽은 역사서에는 고려 사람들이 몸을 깨끗이 하는 것을 좋아한다고 기록되어 있었다. 서긍이 고려에 와서 보니 역시 그랬다. 고려인들은 아침에 일찍 일어나면 가장 먼저 목욕을 한 후에 집을 나섰다. 날씨가 더운 여름에는 하루에 목욕을 두 번이나 한다고 했다.

순천관의 사신 숙소에는 잠옷과 함께 목욕할 때 입는 옷도 준비되어 있었다. 잠옷은 겉옷이 홍황색이고 속옷은 흰색인데, 모두 모시로 만들었다. 목욕할 때는 겉과 안이 모두 6폭이나 되는 모시 치마와 상의를 입었다.

사신들이 순천관에 있는 동안 방자들은 저녁이 되면 늘 목욕을 하겠냐고 물었다. 그때마다 사신들은 곤란해했다. 중국인들은 남에게 몸을 보이는 것을 꺼리기 때문이다. 진 문공이 왕이 되기 전에 천하를 떠돌 때 조나라 군주 공공共公이 그의 목욕 장면을 훔쳐본 것이 화근이 되어 훗날 포로로 잡히는 신세가 되었다는 이야기는 잘 알려져 있다.*

중국인과 달리 고려인들은 흐르는 시냇물에 모여 남녀를 구분하지 않고, 모두 의관을 언덕에 벗어놓은 후 목욕하는 것을 즐겼다. 그들은 속옷을 드러내는 것을 부끄럽게 여기지 않는 듯했다.

그런 까닭에 고려인들은 항상 중국인들이 때가 많다고 비웃는다고 했다. 서긍은 그런 말을 들을 때마다 마음이 몹시 불편하였다. 중국에서 목욕 문화가 발달하지 않았던 것은 아니다. 오히려 한나라 때에는 관리들이 정기적으로 옷을 갈아입고 목욕하는 것을 규정으로 정해놓기도 했다.

중국인들이 씻기를 싫어한다는 말이 나온 것은 아마도 주로 북부 지

---

* 춘추5패 중의 한 명인 진晉 문공文公은 눈동자가 두 개[중동重瞳]이고, 갈비뼈가 하나로 붙어있는[병협騈脇] 특이한 골격을 가진 인물이었다. 진 문공이 망명 시절에 조나라에 이르자 왕이었던 공공은 그를 홀대하였을 뿐 아니라, 병협을 보기 위해 목욕하는 장면을 훔쳐봤다고 한다. 이에 분노한 진 문공은 훗날 왕위에 오른 후 조나라를 공격하여 공공을 포로로 잡았다.

역 사람들이 고려에 드나든 것과 관련이 있는 것이 아니었을까. 중국의 북부는 건조하여 여름이 되어도 고려처럼 날씨가 끈적이지는 않는다. 오히려 자주 씻으면 피부가 건조해서 피부병에 걸리기도 했다. 그에 비하면 남부 지역 사람들은 그보다는 훨씬 잘 씻는 편이다.

고려의 시냇가에는 목욕하는 사람들 못지않게 빨래하는 여인들도 많았다. 의복을 빨고 명주나 삼을 표백하는 것은 모두 부녀자들의 일이기 때문이다. 고려의 여인들은 하루 종일 집안일을 한다. 우물에서 물을 긷고, 빨래나 식재료를 씻는 일은 대부분 가까운 냇가에서 한다. 우물 위에는 도르래를 걸고 물통으로 물을 길어 올린다. 그 물통은 배 모양과 비슷하게 생겼다. 서긍은 빨래를 하거나 물을 긷는 여인들의 모습을 빠르게 그려넣었다.

산지에 만들어진 고려의 다락논

고려의 영토는 중국의 동쪽 해안에 닿아있다. 큰 산과 골짜기가 많아서 농사를 지을 수 있는 땅이 적을 뿐더러 대부분 산간에 있다. 산간의 논과 밭은 지형의 높고 낮음에 따라 개간을 하였으므로 멀리서 보면 마치 사다리나 돌계단처럼 보였다. 서긍은 고려의 해안을 지나오면서 그렇게 생긴 농토를 수없이 봤다.

중국의 옛 기록에는 고려의 풍속에 사전私田은 감히 갖지 못한다고 하였다. 정전제와 같은 것이 있어 조세를 걷을 수 있는 권한을 관리나 군인들에게 등급에 따라 나눠준다는 것이다. 국모國母, 왕비, 세자, 왕

상주 용포들

산자락을 따라 개간하여 층을 이룬 다락논이다. 가운데에는 골짜기 물이 흐르고, 양옆으로 불규칙한 형태의 논이 아름답게 펼쳐져 있다. ※출처: 상주시청.

"고려의 영토는 동해에 닿아있으며, 큰 산과 깊은 골이 많아 산길이 험하고 산이 높고 험하며 평지가 적다. 그 때문에 농사를 산간에서 많이 짓는데, 지형의 높고 낮음에 따라 개간하는데 힘을 많이 들인다. 멀리서 바라보면 마치 사다리나 돌계단과 같다"(《고려도경》 권23, 풍속 농업).

녀 등에게는 탕목전湯沐田이라는 땅을 내려준다고 하였다.

그러나 서긍이 고려에 와서 보니 지형이나 농토 구조가 정전제를 시행하기에는 어려울 듯하였다. 정전제가 시행되려면 토지를 아홉 개로 구획할 수 있을 만큼 토지가 반듯하고 넓어야 하는데, 고려에는 그런 토지가 거의 없다시피 했기 때문이다. 따라서 그는 중국의 기록에서 정전제를 운운한 것은 기자의 전설에서 유래한 것이라고 생각하게 되었다.

고려에서는 토지 150보를 1결이라고 한다. 백성의 나이가 8세가 되면 관에 문서를 제출하고 직업이나 가족 수에 따라 토지를 차등 있게 받는다. 중앙 관청의 관리 이하 병사와 아전, 심부름꾼, 진사, 장인에 이르기까지 일이 없으면 모두 농사를 지어 식량을 생산하게 한다. 다만, 변방을 지키는 군인들에게만 나라에서 쌀을 지급한다.

고려의 토지에서 생산되는 작물은 메조, 검은 기장, 좁쌀, 참깨, 보리와 밀 등이다. 쌀은 멥쌀은 생산되지만 찹쌀은 없다. 그러나 쌀알이 크고, 맛이 매우 달다. 농기구로는 쟁기 등이 있는데 그 모양이 중국과 유사하였다.

고기보다는 생선을 많이 먹는 고려인들

고려에도 양과 돼지가 있지만 왕공이나 귀인이 아니면 고기를 먹지 못한다. 따라서 가난한 백성들은 고기 대신 해산물을 많이 먹는다. 고려인들이 즐겨 먹는 해산물로는 미꾸라지, 전복, 조개, 진주조개, 왕새우, 무명조개, 꽃게, 굴, 거북손 등이 있다. 다시마와 같은 해조류는 귀한 사람들로부터 천한 사람들에 이르기까지 모두 좋아한다. 다시마는 식욕을 돋우어 주지만 냄새가 비리고 맛이 짜기 때문에 오래 먹으면 싫증나기 쉽다.

어부들은 썰물 때마다 배를 섬에 대고 고기를 잡는다. 그러나 그물을 잘 만들지 못하여 거친 천으로 고기를 걸러낼 뿐이기 때문에 힘은 많이 쓰지만 잡는 고기는 적다. 다만 굴과 대합 같은 조개는 조수가 빠져나가도 도망가지 못하므로 사람들이 주워 모으는데, 아무리 많이 잡아도 없어지지 않을 만큼 많다.

도살과 고기 요리에는 서툰 요리사

고려 사람들이 고기를 먹지 않는 데는 크게 두 가지 이유가 있다. 하나는 값이 너무 비싸다는 것이고, 다른 하나는 부처를 믿어 살생을 경계하기 때문이다. 다만, 송나라 사신들이 방문한다는 연락을 받으면 그때부터 미리 양과 돼지를 기른다. 고기 먹는 일이 드물기 때문인지 도축하는 일도 매우 서툴다.

서긍이 들으니 고려인들이 도축을 할 때는 동물의 네 다리를 묶어 불속에 던져 그 숨이 끊어지고 털이 없어지면 비로소 물로 씻는다고 한다. 만약 그래도 되살아나면 몽둥이로 쳐서 죽인 후에 배를 가르는데, 내장을 모두 잘라내고 똥과 오물을 씻어내는 것이 손질의 전부라고 한다. 그래서인지 고려에 와서 먹은 국이나 구이에서는 야생동물에게서 나는 고기 누린내가 났다. 고기를 잡아서 손질하는 방법이 서툴기 때문이다.

그러나 그것은 어디까지나 평범한 사람들의 이야기이고, 고관대작의 집에서는 늘 고기반찬이 끊이지 않았다. 송 사신들에게 개인적으로 음식을 대접하기 위해 찾아온 관리들도 대부분 안주로 고기 요리를 챙겨왔다.

고려의 나무꾼

고려에는 나무 베는 일을 직업으로 삼은 사람은 없는 것으로 보였다. 사람들은 틈이 나면 소년과 장년을 막론하고 힘 닿는 대로 성밖의 산으로 가서 땔감을 구해온다. 대개 도성 부근의 산은 명당의 기운을 상하게 한다는 음양설에 따라 나무하는 것을 금하였다. 따라서 도성 부근의 산에는 아름드리 큰 나무들이 많아 푸른 그늘이 아주 좋았다.

서긍 일행이 처음에 객관에 도착했을 때부터 돌아오는 배에 오를 때까지 항상 순천관을 담당하는 관리가 나무를 가져다가 땔감으로 쓰고, 음식 만드는 것을 도왔다. 순천관으로 나무를 가져오는 사람들은 어깨에 메는 것은 잘 못하고, 늘 등에 져서 날랐다.

나무에 칼로 새겨서 셈하는 서리들

서긍이 고려 서리들이 일하는 것을 보니 주산을 사용하지 않았다. 이상하게 여겨 서긍이 통역관에게 물어보니 고려에는 주산이 없다고 하였다. 그래서 자세히 보니 관리와 서리들이 돈이나 비단을 출납할 때에는 회계를 담당하는 관리가 나뭇조각에 칼로 새겨 그 수량을 계산했다. 한 물건을 기록할 때마다 한 자국을 긋고, 일이 끝나면 내버리고 다시 쓰지 않는다. 또한, 그것을 보관했다가 확인하지도 않는다. 그 기록방법이 이처럼 간편한 것은 역시 옛 결승結繩(문자 발생 이전에 새끼줄을 묶어 계산하던 방식)의 영향을 받았기 때문이 아닐까 생각되었다.

공덕을 쌓는 고려인들

불교에서는 살아있을 때 남을 위해 무엇인가를 하는 것을 공덕을 쌓는다고 한다. 공덕이란 선행을 하여 쌓은 어진 업을 일컫는다. 공덕의 종류에는 헐벗은 이에게 음식과 옷을 주는 구난 공덕, 좋은 곳에 집을 지어 나그네가 쉬어갈 수 있게 하는 행인 공덕, 깊은 물에 다리를 놓는 월천 공덕, 목마른 이에게 물을 주는 급수 공덕 등이 있다. 고려에서는 왕성의 행랑 10칸마다 장막을 치고 불상을 설치한 후 큰 항아리에 흰 쌀죽을 담아두고, 대접과 국자 등도 놓아둔다. 그리고 귀천을 구분하지 않고 왕래하는 사람이 마음대로 먹을 수 있게 하여 왕의 공덕으로 삼는다. 주로 승려가 그 일을 맡아서 하였다.

고려의 특산물

고려의 지형은 북쪽으로 산을 등지고, 동·서·남쪽으로는 바다를 굽어

본다. 땅은 척박하고 메마르다. 그러나 여러 가지 작물을 심어 거두며, 길쌈을 하는 데에는 문제가 없다. 또한, 소나 양을 기르기에 적합하며, 맛이 좋고 다양한 농산물과 해산물이 생산된다. 대표적인 생산물로는 광주, 양주, 영주에서 나는 잣이 있다. 그 나무는 두 종류가 있다. 두 잎이 두 개씩 묶여있는 것과 다섯 잎이 있는 것이 그것이다. 그중에서 다섯 잎이 있는 것만이 열매를 맺는다. 나주도에도 잣나무가 있지만 앞의 세 곳만큼 풍부하지는 못하다. 잣이 처음 열릴 때는 모양이 마치 모과 같고, 푸른 윤기가 나고, 과육이 단단하다. 고려 사람들은 이것을 솔방[송방松房]이라고 한다. 서리를 맞게 되면 곧 쪼개지고 열매가 비로소 여물며, 껍데기는 자줏빛을 띤다. 그 열매는 과일, 안주, 국, 저민 고기 등 다양한 음식에 들어간다. 그러나 그것을 너무 많이 먹어서는 안 된다고 했다. 자칫 많이 먹을 경우 구토가 멈추지 않기 때문이라고 한다.

서긍도 고려에 와서 잣을 여러 번 먹었다. 고기 요리는 물론이고, 솔잎에 잣을 꿰어 만든 후식도 있었다. 서긍의 입맛에 잣은 고소하고 향이 좋았지만 다소 기름진 것 같았다. 구토가 멈추지 않는다는 말도 아마 기름이 많아서 생긴 것인 듯하였다.

고려의 생산물 중에서도 가장 특별한 것은 인삼이다. 인삼은 어느 지방이나 있지만 춘주春州(지금의 춘천)에서 나는 것을 가장 으뜸으로 친다. 고려인들은 인삼을 생으로 먹기도 하고, 쪄서 먹기도 한다. 생으로 먹는 삼은 색깔이 희고 물기가 많아 곧바로 약에 넣으면 그 맛이 온전하지만 여름이 지나면 좀이 슬어 상하게 된다. 따라서 그것을 오래 보관하기 위해서는 솥에 쪄야 한다. 중국 사람들은 고려인들이 가져온 삼 중에서 납작한 것은 그들이 돌로 눌러서 즙을 짜내고 삶았기 때문이라고 하는데, 고려에 와서 물어보니 그런 것이 아니었다. 보통 숙삼은 쪄서 벽돌처럼 쌓아두기 때문에 자연스럽게 그런 모양이 된 것일 뿐이다. 인삼을 삶아 보관하는 데에도 특별한 기술이 필요하다. 따라서 그것을 전문적으로 쪄서 파는 사람이 있다.

사신들이 순천관에 머무는 동안 매일 먹었던 음식 중에는 더덕도 있다. 더덕은 모양이 크고 부드러우며, 매우 맛이 있었다. 더덕의 생김새는 인삼과 비슷하지만 약으로 쓰지는 않는다. 그처럼 크게 자라려면 여러 해를 묵어야 하는데, 그럼에도 식감이 부드러운 것은 고려인들이 특별히 두드려서 연하게 만들기 때문이다.

고려의 산에서는 소나무가 잘 자란다. 그래서 산속에서는 복령茯苓(소나무·상수리나무 뿌리 주변에서 자라는 약초)이 난다. 또한, 산이 깊어 유황도 생산된다. 나주도에서는 백부자白附子와 황칠黃漆이 나는데, 그것은 모두 공물로 조정에 바치는 물품이다.

고려에서는 백성들이 삼과 모시를 심어 스스로 옷감을 짜서 입는다. 베와 모시 중에서 제일 좋은 것을 고려 사람들은 시紵라고 한다. 옥과 같이 깨끗하나 마무리는 군색하다. 왕과 고관들은 모두 그것을 입는다.

양잠에 서툴러서 생사와 비단은 모두 상인을 통하여 산동이나 절강성·복건성 등지에서 사들인다. 사온 실로 꽃무늬 비단이나 견사로 짜는 비단, 모직물 등을 아주 잘 만든다. 최근에 그 기술이 특별히 더 좋아진 것은 북쪽(거란)에서 잡혀온 포로 중에 옷감을 짜는 기술자들이 많기 때문이라고 한다. 서긍의 눈에도 비단에 무늬를 넣은 기교나 염색 기술은 중국의 물품과 비교해도 뒤지지 않을 만큼 뛰어나 보였다.

서긍이 고려에 와서 보니 고려 땅에는 금과 은은 많이 생산되지 않지만 구리는 많이 생산되는 것 같았다. 따라서 고려 사람들은 은그릇보다는 구리그릇(놋그릇)을 많이 사용하였다. 그릇에 옻칠하는 기술은 그다지 뛰어나지 않다. 그러나 나전 솜씨는 세밀하여 귀하다고 할 만했다. 기술자들이 나전을 만들 때는 조개의 반짝이는 부분을 얇게 저민 후 그것이 들어갈 곳을 깊이 파서 끼워넣는다. 그렇게 나무에 조개껍질을 박아서 만들면 오랜 기간이 지나도 떨어지거나 깨지지 않으며, 빛깔과 모양이 유지된다. 나전으로 만든 물품들은 고려에서도 매우 귀하게 여긴다.

송의 문인들이라면 고려의 송연묵松煙墨(소나무를 태운 후에 생긴 그을음을 아교와 섞어 만든 먹)을 모르는 사람이 없을 것이다. 고려에서는 맹주(현재의 평안남도 맹산군)에서 만든 먹을 가장 귀하게 여기지만 색이 흐리고 아교가 적어서 잘 부스러진다. 황호필黃毫筆은 붓끝에 힘이 없어 글씨를 쓸 때도 탄력이 떨어진다. 옛말에 고려의 황호필은 원숭이의 털로 만든다고 하였는데, 반드시 그런 것 같지는 않다. 고려에서 황모라고 불리는 것은 족제비의 털이다.

고려의 종이는 온전히 닥나무만으로 만들지 않는다. 닥나무가 귀하기 때문에 등나무를 섞어 쓴다. 그러나 오랫동안 다듬이질을 하여 만들기 때문에 종이의 표면이 매우 매끈하다. 종이를 파는 곳에 가서 보니 두께나 표백의 정도에 따라 높고 낮은 등급이 있었다. 고려인들은 적당히 두꺼우면서도 하얗고, 질긴 것을 상품上品으로 쳤다.

고려의 과일 중에서 밤은 복숭아만큼이나 크며 맛이 달다. 전에 고려에 왔던 사신들의 기록을 보니, 여름까지도 밤이 싱싱하게 보관되어 있었다고 했다. 이유가 궁금해진 서긍은 방자에게 밤 보관법을 물었다.

"고려의 밤은 어느 지역에서 생산되는가?"

"밤은 어느 지역에서나 많이 납니다."

"여름까지도 밤을 보관한다고 하던데 사실인가?"

"네, 그렇습니다. 가을에 수확한 밤을 질그릇에 담아 흙 속에 묻어두면 해를 넘겨도 상하지 않습니다."

실제로 서긍은 잔칫상에 밤이 올라온 것을 여러 번 보았다. 생밤을 저며서 다른 음식 위에 고명으로 쓰기도 하고, 밤을 쪄서 껍질을 벗겨 빻은 후 꿀을 넣어 뭉쳐서 올리기도 한다. 가을에 먹는 것보다 수분은 적었지만 맛은 훨씬 달았다.

순천관의 후원에는 앵두[含桃]나무도 여러 그루가 있어 한창 열매를 맺고 있었다. 앵두는 색이 붉고 알이 많아서 나무에 열린 모양이 마치 홍매화 봉오리가 잔뜩 맺힌 듯했다. 산책하는 길에 한 개를 따서 입에 넣어보니 정작 맛은 식초처럼 시어서 먹기 어려웠다.

그 외에 고려에서 생산되는 열매로는 개암[榛]과 비자[榧]가 많다고 한다. 잔칫상에 올라온 과일로는 일본에서 왔다는 능금, 푸른 자두, 참외, 복숭아, 배, 대추 등도 있었다. 그러나 맛이 싱겁고 크기가 작았다.

연못에는 연꽃이 지고 연밥이 맺혀 있었다. 연꽃은 봉오리가 작았지만 색이 은은하고 아름다웠다. 서긍이 문득 방자에게 연밥을 먹는가 물었더니, 고려에서는 연꽃과 연밥을 따지 않는다고 했다. 부처가 밟았던 꽃이기 때문에 신성하게 여겨 감히 따지 않는다는 것이다. 이처럼 고려인들의 부처 섬기는 일은 유별나다고 할 만했다.

11

사신관과
주변의 건물

사신들의 숙소 순천관

외교에서 가장 중요한 것은 신뢰와 성의를 보이는 것이다. 따라서 사신이 오면 성심을 다해 대접하며, 공손한 태도로 대응한다. 옛날에 자산子産이 정鄭의 군주를 돕기 위해 진晉에 갔을 때의 일이다. 진의 군주는 그 무렵에 세상을 떠난 노魯나라 양공襄公의 상중이므로 업무를 삼간다는 구실로 자산을 만나주지 않았다. 접견을 기다리던 자산은 머물고 있던 사신관의 높은 담장을 허물게 하고 그가 타고 간 마차를 몰고 들어가 그 왕을 만났다. 진나라 사람들이 모두 그 무례함을 비난하였다. 이에 자산이 진 문공의 고사를 이야기하며 자신을 홀대한 부당함을 따지니 진나라 사람들이 부끄러워하였다고 한다.* 그 후로는 제후국에서 사

* 예전에 진나라 문공이 춘추 5패가 되었을 때의 일이다. 진 문공은 궁실 창고나 누각, 전망대는 볼품이 없을 정도로 누추하게 지었지만, 제후들이 와서 머무는 관사는 높고 크게 지었다고 한다. 관사를 자신의 거처와 같게 하고, 창고와 마구간을 편리하게 수리하니, 손님들이 사방에서 진으로 모여들었다는 이야기이다. 자산의 말을 들은 진나라 사람들은 손님의 접대가 빠르지 못함을 사과하였다고 한다.

방의 빈객을 대우할 때마다 진 문공의 고사에 따라 관사를 잘 짓는 것을 우선으로 삼았다. 제후국이 그러할진대 이적의 나라들이 왕의 나라 사신을 접대하는 것은 말할 것이 없지 않겠는가.

서긍이 고려에 오니 고려인들은 송의 사신들을 위한 객관을 훌륭하게 지어두고 성심껏 대우하였다. 사신들의 객관은 고려 왕이 거처하는 전각을 능가할 만큼 크고 화려했다. 그것은 고려 사람들이 본래 공손하기 때문이기도 하지만, 송에서 고려 사신들을 신의로써 대우했기 때문이기도 하다. 생각이 그에 미치자 서긍은 관사의 모습을 세밀히 묘사하고, 사신들이 묵었던 곳을 하나하나 그림으로 그렸다.

먼저, 송의 사신이 고려에 도착하면 순천관에 머문다. 순천관은 왕궁의 북쪽에 있었다. 왕성의 정문인 선의문으로 들어와 북쪽으로 3리쯤 가면, 경시사가 나온다. 경시사에서 다시 북쪽으로 5리를 가면 광화문에 이르고, 또다시 서쪽으로 2리를 가면 험한 산이 나온다. 그 높고 험한 산등성이 넘어 북쪽 1리 지점에 순천관이 있다.

순천관의 외문에는 순천관이라고 쓴 방문[현판]이 걸려있다. 외문을 지나면 중문에 이르게 되는데, 그곳에는 수놓은 푸른색 옷을 입은 용호군이 지키고 있다. 상절과 중절은 이곳에서 말을 타거나 내렸다.

중문으로 들어서면 순천관의 중심 건물인 정청이 나왔다. 정청은 전면 5칸의 건물이었다. 정청은 규모가 크고 화려하며, 장식은 왕의 거처보다도 훌륭하였다. 양쪽에는 각각 2칸의 건물이 붙어있었다. 전체 건물은 정면에 기둥이 9개이며, 창호를 내지 않고 누각의 형태로 만들었다. 정청 가운데에 '순천지관順天之館'이라는 현판이 붙어있었다. 그 아래로는 기단이 있고, 기단 양쪽으로 각각 1개씩의 계단을 만들었다. 계단에는 모두 난간이 설치되어 있었다.

계단 위에는 수놓은 비단으로 된 장막을 쳤는데, 날아가는 난새[鸞]와 둥근 꽃송이[翔鸞團花]를 수놓았다. 네 면에는 꽃을 수놓은 칸막이 판을 펼치고 좌우에는 팔각형 빙호氷壺(얼음을 담은 옥항아리)를 두었다.

정청에는 고려의 고관과 정사·부사가 만나 음식을 먹으며 회동할 때만 올라갔다. 정사와 부사는 정청 가운데에 머물면서 북쪽을 등지고 앉았다. 고려의 고관들은 동서로 갈라져 그들을 모시고 앉았다. 이는 송의 사신을 우대하는 뜻을 보인 것이다.

정청의 앞쪽으로는 30칸 규모의 외랑이 있는데, 다른 물건은 없고, 모임이 있을 때만 중절, 하절의 음식상을 그곳에 차렸다. 뜰에는 작은 정자가 두 개 있다. 가운데에는 3칸짜리 장막이 세워져 있는데, 본래는 연회 때 음악을 연주하던 곳이었다고 한다. 서긍이 고려에 갔을 때는 예종의 상중이었으므로 음악을 듣지는 못했다.

순천관에 도착한 첫날 서긍은 회랑에서 정청을 바라보았는데, 연회 절차와 방법이 예에서 벗어남이 없었다. 그는 고려가 예의를 아는 나라라는 것을 또 한 번 실감하였다. 모두가 음식을 먹으며 담소를 나누는 동안 서긍은 순천관의 모습과 구조를 스케치하였다. 한창 더운 날씨였지만 뒷산에서 불어오는 바람이 시원하게 서긍의 얼굴을 스치고 지나갔다.

깔끔하면서도 화려한 방

서긍이 숙소에 들어섰을 때 가장 먼저 그의 눈에 들어온 것은 곱게 수를 놓아 만든 베개였다. 베갯속은 흰 모시 자루에 향기가 나는 풀을 말려서 곱게 썰어넣고, 양 끝은 금실로 문양을 넣었다. 베갯잇은 진홍색 비단으로 만들었는데, 장식을 한 것이 연꽃을 닮았다. 어느 한 곳 소홀한 부분을 찾기 어려울 만큼 정교하게 만들었다. 특히 꽃무늬는 수를 놓은 것인지 그린 것인지 구분이 되지 않을 만큼 고왔다.

눈을 돌려 머리맡을 보니 곱게 접어둔 잠옷이 놓여있었다. 잠옷은 두 벌인데, 속옷은 흰색 모시로 지었고, 겉옷은 옅은 홍황색 모시로 만들었다. 속옷이 겉옷보다 더 컸다. 속옷의 가장자리는 30센티미터가 넘어 보였다. 처음에는 어색해 보였지만 곱게 짠 모시로 지은 옷이라서 그런지 편안하고 시원했다.

사신의 처소에는 방마다 목욕을 할 때 입는 모시 치마가 준비되어 있었다. 모시 치마는 겉과 안이 모두 6폭이다. 송에서는 보통 넓은 비단 허리띠를 두르는데, 고려의 목욕용 옷은 두 개의 띠를 양쪽에 달아서 편리하게 묶거나 풀게 하였다. 그 위에는 흰색 모시 저고리를 입는다. 모시 치마와 저고리에는 끝단은 별도의 천으로 깁지 않고, 바느질 흔적이 보이지 않을 만큼 곱게 꿰매었다.

사신들의 처소와 정자에는 어느 곳에나 부채가 준비되어 있었다. 그 중에는 금은으로 칠하여 장식하고, 산수화나 인물도를 그린 부채도 있었는데, 그것을 화탑선畫榻扇이라 불렀다. 심부름하는 하인에게 물으니 그것은 모두 일본에서 만들어 보낸 것이라고 했다. 자세히 보니 부채에 그려진 사람들의 의복이 고려인들과는 달랐다. 그 외에 삼선杉扇이라는 부채도 있었는데, 그것 역시 일본에서 들여온 흰색 삼나무를 쪼개고 깎아서 종이처럼 만든 후 채색 끈으로 꿰어 만든 것이었다. 끄트머리는 흡사 새의 깃털처럼 얇고 고왔다.

고려의 부채 중에는 백접선白摺扇과 송선이라는 부채가 가장 훌륭하였다. 백접선은 대나무를 깎아서 뼈대를 만들고, 그 위에 고려의 종이를 붙여 만든 것이다. 양쪽 끝의 나무는 다른 것보다 굵으며, 은과 구리로 만든 못으로 장식했다. 여러 종류가 있는데, 고려인들은 대나무 부챗살이 촘촘한 것을 좋은 것으로 여긴다. 접었다 폈다 하기 쉬워 심부름꾼이나 바삐 움직이는 사람들도 소매 춤이나 속주머니에 넣고 다니면서 사용했다.

백접선이 접이 부채라면 송선松扇은 부드러운 소나무 가지를 가늘게 깎아서 가닥을 만든 후 그것을 날줄과 씨줄로 엮어 만든 부채이다. 부채에는 꽃무늬를 그려넣었는데, 사람의 손으로 만들었다고 생각되지 않을 만큼 정교하고 아름답다. 서긍은 여러 곳에서 송선을 보았다. 그중에는 품질이 좋은 것도 있고 그렇지 않은 것도 있었다. 그는 왕부에서 선물로 준 송선을 본국에 가지고 가기로 했다. 왕부에서 만든 것이 그가 본 송선 중 가장 곱고 아름다웠기 때문이다.

사신의 처소에는 간단히 신을 수 있는 신발로 짚신이 마련되어 있었다. 목욕을 하러 가거나 가까운 곳을 산책할 때는 송에서 신고 온 신발보다는 이 짚신을 신는 일이 많았다. 고려의 짚신은 앞쪽이 낮고 뒤가 높은 특이한 모양을 하고 있었다. 처음에는 어색했지만 여러 번 신다 보니 발이 편하고 시원했다. 서긍이 유심히 보니 고려인들은 남녀노소

은으로 만든 부채 장식

은으로 만든 투각 방울과 은사슬을 달아 늘어뜨린 부채의 장식이다. 부채 부분은 모두 사라
지고 사북(부채살을 묶는 고리)과 대나무로 보이는 부채살의 일부가 남아있다. 서긍이 본 고려
의 백접선이나 송선은 이런 형태의 부채였을 것이다. ※출처: 국립중앙박물관.

구분 없이 짚신을 많이 신는 것 같았다.

순천관 뒤편의 사신 숙소

정청에서 뒤쪽으로 가면 중앙에 낙빈정樂賓亭이 자리 잡고 있었다. 낙빈
정은 정사와 부사가 머무는 공간이었다. 건물의 구조는 처마의 네 모퉁
이의 끝부분이 화주火珠처럼 솟아있었다. 건물의 처마 중앙에는 '낙빈樂
賓'이라는 현판이 걸려있었다.

　정자를 중심으로 좌우에 6칸 건물이 있는데, 동쪽의 3칸은 정사의 숙
소이고, 서쪽의 3칸은 부사의 숙소였다. 중간에는 도금한 그릇을 두고,
비단에 수놓은 장박을 걸어두었다. 건물의 화려함과 기물의 고급스러
움은 순천관에서 으뜸이었다.

　낙빈관의 뜰은 매우 넓었다. 뜰에는 여러 가지 꽃을 심어두었다. 정북
쪽으로는 산에 오를 수 있는 문이 하나 있었다. 그 문을 나서면 향림정
으로 가게 된다. 향림정은 그 문으로부터 약 100보쯤 떨어진 산의 중턱
에 있다. 역시 네 지붕의 네 모퉁이가 화주의 정수리처럼 볼록하고, 여
덟 면에는 앉을 수 있도록 난간을 둘렀다. 옆으로 넓게 퍼진 소나무, 괴
석, 이끼, 칡덩굴 등이 서로 뒤덮고 얽혀있으며, 바람은 고요하여 더위
를 느끼지 못할 정도였다.

　정사와 부사는 한가할 때마다 상절의 관속과 함께 향림정에서 차를
마시고, 바둑을 두며 종일토록 담소하였다. 사신들이 더운 날씨에도 고
생하지 않고 즐겁게 보낼 수 있었던 것은 향림정 덕분이었다. 서긍 또

본래 순천관이었던 개성 성균관

개성 성균관 자리에는 본래 고려 문종이 지은 대명궁大明宮이 있었는데, 송과의 국교가 재개되면서 순천관으로 바뀌었다. 이자겸의 난으로 궁궐이 불타자 순천관은 다시 대명궁으로 개칭되어 왕궁으로 사용되다가 고려 후기에는 성균관이 되었다. 본래 건물은 임진왜란 때 불타고, 위의 사진 속 건물은 조선후기에 다시 지은 것이다. ※출처: 국립중앙박물관.

한 정자에서 더위를 식힌 적이 있었다. 숲은 우거지고 바람은 시원하여 오랜 여행으로 쌓인 피로가 저절로 풀리는 듯했다. 바람을 따라 들려오는 풀벌레 소리와 매미 소리를 듣노라면 속세와 단절된 것 같다는 생각이 들었다.

조서를 봉안하는 조서전詔書殿은 낙빈정의 서쪽이자 관반이 거처하는 건물의 북쪽에 있었다. 5칸짜리 작은 전각인데, 그림과 장식이 화려하였다. 벽란정에서 출발한 사행 행렬이 왕성에 도착한 후 정사와 부사가 먼저 순천관에 들어와서 조서를 그 작은 전각에 봉안하였다. 조서를 봉안하는 건물의 양쪽 회랑에는 송나라 사신 중 압반押伴과 의관이 묵었다고 한다. 이번에는 그 두 관리를 대신하여 2명의 도관이 관직의 서열에 따라 한 칸씩 거주하면서 조서를 호위하였다. 고려 왕은 길일을 선택하여 조서 받기를 기다렸다.

조서를 봉안하는 전각의 남쪽 내랑에는 12개의 처소가 있어서 상절이 그곳에 머물렀다. 내랑의 서쪽 처소 남쪽에는 관반이 머물며 사신을 접대했다. 그 북쪽에서 조서를 봉안하는데 양쪽 곁채에는 도관이 머물면서 행사를 주관하였다.

사신들이 생활하는 데 필요한 물건이나 그릇은 하나도 부족함이 없이 갖추어져 있다. 접반 김인규에게 들으니 순천관은 본래 왕휘王徽(고려 문종)가 세운 별궁[대명궁大明宮]이었다고 한다. 그러나 원풍 연간에 송과 국교를 재개한 후 송의 사신이 고려에 오자 그들을 접대할 곳이 마땅치 않아 사신관으로 바꾸고, 순천이라는 이름을 붙였다고 했다. '순천'은 공자께서 말씀하신 "하늘의 뜻을 따르는 자는 살아남게 되고, 하늘의 뜻을 어긴 자는 망하게 된다[順天者興 逆天者亡]"는 말에서 따온 것이리라. 글자는 매 획이 힘차게 살아있어 액자를 뚫고 나올 듯했다. 서긍은 잠시 한 글자씩 자세히 바라보았다. '순천자가 흥한다' 는 말이 옳다면 지금 송과 금의 관계는 어떻게 이해해야 하는가. 거란이 쇠퇴하자 모두 천하질서가 바로잡힌다고 기뻐하였는데, 또다시 금이 송을 압박하고 있다. 하늘이 송의 방탕함을 경계하기 위해 어려움을 주시는 것인가. 하늘이 정한 질서는 과연 바로잡히기는 하는 것인가? 서긍은 뭔가 무거운 것이 가슴을 강하게 내리누르는 듯한 느낌을 받았다.

여러 사신의 거처와 아름다운 정자들

순천관 정청의 동쪽에 집이 하나 있어서 도할관과 제할관이 관직의 서열에 따라 방을 나누어 머물렀다. 건물의 규모는 가운데에 공간을 두고, 3칸 방 2개가 서로 마주 보는 형태였다. 가운데 공간은 회식을 하거나 손님을 접견하는 장소였다. 건물 앞에는 마치 송의 주막에 걸어둔 깃발과 같은 푸른색 휘장을 드리웠다. 방 안에는 무늬가 있는 비단 장막이나 붉은 장막을 걸어두는데, 서긍이 본 예전의 기록에는 없었던 것이었다.

안에 놓인 의자는 매우 화려했다. 받침 위에 비단 깔개를 깔고 그 위에 다시 큰 방석을 깔았으며, 비단으로 가장자리를 장식하였다. 또한 향함[香奩], 술통[酒榼], 타구[唾盂], 식기[食匜] 같은 용기들은 모두 은으로, 물을 담는 용기는 모두 구리로 만든 것이었다. 방 안에는 필요한 물건들이 모두 갖추어져 있었다.

그중에서도 가장 인상적인 것은 그 처소 뒤에 조성된 연못이었다. 서긍이 자세히 보니 돌을 벽돌처럼 잘 다듬어 쌓았는데 매우 정교하였다. 산에서 흘러내려 온 시냇물이 그 연못으로 흘러들어 연못의 물이 가득 차면 서장관의 거처 쪽으로 흘러나갔다. 산에서 내려온 시냇물이 연못으로 흘러들 때는 콸콸 소리가 났다. 서긍은 그 물의 깨끗함에 놀랐다.

서긍이 고려에 와서 인상적으로 느낀 점 중의 하나는 고려의 물은 거의 다 그냥 먹을 수 있을 만큼 깨끗하다는 것이었다. 그래서 고려 사람들은 특별히 차를 마시거나 물을 끓여 먹지 않는다. 병이나 바가지만 가지고 다니면 어디서든 물을 떠서 마실 수 있기 때문이다. 나그네들의 짐보따리에는 표주박이 걸려있는 모습을 쉽게 볼 수 있다.

서장관의 거처는 도할관과 제할관 거처의 동쪽에 마련되어 있었다. 건물은 3칸인데, 비교적 작은 편이다. 역시 관직의 서열에 따라 방을 나누어 거처하였다. 뒤편에 연못이 하나 있다. 연못의 물은 서쪽으로 연결된다. 다른 한 줄기는 동쪽에서 흘러들어와 관사 밖으로 나가면서 계곡의 물에 합류한다. 방 안의 발이나 장막 등은 도할관, 제할관의 거처와 대체로 비슷한데, 은으로 만든 각종 기물을 구리로 만든 것에는 차이가 있었다.

순천관에는 매우 넓은 회랑 형태의 집이 있어 중절, 하절, 뱃사람들까지 그곳에서 머물렀다. 회랑 건물은 북쪽을 상석으로 여겼다. 정사와 부사 숙소에는 각기 시중을 드는 사람과 심부름꾼 등 여러 명의 하인을 두어 대령하게 하고, 그 이하에게는 방자를 각각 배정하여 사신들의 심부름을 하도록 했다.

순천관의 정청 동쪽, 도할관과 제할관이 머무는 곳의 남쪽에 청풍각이 있었다. 청풍각의 규모는 5칸인데, 둥근 기둥을 세우지 않고 사각형 기둥만을 여러 개 얽어서 만들었다. 휘장을 설치하지는 않았으나 조각을 새기고 그림을 그려 장식한 것이 다른 곳보다 훨씬 빼어났다. 청풍각의 용도는 송에서 보낸 예물을 보관하는 것이다. 숭녕, 대관 연간에 사신이 왔을 때는 정자의 이름이 양풍涼風이었으나 지금은 청풍으로 바뀌었다.

청풍각과 향림정은 모두 문이 위로 열리도록 되어있어 창을 열면 산을 마주 보게 된다. 맑은 물길이 둘러싸고 흐르며, 아름드리 소나무와 초목들이 늘어서 있다. 나무는 낮은 것과 높은 것이 어우러져서 울긋불긋하며 각각의 나무 그늘이 여러 겹으로 겹쳐있다.

그 외에도 사신을 접대하는 정자인 서교정이 있었다. 선의문 밖 약 5리쯤 되는 지점에 있는데, 처마가 높고 컸지만 나무를 다듬고 장식하는 기술은 다소 서툰 것 같았다. 서교정에는 침실이 없고, 식사 도구만이 갖추어져 있었다. 중국의 사신들이 고려에 도착하면 환영연을 하고, 돌아갈 때는 송별연을 여는데, 그런 행사가 모두 서교정에서 열렸다. 그러나 사신단을 모두 수용하지는 못하여 하절과 뱃사람들은 정자 밖에 천막을 치고, 천막 안에서 음식을 먹게 하였다. 서긍이 서교정에 오르며 천막 안을 보니 문 맞은편에 큰 장막을 세운 후 안쪽에 상을 나란히 차려두었다. 음식의 종류나 그릇은 정자 안에 차려진 것만 못했으나 역시 청자와 구리그릇이 있었다.

사우와 도교사원

《삼국지》〈위서〉 동이전에는 고려(고구려)*의 풍속에 대한 내용이 여럿 실려있다. 그중 흥미로운 것은 "나라 동쪽에 수신繼神이라 부르는 굴이 있는데, 10월에 수신을 맞이하여 제사 지낸다"는 구절이다. 고려인들은 그때 큰 모임을 열고 하늘에 제사를 지내는데 그것을 동맹이라고 부른다고 했다. 서긍이 고려에 와서 물어보니 10월에 지내는 동맹은 없어지고, 11월 보름에 팔관재라고 부르는 의례를 매우 성대하게 연다고 한다.

고려의 종묘는 나라의 동쪽에 있다. 그러나 고려 왕은 처음 왕위를 계승할 때와 3년마다 한 번씩 지내는 큰 제사를 지낼 때만 면복을 입고, 규를 갖추어 친히 제사를 지내며, 그 외에는 소속 관리를 보내 대신 지내게 한다고 한다. 또한, 매년 정월 초하루와 매달 초하루, 그리고 춘분과 추분, 단오에는 항상 조상의 신주를 모시고 제사를 지낸다. 그 형식은 관청의 사당에 신의 형상을 그려서 걸어놓고, 승려들을 불러 밤낮으로 며칠 동안이나 범패를 하는 것이다.

또한, 2월 보름이 되면 모든 사찰에서 연등회라는 행사를 한다. 연등회는 촛불을 밝히고, 각종 행사를 화려하게 개최하는 것이다. 그때가

---

* 고구려는 국호를 고려라고도 하였다. 고구려를 고려라고 부른 것은 《송서宋書》, 《위서魏書》 등에서 확인되는데, 연대로는 《위서》의 경우 북위 도무제道武帝 천흥天興 원년인 398년 정월 조, 《송서》의 경우에는 남조의 송 소제少帝 경평景平 원년인 423년 3월 조에서 처음 확인된다. 이후에도 고구려는 '高句驪', '高驪', '高麗', '句麗' 등으로 불렸다. 당시 송은 서긍의 기록에서 확인되는 것처럼 고려를 고구려와 같은 나라로 인식하고 있었다.

되면 왕과 비빈들이 모두 가서 구경을 하고, 온 나라 사람들이 길을 가득 메운다고 한다. 그렇다 보니 고려에서는 왕이 거처하는 궁궐을 제외하면 사찰과 사우가 가장 화려하다. 그중에서도 화려하기로는 안화사가 최고인데, 거기에는 천자가 내려준 친필이 보관되어 있기 때문이라고 한다. 서긍은 순천관에 머무는 동안 고려인들이 제사를 지내는 모습을 직접 보기도 하고 듣기도 했다. 그중에서 본 것은 그림으로 그리고, 들은 이야기는 문장으로만 남기기로 하였다.

먼저 서긍이 직접 본 건물로는 복원관福源觀이 있었다. 복원관은 왕부의 북쪽 태화문 안에 있는데, 정화 연간에 세운 것이다. 고려 사람들은 불교만 알고 도교에 대해서는 깊게 알지 못했는데, 송에서 노자의 모습을 그린 초상화와 도사를 보내 직접 전해주었다고 한다. 복원관 앞에는 '부석지문敷錫之門'이라는 현판이 걸려있고, 그 안쪽 문에는 '복원지관福原之觀'이란 현판이 걸려있다. 전각에는 들어가 보지 못했으나 그 안에는 옥황상제, 노자, 장자를 그린 삼존상이 모셔져 있다고 한다. 삼존 중에서 노자의 모습은 수염과 머리카락을 모두 감색으로 칠했다고 하는데, 그것은 공교롭게도 황제(휘종)가 그린 삼존상 속의 노자와도 같았다. 고려의 화가가 황제의 그림을 보지 못하고도 같은 색으로 그림을 그렸다고 생각하니 신비한 생각이 들었다.

개경에서 가장 화려한 정국안화사

1123년 7월 2일, 국신사를 비롯한 서긍 일행은 안화사로 행차하였다.

안화사는 본래의 명칭이 정국안화사靖國安和寺이다. 절이 자리 잡은 곳은 왕부의 동북쪽 산속이다. 관도官道(인공적으로 정비한 공식 도로)가 끝나는 곳에 수풀이 우거진 가파른 길이 나오고, 그 길을 따라 구불구불 오르면 양쪽으로 높은 소나무들이 호위병처럼 늘어선 곳에 이른다. 그 옆으로는 맑은 물이 세차게 흐르는 골짜기가 있다. 물소리가 마치 비파를 울리고 옥을 부수는 듯하다. 골짜기의 시냇물을 가로질러 놓은 다리를 건너면 언덕에 세워진 두 개의 정자가 보인다. 그 정자들은 시냇물 속에 두 개의 다리를 반쯤 담그고 있다. 그 가까이에 절의 문이 있고, 문을 지나 또 몇 리를 더 들어가면 안화사에 이른다.

안화사에 도착했을 때 가장 먼저 눈에 들어온 것은 구리로 만든 당간이었다. 하늘 높이 솟은 당간에는 비단 깃발이 걸렸는데, 거기에는 '대송황제성수만년大宋皇帝聖壽萬年'이라고 씌어있었다. 그것을 보고 모두 고려 왕을 칭송했다. 진심으로 송을 흠모하고 있다는 생각이 든 것이다.

안화사의 현판은 당시 송의 재상이었던 채경蔡京이 썼다. 본당인 무량수전 앞으로 세 개의 문이 늘어서 있는데, 그중 동쪽의 '신한문神翰門'과 '능인전能仁殿' 현판은 황제(송 휘종)가 내린 어서御書이다. 서긍을 비롯하여 함께 간 송의 사신들은 모두 현판을 보는 순간 황제를 마주 보는 듯하여 허리를 굽혔다.

안화사 뒤쪽에는 깨끗하고 단맛이 나는 샘이 있다. 그 위에는 안화천安和泉이라는 현판이 걸린 정자도 있다. 샘과 정자 주변에는 온갖 종류의 꽃과 대나무를 심고 괴석으로 장식하여 지친 마음을 쉴 수 있게 하였다. 그 건물의 생김과 정원의 모습은 송의 궁실을 모방한 것처럼 닮았다. 그러나 경치는 맑고 송의 궁궐보다 맑고 깨끗하여 그 주변을 둘러보니 마치 병풍 속에 있는 것과 같다는 생각이 들었다. 서긍과 함께 간 송의 사절단은 아랫사람들을 모두 거느리고 황제의 글을 모신 어서전御書殿 아래에서 배례하였다. 일행은 승려들에게 음식을 베풀고, 복을 기원하다가 날이 저물어서야 관사로 돌아왔다.

큰 종이 걸려있는 광통보제사

광통보제사廣通普濟寺는 왕부의 남쪽 태안문 100여 보 지점에 있다. 사찰의 현판은 남쪽에 걸려있고, 절의 중문에는 '신통지문神通之門'이라고 쓴 현판이 걸려있다. 정전은 웅장하고 화려하기가 왕의 거처를 능가한다. 나한보전이라고 쓴 건물 안에는 금선金仙·문수文殊·보현普賢 세 보살상을 만들어 모시고, 그 옆으로 나한상 500구를 늘어놓았는데, 그 모습이 고풍스럽고 아름다웠다. 정전의 서쪽에는 5층탑이 있다. 탑의 높이는 200자(62미터)나 된다. 탑의 뒤는 법당이고, 그 옆은 승방이다. 승방은 넓고 커서 얼핏 보기에도 100명은 넉넉히 수용할 수 있을 것 같았다. 승방의 맞은편에는 큰 종이 있다. 종의 위에는 교룡蛟龍* 모양의 고

---

* 교룡은 용, 기린, 봉황 등과 함께 중국의 상상 속 동물 중 하나이다. 모양은 뱀과 같은데, 길이가 사람 키만큼 크며, 네 개의 넓적한 발이 있고, 깊은 물 속에 산다고 한다. 서긍이 교룡의 꼬리라고 기록한 것은 용뉴(종을 걸어두는 용 모양의 고리)이다. 용뉴는 포뢰蒲牢라는 바다에 사는 용을 형상화한 것이다. 포뢰는 고래를 만나면 무서워서 큰 소리로 우는데, 그 소리가 종소리와 같다고 한다. 종소리가 포뢰의 울음처럼 멀리 울려 퍼지라는 의미로 종 위에 설치한 것이다.

연복사 종

본래 보제사에 걸려있던 것을 연복사로 옮겼다가 연복사가 불탄 후 개성의 남대문에 옮겨 달았다. 지금 남아있는 종은 서긍이 본 것이 아니라 원 간섭기에 새로 제작된 것이다.

※출처: 국사편찬위원회, 《개성의 역사와 유적》, 2018, 168쪽.

리가 있고, 가운데는 하늘을 나는 천인의 상이 새겨져 있다. 명문을 읽으니 '갑술년(1094)에 주조했는데 백동 1만 5천 근을 사용했다'라고 되어있다.

서긍이 보제사에 갔을 때는 마침 저녁 공양을 알리는 종이 울릴 때였다. 종소리는 크기에 비해 그리 멀리 울려 퍼지지는 않았다. 안내하는 승려의 말을 들으니 본래 그 종은 2층 누각에 있었는데, 소리가 거란까지 울려 퍼지자 거란의 선우가 그것을 싫어하여 지금의 자리로 옮겼다고 한다. 서긍은 그 말을 듣고 놀라는 표정을 지어 보였으나 속으로는 곧이듣지 않았다. 가까이서 들었을 때도 그 소리가 낮고 울림이 적다고 느꼈기 때문이다. 아마도 사신들에게 자랑하기 위해 과장한 것이리라.

송의 사신단은 전례에 따라 예물로 가져간 물건과 고려에서 정사와 부사에게 선물한 말 2필, 그리고 백은 200근을 더 보태서 제물을 마련하여 시주를 하였다. 정사와 부사는 오지 않았으므로 도할관과 서긍이 직접 시주할 물품을 전달하고, 승려들에게 공양하였다. 돌아오는 길에 서긍은 다시 종각에 들러 종을 자세히 살펴보았다. 위쪽의 종 고리로 만든 용은 살아있는 것처럼 꿈틀대고, 하늘을 나는 천인의 옷깃은 바람에 나부끼는 것처럼 생동감 있었다. 종의 모양은 송의 종과 다소 다르지만 장인의 솜씨가 매우 뛰어나다는 생각이 들었다.

왕실 사찰 흥국사와 국청사

흥국사興國寺와 국청사國淸寺는 모두 나라와 왕실의 안녕을 기원하기 위해 지은 절이다. 홍국사는 궁궐 남쪽 광화문의 동남쪽 길가에 있다. 그 바로 앞쪽에 시냇물이 하나 있어 다리를 건너야 절에 이를 수 있다. 고려의 절은 이처럼 궁궐 가까이에 있어도 반드시 시냇물을 건너야 절에 이르는 구조로 지어져 있다. 그것은 부처가 있는 성스러운 공간과 사람들이 사는 속세를 구분하기 위한 것이다.

홍국사의 대문은 동쪽을 향해 있다. 대문에는 '홍국지사興國之寺'라는 현판이 걸려있다. 절의 규모는 안화사나 보제사만큼은 아니지만 역시 웅장하고 화려하다. 뜰 가운데에는 구리로 주조해서 만든 당간이 서있다. 그 높이는 사람 키 10배가 넘고, 기둥 아래의 지름은 62센티미터나 된다. 형태는 여러 개의 통을 대나무처럼 이어서 만들었고, 겉은 황금으로 칠했다. 가장 위쪽에는 봉황의 머리 모양 장식이 있다. 그리고 그 아래에 비단으로 만든 깃발이 걸려있다.

국청사는 송에 다녀간 적이 있는 왕후(대각국사 의천)가 주지로 있었던 절이다. 왕후는 송과 국교를 재개한 고려 문종의 아들로, 당시 침체해 있던 송의 천태종 교단에 많은 시주와 지원을 하여 다시 부흥시킨 인물이다. 오랫동안 송에서 천태학을 배우기를 원했으나 그 모후가 험한 길을 보낼 수 없다 하여 실행하지 못하다가 귀국하는 송나라 상인의 배를 몰래 타고 송으로 왔다고 한다. 1년간 송에 머물면서 이름난 승려들을 만나고, 여러 절을 방문하면서 수행에 정진했으나 그 어머니가 간절히 돌아오기를 원하므로 결국 배움을 접고 귀국하였다.

국청사가 자리 잡은 곳은 서교정에서 서쪽 3리 정도 지점이다. 긴 행랑과 높은 전각들이 있고, 그 앞으로는 아름드리 소나무와 기암괴석들이 펼쳐져 있다. 서긍은 국청사에 갔다가 벼랑에 새겨진 관음상을 보았

개성 흥국사지 탑과 탑신 기단부의 명문

이 탑은 1021년(현종 12) 5월에 건립한 것으로 본래 개성시 만월동 동남쪽 흥국사 터에 있던 것을 지금의 자리 (개성의 고려박물관 옆 뜰)로 옮긴 것이다. 기단부에는 "우리나라가 영원히 태평하며, 먼곳과 가까운 곳이 평안하 게 하기 위하여 공손히 이 탑을 조성하여 영원히 공양합니다"라는 강감찬의 발원문이 새겨져 있다. 흥국사탑 은 서긍이 오기 100년 쯤 전에 건립되었으므로 그도 이 탑을 봤을 가능성이 크다. 1198년에는 만적이 노비들 을 모아 봉기할 것을 계획하고, 흥국사 뜰에 모여 난을 일으키자고 약속했으나 사전에 발각되어 실패하였다.

※출처: 개성 만월대 디지털기록관(개성 흥국사지탑), 국립중앙박물관(탑신 기단부의 명문).

다. 관음상은 한눈에 보기에도 솜씨가 좋은 석공이 새긴 듯 섬세하였다. 서긍이 절의 문에 이르자, 송의 사신이 방문했다는 말을 들은 승려들이 110여 명이나 나와 구경을 하였다.

그 외에도 고려의 도성 인근에는 관청보다 더 많은 사찰이 들어서 있었다. 그중 규모가 큰 사찰로는 흥왕사, 귀법사, 용화사, 보제사 등이 있었다. 흥왕사에는 신종 황제 때에 송에서 보내준 협저夾紵(건칠) 불상*과 철종 황제 때 보내준 대장경이 소장되어 있다. 대장경이 모셔진 전각에는 화려한 벽화가 그려져 있었다.

---

* 협저 불상이란 흙으로 불상의 본체를 만들고, 그 위에 여러 겹의 삼베, 모시, 갈포 등을 바르고 옷칠을 반복한 후에 마지막으로 불상 속의 흙을 긁어내어 완성한 불상을 말한다. 다른 말로 건칠乾漆이라고도 한다.

12

고려에서 본
그릇과 도구

은으로 만든 그릇

중국인들이 문명인과 야만인을 구분하는 잣대 중의 하나가 조두[俎]의 사용 여부이다. 조두는 굽이 높은 제기를 닮은 그릇을 일컫는다. 도마처럼 생긴 것도 있고, 등나무를 엮어서 굽을 높게 만든 것도 있으며, 나무를 깎아서 만들고 그 위에 옻칠을 한 것도 있다. 서긍이 보니 고려인들이 사용하는 용기 중에는 중국의 옛 그릇을 닮은 고졸하고 소박한 것들이 많았다. 고려에서는 금과 은이 생산되기는 하지만 양이 많지 않고, 그중에서도 금의 생산은 더욱 적다. 따라서 고려 궁궐에서는 은으로 만든 그릇이나 은에 도금한 그릇을 많이 사용한다.

그중에서도 가장 인상적인 그릇은 짐승 모양의 향로였다. 재료는 은이며, 어미가 자식을 품고 있는 모양새를 하고 있었다. 어미는 웅크리고 앉아있고, 새끼는 어미에게 매달려 입을 벌린 채 뒤를 돌아보고 있다. 향의 연기는 뒤를 돌아보는 어미와 매달린 새끼의 입에서 뿜어져 나와 몽환적인 분위기를 연출하였다. 서긍은 그 향로를 세 번 보았다.

은제 사자 향로 상상도

송 황제의 조서를 받을 때와 공식적인 사신 환영모임에만 사용했던 은제 향로이다. 향연기가 어미와 새끼의 입에서 나와 몽환적인 분위기를 연출하였다.

"어미와 자식이 함께 있는 짐승 모양의 향로는 은으로 만드는데 새기는 법식은 정교하다. 큰 짐승은 웅크리고 앉아있고 작은 짐승은 매달려 있는 모양인데, 뒤를 돌아보면서 입을 벌린 채로 향을 뿜어낸다"《고려도경》 권30, 기혈器皿 짐승 모양의 향로[獸爐]).

은제 금도금 주전자

12세기 경에 제작된 것으로 추정되는 고려시대의 은주전자이다. 서긍이 묘사한 것처럼 뚜껑에 연
꽃을 얹고, 금도금을 하였다. 현재 보스턴미술관에 소장되어 있다. ※출처: 국립문화재연구원.

"부용준이란 술독酒尊은 위에 있는 뚜껑이 막 봉오리가 맺힌 부용꽃처럼 생겼다. (은으로 제작하
고) 군데군데 도금으로 장식을 하였는데 목은 길고 배는 넓다. 높이는 2자이고 용량은 1말 2되이
다"(《고려도경》 권30, 기혈器皿 부용준芙蓉尊).

한 번은 회경전에서 조서를 전달할 때이고, 다른 두 번은 건덕전에서 공식적인 회합을 할 때였다. 그때마다 은향로는 큰 기둥 사이에 놓여있었다. 조서를 전달할 때는 사향을 피웠고, 공식적인 회합일 때는 독두篤耨나 용뇌龍腦, 전단栴檀과 같은 향을 피웠다. 향 내음은 그가 송에 있을 때도 맡았던 익숙한 것이었다. 곁에 있는 관리에게 물으니 그것은 송의 조정에서 보내준 것이라고 했다. 그가 들은 바에 따르면 그 향로는 은을 30근 들여서 만든 것이라 한다. 대략 보기에도 받침을 포함하면 높이 123센티미터, 넓이 67센티미터 정도는 되어 보이는 듯했다.

고려인들이 사용하는 물병의 모양은 중국의 술주전자와 매우 유사하게 생겼다. 역시 은으로 만들었는데, 만드는 데에 은 3근이 들어갔다고 한다. 은주전자는 정사와 부사, 도할관과 제할관의 숙소에만 비치되어 있었다. 주전자의 크기는 높이가 37센티미터, 배의 지름은 21센티미터 정도였다. 한 번에 물을 담을 수 있는 용량은 6되 정도라고 한다.

물이나 술을 따라 마시는 잔도 은으로 만들었다. 생김새는 중국의 반잔과 비슷하지만 잔의 깊이가 더 깊고, 테두리에 금을 둘러 장식했다. 주둥이 부분은 오므라졌으며, 잔 받침은 작고 다리가 높다. 서긍이 잔칫상에서 보니 그중에는 도금을 한 것도 있었다. 잔에 새긴 꽃은 정교하고 아름다웠다. 흥미로운 점은 고려의 관리들은 술을 권할 때마다 새 잔으로 바꾼다는 것이다. 잔이 커서 술은 꽤 많은 양이 들어갔다.

박산로 또한 서긍이 인상 깊게 본 용기 중의 하나였다. 서긍은 예전에 책에서 박산로가 처음 한나라 때 만들어졌다는 구절을 읽은 적이 있었다. 박산은 전설 속의 산으로 바다 한가운데에 솟아있는 산이라고 한다. 모양은 부풀어올라 벌어지기 직전의 연꽃을 닮았고, 아래쪽에는 산으

박산로

평남 대동군 석암리 제9호분에서 출토된 낙랑 시기의 청동제 박산로이다. 신선이 산다
는 박산을 거북과 봉황이 받치고 있는 모양을 하고 있다. 향로 안에 향을 넣고 사르면 구
멍을 통해 산에서 연기가 오르는 것 같은 효과를 낸다. ※출처: 국립중앙박물관.

원대에 제작된 박산로

원에서 일본으로 가는 길에 침몰한 신안선 출토 유물 중 하나이다. 정鼎처럼 세 개의 다
리 위에 향로를 두고, 뚜껑을 박산 모양으로 만들었다. 서긍이 본 향로는 둥근 기둥 위에
박산이 있는 중국의 박산로와 달리 세 다리를 만들고 그 위에 박산을 얹은 형태였다고
한다. 아마도 위의 그림과 같은 형태였을 것이다. ※출처: 국립중앙박물관.

로 파도가 넘실대고, 물고기와 용이 출몰하는 듯한 모양을 장식한 동이를 받쳐두었다. 동이에는 뜨거운 물을 담아두어 습기를 머금은 향이 사람들의 옷에 스며들게 한다. 서긍이 보니 고려 박산로의 모습은 한에서 만든 것과 같아 보였지만 받침은 많이 다른 듯했다. 그가 본 박산로는 둥근 기둥 위에 박산이 솟은 형태였는데, 고려의 박산로는 솥처럼 세 개의 다리를 만들고 그 위에 박산을 얹은 모양이었다.

그 외에도 은으로 만든 그릇으로는 술통과 면약호面藥壺, 부용준芙蓉尊 등이 있었다. 술통은 술을 휴대하기 위해 만든 것으로 보이는데, 윗부분은 완전히 뒤집힌 연꽃의 모양이며, 양쪽에 귀가 있어 고리 사슬로 된 끈을 달았다. 몸체의 중간 중간에 금칠을 해서 매우 화려해 보였다. 더러 관리들이 이 술통을 가져와 술을 권하는데, 거기에 담긴 술은 맛과 빛깔이 매우 뛰어났다. 높이는 약 31센티미터이고, 용량은 7되 정도가 들어간다.

면약호는 얼굴을 따뜻하게 하는 약을 담은 항아리이다. 한기가 있을 때 약을 담은 물을 끓여 수증기가 오르면 얼굴에 쐬어 체온을 높이고 얼굴이 상하는 것을 막는다. 서긍이 보니 사신들의 방마다 면약호가 준비되어있었다. 다만, 정사와 부사를 비롯하여 상절이 묵는 곳에 있는 면약호는 은으로 만들고, 다른 처소에 있는 것은 구리로 만들었다. 생김새는 둥근 배에 목이 긴 형태로 뚜껑은 약간 뾰족하다. 높이는 약 15센티미터이며, 배의 지름은 약 10센티미터, 용량은 1되 정도가 들어간다.

부용준이란 말 그대로 연꽃 모양의 장식이 있는 술병이다. 뚜껑이 마치 막 솟아오른 연꽃 봉오리처럼 생겼기 때문에 부용준이라 부른다. 은으로 만들고, 군데군데 도금으로 장식하여 매우 화려한 분위기를 자아

냈다. 그릇의 생김은 목이 길고 배가 넓은 형상이다. 높이는 약 61센티
미터 되고, 용량은 1말 2되 정도 들어간다.

백동과 구리로 만든 그릇

은으로 만든 그릇 외에 고려 사람들은 백동과 구리로 만든 그릇을 많이
쓰고 있었다. 서긍이 보니 궁에서 사신을 맞거나 귀한 사람들을 대접할
때를 제외하면 구리그릇을 주로 쓰는 듯싶었다. 서긍이 본 그릇 중에
백동제품으로는 기름동이[유앙油盎]가 있었다. 기름동이는 마치 술독처
럼 생겼지만 뚜껑이 없다. 다만 엎어질 것을 걱정하여 나무 마개를 만
들어서 주둥이 부분을 닫아두었다. 높이는 약 25센티미터, 배의 지름은
10센티미터 정도이며, 용량은 1되 남짓 들어간다. 거기에 담긴 기름은
불을 밝히는 데 사용한다.

　물동이도 백동으로 만들었다. 백동 물동이는 검은색을 칠한 은동이
와 같지만 문양이 없다. 그래서 고려인들은 그것을 빙분氷盆이라고 한
다. 빛깔이 마치 얼음과 같기 때문이다. 모양은 같지만 색깔은 붉은 물
동이도 있다.

　사찰이나 민가에서 사용하는 정병은 구리로 만들었다. 정병의 역사
는 고대 인도까지 거슬러 올라간다. 본래 범어로 '군디까'라고 불린 것
을 음차하여 '군치가', '군지'라고 하다가 수병 또는 정병이라고 부르게
되었다. 이름 그대로 불교에서 정병은 가장 맑고 깨끗한 물(감로수)을
담아 목마른 중생들의 고통을 해소해 주는 공양구이다. 대개 관음보살

고려시대 청동병

"꽃병은 위로 뾰족하고 아래로 둥글어서
마치 늘어진 쓸개 모양이다"

((고려도경) 권31, 꽃병[花壺]).

※출처: 국립중앙박물관.

낙랑 시기의 청동솥

"물솥의 형태는 격정鬲鼎(요리하는 세 다리 솥)과 같은데
구리로 만들었다. 짐승 모양의 고리가 두 개 있는데,
여기에 나무를 꿰면 짊어질 수 있다"

((고려도경) 권31, 물솥[水釜]).

※출처: 국립중앙박물관.

이나 지장보살이 정병을 들고 있는 것도 그와 관련이 있다. 그러나 고려에서는 불교, 도교 사찰 외에 귀인과 고위 관리, 민가에서 모두 정병을 사용하고 있었다. 모양새는 목이 길고 배가 불룩한 모양이다. 손잡이는 없고, 물을 따를 수 있는 주둥이만 하나가 있다. 높이는 37센티미터, 배의 지름은 12센티미터, 용량은 3되 정도가 된다.

고려에서는 궁궐과 사신 숙소에 꽃병을 놓아두고, 제철에 핀 꽃을 꺾어다가 꽂아둔다. 서긍이 고려에 갔을 때는 모란과 작약, 장미 등이 꽂혀 있었다. 고려인들은 모란이 부귀를 상징한다고 하여 귀하게 여긴다. 더러는 화분에 심어 실내에 두는 경우도 있었다. 꽃을 꽂아두는 꽃병은 위가 뾰족하고, 아래는 둥글어서 마치 늘어진 쓸개 모양처럼 생겼다. 높이는 약 25센티미터, 배의 지름은 10센티미터이며, 1되 정도의 물을 넣을 수 있다. 서긍이 본 꽃병 중에 가장 아름다운 것은 회경전에 있는 것이었다. 늘씬한 병에 색색의 모란을 꽂아두었는데, 흡사 옛그림 속에 그려진 것처럼 신비롭게 보였다.

물솥 역시 구리로 만들었다. 생김새는 발이 세 개 달린 정[鬲鼎]과 같고, 양쪽으로 짐승 모양의 머리 장식에 고리가 달려있어 그곳에 나무를 꿰어 짊어질 수 있다. 고려 사람들은 물솥을 일컬어 크고 작은 것을 구분하지 않고 '요복야㫱僕射'라고 부른다. 심부름하는 하인이 물솥을 일컬어 요복야라 하기에 무슨 뜻인지 물었지만 의미는 잘 모르는 듯하였다. 물솥의 높이는 46센티미터, 너비는 92센티미터, 용량은 1가마 2말 정도가 들어간다.

물솥과 비슷하지만 그보다 좀 작은 물항아리도 서긍이 많이 본 그릇 중의 하나이다. 물항아리는 물솥과 모양새가 비슷하지만 크기는 그보다 좀 작다. 또 구리로 만든 뚜껑도 있다. 물을 긷거나 나를 때 쓰며, 위에 두 귀가 있어 매달 수 있다. 고려 사람들은 이고 지는 것을 편하게 생각하기 때문에 거리에는 물항아리를 가지고 다니는 사람들을 쉽게 볼 수 있었다. 물항아리의 높이는 약 31센티미터, 배의 지름은 37센티미터이며, 용량은 1말 2되 정도가 들어간다.

한편, 고려 사람들은 송나라 사람들이 차를 즐겨 마시는 것을 알기 때문에 숙소마다 보온병을 준비해 두었다. 보온병의 모양은 꽃병과 비슷하게 생겼지만 그보다는 약간 납작한 편이다. 위에는 뚜껑이 있고, 아래에는 받침이 있어서 따뜻한 기운이 새 나가는 것을 막기 때문에 따뜻한 물을 오랫동안 보관할 수 있다. 사신들이 담소할 때나 무료하게 앉아있을 때면 심부름하는 아이가 와서 간혹 차를 권하곤 했다. 그때마다 보온병에서 물을 따라 사용했는데, 시간이 오래 지나도 물이 쉽게 식지 않았다. 보온병의 높이는 46센티미터, 배의 지름은 30센티미터, 용량은 2말 정도를 담을 수 있다.

사찰과 신사에서 본 정로鼎爐와 온로溫爐도 구리 제품이었다. 정로는 생김새가 박산로와 비슷하지만 위에 꽃 모양의 뚜껑 대신 평범한 모양의 덮개가 있다. 아래에는 세 발이 달려있고 높이가 30센티미터 정도 된다. 온로는 다리가 달린 솥처럼 생겼는데 주둥이가 바깥으로 둥글게 말린 형상이다. 다리는 셋이며, 다리 모양은 짐승이 화로를 물고 있는 것처럼 되어있다. 안에 물을 담아 나무의자에 얹어놓고 겨울에 손을 따뜻하게 할 때 쓴다. 너비는 37센티미터, 높이는 25센티미터 정도이다.

물총새 깃을 닮은, 고려의 비색 청자

서긍은 고려의 청자 빚는 솜씨가 월주의 것과 비교해도 손색이 없을 만큼 뛰어나다는 사실에 놀랐다. 고려인들은 최상급의 청자를 비색翡色이라고 불렀다. 그 빛깔은 송의 청자와 비슷한 듯하면서도 깊었다. 서긍은 비색이라는 말을 되새기며 고려의 청자를 들여다보았다. 《설문해자》에 따르면 비翡는 공작새 또는 물총새의 깃과 같은 색깔이라고 했다. 둘은 모두 옥색보다는 깊고 맑은 푸른색이다. 서긍은 고려의 청자에서 가볍고 옅은 듯한 유약이 품은 푸른색을 보았다. 자기의 표면은 청자에서 흔히 보이는 빙열冰제*조차도 찾기 어려울 만큼 살결이 고왔다. 고려인들이 그들의 청자를 비색이라고 부르는 이유를 알 것 같았다.

청자 제품 중 눈에 띄는 것은 술항아리와 향로였다. 술항아리의 모양은 참외처럼 길쭉한데, 그 위에 작은 뚜껑이 덮여있었다. 술독의 겉면에는 음각으로 연꽃에 엎드린 오리 모양을 새겼다. 머리를 날개에 묻은 오리는 금방이라도 고개를 들 것처럼 생동감 있게 표현되었다.

사자향로 역시 비색이다. 향로의 몸체는 다른 것과 크게 다르지 않지만 뚜껑은 사자 모양이고, 그 아래에는 연꽃 모양이 새겨져 있다. 향 연기는 사자의 입을 통해서 나오는데, 사자의 사나운 표정과 연기가 묘하게 조화를 이룬다. 서긍은 사자향로를 꽤 오랫동안 들여다보았다. 그 외에 주말, 접시, 술잔, 사발, 탕기 등도 모두 송에서 본 것과 다르지 않을

---

* 유약을 바른 표면의 유리질이 흡사 얼음이 갈라진 것처럼 가느다랗게 갈라진 모양을 일컫는 말이다.

청자 음각 연꽃덩쿨 무늬 매병(좌)과 청자 음각 연꽃 무늬 참외형 주전자(우)

준尊은 고려에서 준樽이라고 쓰기도 하였는데, 매병 형태의 그릇을 일컫는 말이었다. 고려시대에 침몰한 태안 마도 2호선에서는 고급 청자 2점과 함께 목간이 출수되었는데, 목간에는 중방重房의 도장교都將校 오문부吳文富에게 참기름과 꿀을 담은 '준樽(매병)'을 보낸다는 글씨가 씌어있었다.

"도자기의 푸른 빛을 고려인들은 비색이라고 하는데, 근래에 들어 제작기술이 더욱 정교해서 빛깔이 더욱 좋아졌다. 술병의 모양은 참외와 같은데, 위에는 작은 뚜껑이 있고, 겉면에는 연꽃이나 엎드린 오리 문양을 넣었다"((고려도경) 권32, 도자기 술병[陶尊]. ※출처: 국립중앙박물관.

청자 사자 장식 뚜껑 향로

"산예출향狻猊出香(사자 모양 향로)도 비색이다. 위에는 짐승이 웅크리고 있고 아래에는 봉오리가 벌어진 연꽃 무늬가 떠받치고 있다. 여러 그릇 가운데 이 물건만이 가장 정교하고 빼어나다"《고려도경》권32, 도자기 산예출향). ※출처: 국립중앙박물관.

만큼 잘 만든 고급품이었다. 더러 색이 다른 것들도 있는데, 그것은 월주에서 만든 옛 비색이나 여주汝州에서 최근에 생산되는 도자기들의 빛깔과 크게 다르지 않았다.

　서긍이 활동하던 시기 송나라는 자기의 나라라고 할 수 있을 만큼 다양한 빛깔과 모양의 자기가 생산되고 있었다. 그중에서도 강남의 월주에서는 질이 좋은 청자가 생산되었고, 화북 지방의 정요에서는 백자가 생산되었다. 그래서 사람들은 '남청북백南靑北白'이라 했다. 청자의 아름다움을 읊은 시는 서긍이 아는 것만 해도 여러 편이 있었다. 그중에서도 서긍은 당나라 시인 육구몽陸龜蒙의 시를 가장 으뜸으로 쳤다.

　늦가을 바람과 이슬 속에 월주요越州窯가 열리니
　천 개 봉우리의 비취색을 빼앗아 온 듯하구나.
　그 월주의 청자로 깊은 밤이슬을 받아
　해강嵇康*과 함께 잔을 나누리라.
　－육구몽, 〈비색월기秘色越器〉

　사실 청자와 백자 중 어느 것이 더 아름다운가를 논하는 것은 아무런 의미가 없었다. 청자는 사람의 손으로 구운 옥과 같고, 백자는 겨울 얼음으로 깎아낸 달과 같았다. 고려 사람들은 백자보다 청자를 좋아했는데, 그것은 고려에서 차를 마시는 문화가 널리 퍼져있던 것과 관련이

---

* 중국의 위·진 시기에 활동한 죽림칠현 중의 한 명이다.

있었다. 청자가 차를 마시는 데에 적격이라는 것은 당나라 육우가 지은 《다경茶經》에서도 읽은 적이 있었다.

완碗은 월주의 것이 가장 좋다……어떤 사람들은 형주邢州의 자기를 월주 것보다 좋다고 하지만 절대 그렇지 않다. 형주의 자기가 은과 같다면 월주의 자기는 옥과 같으니 그것이 형주 자기가 월주 자기보다 못한 첫째 이유이다. 형주의 자기가 눈과 같다면 월주의 자기는 얼음과 같으니 그것이 형주 자기가 월주 자기보다 못한 두 번째 이유이다. 형주의 자기는 백색이기 때문에 차의 빛이 붉지만, 월주의 자기는 청색이기 때문에 차의 빛이 녹색을 띠게 되니 그것이 형주 자기가 월주 자기만 못한 세 번째 이유이다.
월주와 악주岳州 자기는 모두 청색이다. 청색은 차와 잘 어울려서 차가 백홍색을 띤다. 형주의 자기는 백색이기 때문에 차색이 붉고, 수주의 자기는 황색이기 때문에 차색이 자줏빛을 띠며, 홍주의 자기는 갈색인 탓에 차색이 검은빛을 띠게 되니 모두 차와 어울리지 않는다.

―육우陸羽, 《다경》

고려에서 생산되는 차는 떫고 쓴맛이 나서 질이 좋다고는 할 수 없었다. 그래서 여유가 있는 사람들은 송에서 사신 편에 보내준 용봉단차龍鳳團茶를 마시는데, 근래에는 송상이 고려에 빈번히 드나들면서 차의 수입도 늘어났다고 한다. 서긍이 보니 고려의 차문화는 송에 버금갈 만큼 발전해 있었다.

차 마신 후에는 탕을 마시는 고려문화

고려에서 차를 마시는 사람들이 많다는 것은 다양한 다기를 통해서도 확인되었다. 순천관에 준비된 찻잔은 검은색인데, 그 위에 금색 꽃을 그렸다. 비색의 작은 찻잔과 은으로 만든 세 발 물탕기는 송의 것과 매우 닮았다. 솥의 세 다리 사이에 화로를 두고 숯으로 물을 끓여 차를 우린다.

연회가 열릴 때는 궁궐의 뜰 가운데에서 차를 끓인 후 은으로 만든 연잎 모양의 덮개를 덮어서 천천히 사신들 앞에 가져다준다. 연회에 참석한 사람들 모두에게 잔이 돌아가면 차를 담당한 관리가 "차를 다 돌렸습니다"라고 외친 후에야 마실 수 있다. 궁인들이 차를 나르는 속도가 늦은 데다가 모든 사람이 차를 다 받은 후에 마시려다 보니 대개 식은 차를 마시게 된다.

사신들의 객관에도 차는 언제든 준비되어 있었다. 붉은 소반 위에 다기들을 모아놓고, 붉은 비단으로 덮어둔 후 매일 세 번 차를 우려준다. 사신들이 차를 다 마시면 곧이어 탕湯을 대접한다. 고려 사람들은 그 탕을 약이라고 부르는데, 사신들이 그것을 다 마시면 기뻐하고, 입에 대지 않거나 남기면 본인을 무시한다고 생각하고 원망하면서 가버린다. 서긍은 앞서 《계림지》에서 그 구절을 읽은 적이 있었다. 그래서 주변 사람들에게도 탕은 꼭 대접한 사람이 보는 데에서 마셔야 한다고 일러주었다. 탕에서는 독특한 약 향기가 나서 마시길 꺼리는 사람들도 있었지만 서긍의 말을 들은 후로는 억지로라도 남기지 않고 마셨다.

투박하지만 실용적인 도기 술독

고려에서는 찹쌀을 재배하는 일이 적어서 멥쌀에 누룩을 섞어서 술을 빚는다. 따라서 술이 익으면 빛깔이 짙고 맛이 독해서 쉽게 취하고 빨리 깬다. 고려 왕이 마시는 술은 특별히 좌고左庫에서 관리한다. 고려인들은 그것을 양온良醞이라고 부르는데, 맑은 법주이다. 서긍이 잔치에 참여했을 때에도 두 종류의 술이 함께 나왔다. 하나는 청주이고, 다른 하나는 탁주인데, 그것은 각각 도기에 담은 후 누런 비단으로 봉한 형태였다. 도기 술독은 투박하기는 하지만 실용적으로 만들어졌다.

태안 마도해역에서 출수된 각종 고려시대 도기들
※출처: 국립해양문화재연구소.

서긍이 들은 바에 따르면 고려인들은 술을 좋아하지만 좋은 술을 구하기는 어렵다고 한다. 아마도 벼와 보리 농사를 중요하게 여겨서 고량(수수)을 재배하는 일이 적기 때문이 아닐까 생각되었다. 실제로 서긍은 고려에 와서 고량을 심은 밭을 거의 보지 못했다. 산중턱에 만들어진 비탈밭에는 주로 보리와 기장, 조 등이 자라고 있었다. 그런 탓인지 일반 백성들은 멥쌀이나 조 등으로 탁주를 빚어 먹는다. 탁주는 빛이 진하고 맛이 텁텁했는데, 모두들 아무렇지도 않은 듯 맛있게 마셨다.

서긍이 본 술항아리 중에는 얇은 등나무 줄기로 술독의 가장자리를 둘러서 만든 것도 있었다. 그것은 산과 섬에서 바친 술을 담은 항아리이다. 등나무 줄기를 두른 것은 수레나 배에 실어 운송할 때 서로 부딪혀서 깨지는 것을 막기 위한 것이다. 술항아리의 마개는 나무로 만들어서 봉하고 그것을 보낸 지역의 인장이 찍혀있었다.

등나무를 엮어서 만든 광주리

옛날 주나라에서는 제후들이 황제에게 폐백을 올릴 때 대나무를 엮어 만든 상자와 광주리를 사용했다고 한다. 송에서는 그것이 사라졌지만 고려에는 광주리에 물건을 담아 올리는 풍습이 남아있었다. 서긍은 물건이 담긴 광주리를 주의 깊게 살펴보았다. 광주리는 껍질을 벗긴 등나무로 엮었으므로 겉은 흰색이다. 그러나 씨줄과 날줄의 역할을 하는 등나무 표면마다 서로 다른 무늬를 새겼으므로 두 문양이 교차하는 듯 보였다. 무늬는 꽃과 나무, 새와 짐승이다. 광주의 안쪽은 붉은색과 노란

양온명수이도기편호良醞銘獸耳陶器扁壺(좌), 나무마개가 있는 도기 매병(우)

'양온'이라는 글자가 음각된 도기 편병(양옆을 납작하게 눌러 만든 병)이다. 양온은 고려시대 왕실에서 술의 제조와 공급을 담당한 관청인 양온서를 말한다. 서긍이 고려를 방문했을 즈음인 12세기 무렵에 제작된 것으로 추정된다. ※출처: 서울역사박물관.

등나무 술독

"등나무 술독[藤尊]은 산과 섬의 주군에서 바친 것이다. 속은 역시 질그릇 술독[瓦尊]이고 바깥은 등나무로 둘러 감쌌다. 배가 심하게 출렁거려 서로 부딪혀도 깨지지 않는다. 위에는 봉함이 있는데 각 주군의 인장이 표시되어 있다"(《고려도경》 권32, 등나무 술독).

색의 무늬가 있는 비단을 붙여 만들었는데, 큰 광주리 안에 작은 광주리가 들어간다. 고려 사람들은 그것을 부篚라고 불렀다. 서긍이 넌지시 값을 물으니 좋은 것은 은 1근과 맞먹는다고 하였다.

광주리의 종류는 여러 가지가 있지만 군읍郡邑에서 왕실에 공물로 바친 것이 최상품인 듯했다. 그 외에 시장에서 백성들이 가지고 다니는 광주리나 궁중의 일하는 사람들이 들고 다니는 것은 그에 미치지 못하였다. 그렇지만 백성들이 군현의 수령이나 관리들에게 물건을 바칠 때 또는 관리들이 서로 선물을 주고받을 때도 반드시 광주리를 사용하는 것이 예법이라고 한다.

죽솥과 물항아리

서긍이 고려에서 본 가장 인상적인 장면은 큰 거리에서 승려들이 죽을 끓여서 행인들에게 대접하는 것이었다. 죽을 쑤는 솥은 철로 만들었으며, 세 개의 발이 달려있고, 위에는 뚜껑이 있다. 솥 아래 세 발 사이에는 불붙은 숯을 담은 그릇이 있어서 늘 따뜻한 죽을 대접할 수 있다. 솥의 몸과 뚜껑에는 소용돌이 모양의 선이 있는데, 그 두께가 머리카락만큼이나 가늘다. 솥의 높이는 약 25센티미터, 너비는 37센티미터 정도이며, 용량은 2되 반이 들어간다.

고려의 물항아리는 도기로 만들었다. 그 모양은 배가 넓고 목과 받침이 좁은 구조이다. 다만 주둥이 부분은 목보다 약간 넓어서 물을 담거나 퍼낼 때 새어나가지 않게 되어있다. 서긍은 고섬섬에서 처음으로 물항아리를 보았다. 그들은 배에 항아리를 싣고 와서 물을 나누어 주었는데, 항아리의 높이는 184센티미터, 너비는 138센티미터 정도이며, 물은 3섬 2되나 들어간다. 나중에 객관에서 머무를 때도 물항아리를 보았는데, 그것은 도기가 아니라 구리로 되어있었다. 심부름하는 아이에게 물으니 보통 궁궐이나 관아에서는 구리 항아리를 쓰고, 산이나 섬으로 물을 실어 나를 때는 도기 항아리를 쓴다고 했다. 도기 항아리는 투박하지만 단단하게 생겼으며 물을 운반하기 편리하게 생겼다.

칼과 붓이 들어있는 만능 필통

고려에서는 하급 관리들을 일컬어 도필지임刀筆之任이라고 한다. 도필지임이란 칼과 붓을 사용하는 관리, 즉 실무 행정을 맡은 서리라는 의미이다. 실제로 그들은 전곡의 출납, 문서 정리, 회계장부 관리, 문서의 접수와 발송, 연락, 공물 수납 등 다양한 일을 맡아서 했는데, 조그만 칼과 붓을 가지고 다니면서 목간이나 죽간에 글자를 쓰기도 하고, 칼로 깎거나 새기기도 하기 때문에 그런 명칭이 붙었다. 그것은 송나라에서도 비슷했다. 종이가 있기는 했지만 쌀과 같은 곡식은 물론이고, 도자기를 운송할 때도 품목과 수량을 목간에 써서 포대나 나무상자에 매달았다. 칼을 함께 가지고 다니는 이유는 물품에 직접 수량을 새길 수도 있고, 목간에 잘못 쓴 글씨를 깎아내고 새로 쓸 수도 있기 때문이다.

붓과 칼은 나무로 깎아서 만든 필통에 넣어 다닌다. 필통은 세 칸으로 나뉘어 있는데, 그중 한 칸에는 붓을 넣고, 나머지 두 칸에는 칼을 꽂아

도필刀筆을 찬 조선인

1817년에 조선으로 표류해 온 일본인 무사 야스다가 그린 조선 소년의 모습이다. 오른쪽 다리에 칼과 붓을 꽂고 있는 형상을 그렸다. 비인 현감을 따라다니는 방자의 모습으로 추정된다. ※ 출처: 神戶大学図書館,《朝鮮漂流日記》

둔다. 칼은 견고하고 예리하게 생겼다. 두 개 중 하나는 길고 다른 하나
는 그보다 좀 짧다. 고려에서는 산원 이하의 하급 관리로부터 지응祗應,
방자, 친시 등이 모두 필통을 차고 다닌다고 한다. 지응과 방자는 모두
심부름꾼을 일컫는 말이다.

13

돌아오는
길

신주에 다시 오른 사절단

꿈같은 나날이었다. 고려에 도착한 지 어느새 한 달. 지난 30여 일 동안 서긍은 순천관에 머물며 고려 도성 여러 곳을 돌아보았다. 아담하지만 격식을 갖춘 여러 전각, 편안하고 아늑했던 숙소와 정든 사람, 맑고 시원한 샘물, 그리고 여러 날에 걸쳐 열린 연회 등등. 서긍은 가족 걱정에 빨리 돌아가고픈 마음이 들다가도 한편으로는 떠나기도 전에 벌써 고려가 그리워질 것 같다는 생각을 했다.

지난 한 달 동안 서긍은 정사와 부사, 도할관과 함께 고려의 여러 관리를 만나 송 황제로부터 책봉을 받기를 권유했다.

"황제께서 선대의 국왕이 훙서하고 다음 왕이 왕위를 계승하였다는 소식을 들으시고 사신을 보내 제물을 올리게 하셨습니다. 위로하는 조서와 제문은 모두 황제께서 직접 지으신 것입니다. 원풍 연간에 (예종이 왕위에 올랐을 때) 사신 편에 보낸 조위제문과 조서가 단지 관례적인 것이었다면 이번의 예우는 매우 이례적인 것입니다."

정사와 부사는 이번에 송 황제가 고려에 보낸 국서가 얼마나 파격적인 것인지 거듭 강조했다. 비록 고려가 거란으로부터 이미 책봉을 받았으므로 더 이상의 조치는 하지 않았지만 황제가 고려에 보이는 정성은 분명 다른 나라를 대하는 것과 다르다는 점을 반복해서 이야기하며 이번 국신사 편에 책봉을 요청하는 글을 보내는 것이 좋지 않겠느냐고 권유했다.

그러나 고려 조정의 반응은 신통치 않았다. 새 왕은 어리지만 신중해서 여러 신하의 이야기를 들으려 했고, 노회한 관리들은 교묘한 핑계를 대면서 원하는 답을 회피하였다. 네 명의 사신은 결국 송으로 돌아가기로 했다. 약속을 받아내지는 못했으나 고려가 금을 견제하기 위해 송과의 관계를 유지하려는 뜻을 확인했으니 완전히 빈손은 아닌 셈이었다.

정사와 부사가 고려 왕을 만나 돌아가겠다는 뜻을 밝히자 고려 왕은 몹시 아쉬워했다. 그리고 예부에 명을 내려 송별연을 준비하게 하였다. 연회가 열리는 밤, 잔칫상에는 온갖 화려한 음식이 올라오고, 각종 공연도 펼쳐졌다. 특히, 고려의 예인들이 부르는 노래는 애절함이 있었다. 서긍은 애절한 노랫가락을 들으며 고향 생각을 했다.

그런 중에도 고려의 문인들은 연이어 찾아와 그에게 시를 청했다. 술기운이 얼큰히 오르자 서긍이 쥔 붓끝이 춤을 추는 것처럼 빠르게 움직였다. 고려의 문인들은 자석에 끌린 쇳가루처럼 서긍 주변으로 모여들었다. 마지막 획이 완성되고, 서긍이 붓끝을 세워 올리자 주변에 모인 사람들은 낮은 탄성을 질렀다.

잠시 후 사신들은 자리에서 일어났다. 정사 노윤적이 다시 한번 고려가 송과 연합하여 금이 더 이상 세력을 확장하지 못하도록 해야 한다는 의견을 전달하였다. 역관이 사신의 말을 전달하자 고려 왕은 천천히 고개를 끄덕였다. 무겁게 입을 뗀 고려 왕은 자신의 생각도 같다고 했다.

잔치가 끝나고, 사신들은 각자의 숙소로 돌아왔다. 돌아오는 길 내내 가슴이 답답했다. 이부자리에 누워서도 쉽게 잠을 이루지 못하였다. 서긍은 달이 기울도록 뒤척이다 새벽녘이 되어서야 선잠이 들었다. 잠시 눈을 붙이는가 싶었는데 닭 우는 소리에 눈을 떴다.

밖에서는 벌써 사람들이 오가는 소리가 들렸다. 천천히 일어나 바깥쪽 들창을 열었다. 새벽의 찬 기운이 창을 넘어 들어왔다. 소리가 나는 쪽을 유심히 바라보았다. 처음 도성에 도착했을 때처럼 병사들이 화려한 깃발을 세우고, 수레를 갖추는 등 사신을 수행할 준비를 하고 있었다. 무심히 들창 아래를 보니 화단에 심은 꽃들이 눈에 들어왔다. 때 지나서 핀 망종화芒種花 꽃 끝에 이슬이 서려있었다. 처음 개봉을 출발할 때는 복숭아꽃이 한창이었는데, 이제는 복숭아가 모두 익었겠다는 생각이 들었다. 어느새 한 달이 훌쩍 갔다고 생각하니 한숨이 나왔다.

꽃이면서 꽃이 아니고,
안개이면서 안개가 아니구나.
한밤에 왔다가 동트면 떠나니
봄날의 꿈처럼 잠깐 와 머물다
아침 구름처럼 떠나니 찾을 곳 없어라.
– 백거이, 〈꽃이면서 꽃이 아니네花非花〉

문득 백거이 생각이 난 이유는 무엇일까? 그가 읊었던 꽃 아닌 꽃은 무엇이었을까? 알 듯 모를 듯한 시구의 뜻을 좇느라 멍하니 있다가 짐 옮기는 사람들의 힘쓰는 소리에 정신이 퍼뜩 들었다. 시선을 하늘로 옮겼다. 구름 한 점 없는 하늘. 백거이가 읊은 쓸쓸함의 무게를 알기 어렵지만 서긍이 오늘 아침에 느낀, 가슴 한쪽이 시린 허전함과 크게 다르지 않을 것 같았다.

얼마 후 개경에서 먹는 마지막 아침식사가 들어왔다. 여러 모양과 빛깔의 떡, 밤과 잣, 여러 종류의 고기와 생선, 단술까지. 이제는 익숙해진 음식들이 올라왔으나 많이 먹지는 못했다. 시중을 드는 소년이 걱정스런 눈으로 음식을 더 권하였지만 서긍은 미소만 짓고 젓가락을 내려놓았다.

제각기 관복을 차려입은 사신들이 병사들의 호위를 받으며, 광화문을 나와 예성강으로 향하였다. 한참을 가자 예성강에 정박한 신주와 객주들이 시야에 들어왔다. 사신들이 개경에 머무는 동안 신주는 정해현의 토병들이 번갈아 가며 지켰다고 했다. 신주와 함께 온 객주 상인들은 가지고 온 물건을 팔거나 고려의 특산물을 맞바꿔서 배에 실었다. 마침내 북소리가 크게 울리고, 예성강의 썰물을 따라 신주가 천천히 하류를 향해 움직이기 시작했다.

서긍은 일행과 함께 예성항에 늘어서서 손을 흔드는 고려인들을 바라보며 한동안 뱃전에 서있었다. 얼마 후 다시 처소로 돌아온 서긍은 그동안 자신이 그린 그림과 글을 시간순으로 정리하였다. 개봉에서 출발하여 고려의 개경에 도착할 때까지의 과정, 그리고 순천관에 머물며 방문했던 관청과 사찰들의 모습, 그리고 지금 귀국하기 위해 배에 타고 있는 순간까지 모든 것들이 파노라마처럼 그의 머릿속에 펼쳐졌다.

위험한 항해, 연속되는 위기

처음에 명주를 출발한 것은 5월 28일이었다. 신주와 객주는 남풍을 이용하여 먼 바다로 나왔다. 정해현 주산군도를 빠져나올 때는 물길이 험했지만 다행히 순풍을 만나 6월 6일에는 군산도에 도착하였으며, 6월 12일에는 예성항에 닻을 내렸다. 다음 날인 6월 13일에 고려의 궁성에 들어가 한 달을 머물고, 7월 13일에 순천관을 나섰다. 왕성에서 예성강으로 이동한 일행은 15일에 신주에 올랐으며, 16일에는 강화도의 합굴에 이르렀다. 그리고 하루를 기다렸다가 다시 썰물을 따라 17일에는 자연도에 이르렀다. 22일에는 소청서, 화상도, 대청서, 쌍녀초, 당인도, 구두산을 지났으며, 같은 날에 안흥정이 있는 마도에 도착하여 정박하였다.

7월 23일에는 마도를 출발하여 아자섬과 홍주산을 바라보면서 남하했으며, 24일 을해일에는 군산도에 들어가 바람을 기다렸다. 그런데 바닷일은 아무도 모른다더니, 군산도에서 길이 막혔다. 무려 14일 동안을 바람에 막혀 돌아가지 못하다가 오후 5시 무렵이 되어서야 먼 바다로 나가 고섬섬을 지났다. 마침 밤까지 북서풍이 불어서 8월 9일 아침에 간신히 죽도를 지났고, 7시에서 11시 사이에는 흑산을 바라보게 되었다.

그런 기쁨도 잠시, 배가 흑산도에 이르자 사나운 동남풍이 불어왔다. 바다가 크게 요동치니 배가 한쪽으로 심하게 기울었다. 뱃사람들은 크게 놀라고 두려워하여 어쩔 줄 몰라했다. 뱃멀미가 심해져서 정신줄을 반쯤 놓은 사람도 있었다. 사공이 소리쳤다.

"돛을 반만 내려라!"

사공 말대로 돛을 반쯤 내리자 배의 움직임이 좀 둔해졌다. 그러나 배는 더욱 크게 흔들렸다. 노꾼들이 기를 쓰며 노를 저어 남풍을 거스르고 나아가려 했으나 역부족이었다. 큰 파도가 밀려오면 배는 파도의 끝까지 따라 하늘까지 올라갔다가 철퍼덕 내려앉았다. 배 위에 있던 나무통이 뒹굴고 바닷물이 갑판 위까지 튀어올랐다. 다시 사공이 큰 소리로 사람들을 향해 소리쳤다.

"배가 기우는 곳의 반대편으로 가시오."

사공의 말을 따라 사람들이 좌우를 반복하며 오갔다. 배에 탄 군관이 북을 쳐서 움직일 방향을 알려주었다. 그렇게 한참을 파도와 씨름하는 사이 어느새 날이 밝았다.

아침이 되어서도 바다가 잔잔해질 기미를 보이지 않자 일행은 하는 수 없이 군산도로 되돌아왔다. 군산도에서 바람을 피했다가 가는 것이 최선이라 판단한 까닭이다. 군산도는 사방이 산으로 가로막혀서 고려의 배들도 바람을 피했다 가는 곳이다.

서긍 일행은 8월 10일부터 중추절인 15일까지 꼬박 6일을 군산도에 머물렀다. 그리고 16일 오후 다섯 시가 다 되어서야 순풍을 만나 먼 바다로 나갔으나 역풍을 만나 곧 돌아왔다. 선단은 할 수 없이 가까이에 있는 죽도에 정박했다.

두 시간쯤 지났을까. 하늘과 바다가 서로 비추며 엉키는가 싶더니 바다 위로 둥그런 달이 머리를 내밀었다. 망망대해 추석 보름달……달빛이 세상을 비추니 눈에 보이는 모든 것이 금빛으로 반짝였다. 뱃사람들은 갑자기 펼쳐진 그림 같은 장면에 말을 잊었다.

누가 먼저라고 할 것도 없이 주방 사람들이 부엌을 향했다. 잠시 덜그

럭거리는 소리가 나는가 싶더니 금방 추석 잔칫상이 차려졌다. 달빛에 미리 취한 뱃사람들은 입을 모아 환호했다. 술을 따르는 사람들의 목소리는 들떠서 더 높아지고, 흥 많은 사람들은 일어나 춤을 추었다. 달빛에 길어진 그림자가 덩달아 춤을 췄다. 사람이 추는 춤인가, 그림자가 추는 춤인가. 노랫소리, 손뼉 치는 소리, 피리 소리가 한데 어우러져 달빛을 따라 하늘로 오르는가 싶더니 이내 바람을 타고 사방으로 흩어졌다. 며칠간 바람 때문에 고민했던 것을 모두 잊은 양 오랜만에 모두가 목청껏 웃었다.

서긍 일행은 19일 오후가 되어서야 죽도를 떠났다. 지체한 시간이 길었던 탓에 밤에도 쉬지 않고 노를 저었다. 사흘 전 만큼은 아니지만 여전히 달빛은 밝았다. 일렁이는 달그림자를 향해 남쪽으로 내려가자 월서가 나타났다.

20일 아침에는 다시 흑산에 도착했다. 흑산의 산꼭대기에서 연신 연기와 불기운이 솟아올랐다. 고맙게도 저들의 도움으로 이곳까지 이를 수 있었다. 새삼 밤낮없이 불과 연기로 사신단의 길을 알려준 이름 모르는 사람들에게 고마움을 느꼈다. 이제는 저 불빛, 연기와 이별이다.

흑산을 지난 일행은 다시 백산, 오서, 협계산을 지났다. 신주와 객주가 큰 바다로 나가자 그때까지 그들을 호위하며 따라 왔던 고려의 순라선은 돌아갔다. 이제부터는 다시 망망대해를 항해해야 한다. 협계산에서 얼마나 왔을까. 갑자기 북쪽에서 거친 바람이 불어왔다. 북풍은 이롭지만 바람이 너무 세면 배가 남쪽으로 떠밀려 갈 수도 있다. 사공이 뱃사람들을 독려하면서 돛을 반쯤 내리게 했다. 돛을 조절하니 배의 속도가 다소 둔해졌다.

21일이 되었다. 한참을 더 갔는데도 여전히 망망대해이다. 낮 12시쯤 되자 파도가 높아졌다. 이물에서 키를 잡고 있던 사공이 갑자기 사람들을 불렀다. 잠시 기운 쓰는 소리가 났다. 서긍은 소리가 그치기를 기다렸다가 심부름하는 아이를 보내 무슨 일인지 알아보게 하였다. 아이가 황급히 돌아와 말을 전했다.

"큰일났습니다. 배의 키가 부러졌다고 합니다."

"키라면 보조키도 있지 않더냐."

"보조키 세 개가 모두 부러졌다고 합니다."

"그럼 남은 것이 하나도 없다는 말이냐?"

"그건 아닙니다. 마지막으로 남은 것을 지금 막 갈아 끼웠지만, 이런 파도라면 그것도 버티지 못할 것 같다고 합니다."

부사와 함께 이야기를 나누던 서긍의 얼굴에서 웃음이 사라졌다. 부사와 서긍은 서로 돌아보며 근심스런 표정을 지었다. 그리고 얼마 지나지 않아 배가 심하게 요동쳤다. 마지막 키까지도 부러진 모양이었다.

두 사람이 함께 밖으로 나가 보니 사공이 선원들과 함께 여분으로 싣고 온 나무판을 톱질하고 있었다. 흔들리는 배 위에서도 사공의 표정은 침착했다. 간신히 임시 키를 만들어 끼운 후 돛을 내리고 천천히 파도를 누르면서 앞으로 갔다. 22일 저녁이 되어서야 정사가 탄 신주와 서긍이 탄 신주가 만났다. 객주 6척도 무사히 인근에 닻을 내렸다. 사람을 보내 물으니 정사가 탔던 신주 역시 암초에 부딪쳐 고생했다고 한다. 그나마 그렇게 지나온 것이 다행이었다. 정사의 신주에서 보조키를 얻어서 바꾸어 끼우고 다시 출발하였다.

23일에는 멀리 송의 육지가 시야에 들어오기 시작했다. 가물가물하

기는 했지만 분명히 수주산이었다. 이날 하루 종일 항해했지만 육지에
는 가까이 가지 못했다. 24일과 25일 이틀 동안에는 순풍을 만나 배가
빨리 앞으로 나갔다. 26일 아침에는 소주의 바다에 이르러 율항에 정박
했다. 이제는 진짜 중국 땅이다. 그렇게 생각하니 마음이 한결 편해졌
다. 다음 날에는 초보산을 바라보면서 서쪽으로 항해하여 낮 12시쯤에
정해현에 도착하였다. 고려의 예성항을 떠나 명주에 오기까지 바닷길
로 꼬박 42일이 걸렸다.

자나깨나 나라 걱정

개봉에 도착한 일행은 황제를 알현하고, 결과를 보고하기 위해 궁궐로
갔다. 중절 이하의 중·하급 관리들은 밖에서 대기하고, 정사와 부사, 도
할관과 제할관 네 사람만 황궁으로 들어갔다. 그들은 황제 앞에서 절을
하고, 고려에서 보낸 답서와 각종 물품의 목록을 바쳤다. 국서를 읽은
휘종 황제는 네 사람의 수고를 치하하였다. 또한, 특별히 명을 내려 그
들에게 비단과 은도 넉넉히 내려주었다. 어전에서 물러나와 궁궐 문에
이르기까지 네 사람 중 어느 누구도 먼저 말을 꺼내지 않았다. 출발할
때도 그랬던 것처럼⋯⋯.
　집으로 돌아온 서긍은 이후 여러 날에 걸쳐 고려에서 보고 듣고 그린
것을 정리하였다. 그중 이미 알려진 사실이나 송과 유사한 것들은 제외
하고 특별한 내용만 뽑아 300여 조를 40권으로 정리하였다. 항목을 나
누고 먼저 내용을 기술한 후에 기존에 알려졌던 사실과 직접 목격한 것

의 차이를 논하였다. 그리고 송의 문물과 다른 것은 그림을 그려 쉽게 이해할 수 있도록 하였다.

내용을 정리하는 과정에서 서긍은 고려에서 지낸 한 달 동안의 사실을 생생히 떠올릴 수 있게 되었다. 사실 고려의 전체적인 상황을 파악하기에 한 달은 너무 짧은 기간이었다. 그나마도 관사에 머무는 동안 병사들이 객관의 출입을 철저히 통제하였으므로 밖에 나간 것은 대여섯 번 정도에 지나지 않았다. 대월지국에 파견되었던 한나라의 장건은 13년이나 그 나라에 있다가 돌아온 후에야 겨우 그가 지나친 나라들의 지형과 물산에 대해 이야기할 수 있었다던데, 서긍의 경험은 그에 비할 바가 되지 못하였다.

그러나 황제의 기대가 크고, 조정의 대신들 또한 고려의 상황을 궁금하게 여기니 게으름을 피울 수도 없었다. 마침내 완성하게 되자 서긍은 《선화봉사고려도경宣和奉使高麗圖經》이라 이름 붙인 책을 궁궐에 들어가 바쳤다. 책을 받아본 휘종은 크게 기뻐하였다. 그리고 곧이어 완성본을 어부御府에 제출하라는 조서를 내렸다.

최종 교정을 마치고, 서문까지 완성하자 궁에서 온 장인이 솜씨 좋게 비단으로 표지를 만들어 제본을 했다. 서긍은 완성된 책을 붉은 보자기에 싸서 가마에 실은 후 황궁으로 향하였다. 처음 고려로 떠날 때는 막 봄꽃이 피던 시기였는데, 궁으로 가는 길가의 꽃나무 잎새에는 어느새 단풍이 들어있었다. 가을 매미 소리가 들리니 은행잎의 노란빛은 더욱 선명해 보였다. 황궁이 가까워지자 서긍은 말 위에서 옷매무새를 다시 바로잡았다. 문득 범중엄이 지은 〈악양루기〉의 마지막 구절이 머릿속을 스쳐갔다.

(옛 어진 사람들은) 조정의 높은 직위에 있으면 백성들을 걱정하고, 물러나서 멀리 강호에 거처하게 되면 임금을 걱정했다. 조정에 나아가서도 걱정, 물러나서도 걱정이었으니 어느 때에나 즐거울 수 있었겠는가? 틀림없이 그들은 "천하의 근심은 누구보다도 먼저 근심하고, 천하의 즐거움은 모든 사람이 즐거워한 뒤에 즐긴다"라고 했을 것이다. 아아! 그와 같은 어진 이들이 없었다면 나는 누구를 본받고 의지하며 살아갈 것인가!

－범중엄, 〈악양루기岳陽樓記〉

나가면서

《고려도경》은 어떤 책인가

지금으로부터 꼭 900년 전의 일이다. 1123년 6월 12일 오전, 송나라 황제 휘종이 보낸 신주 2척과 객주 6척이 예성항 벽란도에 닻을 내렸다. 8척의 배에는 서긍을 포함한 156명의 사신단과 720여 명의 병졸 및 뱃사람이 타고 있었다. 서긍 일행은 한 달 남짓 개경에 머물다가 7월 15일에 다시 예성항을 떠나 송으로 돌아갔다. 《고려도경》은 그 기간 동안 서긍이 고려에서 보고 들은 것을 기록한 책이다.

　시대를 막론하고 외국에 파견한 사절단의 중요한 목적은 외교문서를 교환하고, 그 나라의 상황을 정탐하는 것이었다. 따라서 사신단에는 글을 잘 짓는 문사가 반드시 끼어있었다. 그는 제사, 외교 등과 관련된 문서를 작성하는 한편, 파견된 나라의 국왕과 권력자, 문물, 군사, 민심 등을 살피고 기록하였다. 그렇게 작성된 문서들은 다음번에 파견되는 사절단에게 매우 유용한 자료가 되었다. 서긍 역시 고려로 출발하기 전에 그보다 먼저 고려에 다녀온 왕운이 쓴 《계림지》와 손목孫穆이 쓴 《계

림유사鷄林類事》 등을 읽었다. 만약 앞서 지은 책들이 없었다면 서긍이
고려의 사정을 그렇게 꼼꼼히 채록하기는 어려웠을 것이다.

그것은 고려와 조선에서도 마찬가지였다. 소동파는 고려 사신들이
송에 와서 몰래 송의 산천을 그려간다고 비판하였고, 명 태조 주원장
역시 고려 사신들이 명에 와서 염탐하는 것을 모두 알고 있다고 고려를
압박한 바 있었다. 송과 명에 파견된 고려 사신들도 몰래 중국 지형을
그림으로 그리고, 각종 기밀 자료들을 수집해 갔던 모양이다.

1443년 신숙주가 일본을 다녀와서 쓴《해동제국기》를 비롯하여 조선
에서 명과 청, 일본 등에 파견한 사신들도 대부분 견문록을 남기고 있
다. 그것 또한《고려도경》과 같은 목적에서 채록된 것이라고 보아도 무
방할 것이다. 지금처럼 정보통신이 발달하지 못했던 시대에는 직접 가
서 보고 오는 것 말고는 그 나라의 사정을 정확히 파악할 수 있는 방법
이 없었기 때문이다.

《고려도경》은 총 40권으로 구성되어 있다. 전체적인 구조는 고려의
건국과 역사, 도읍의 구조, 궁궐, 관리들의 관복, 유력한 관리, 군사들
의 종류와 위용, 의례용 깃발과 수레, 관청, 불교와 도교의 사원, 서민
들과 여인들의 모습, 풍속, 기술자, 그릇, 선박의 종류와 모양 등을 29
개 항목으로 나누어 기술한 후 그림을 그려넣은 것이다. 모든 항목에
그림을 넣은 것은 아니고, 서두에서도 그가 밝힌 것처럼 송과 비교하여
특이하다고 생각되는 것에 한정하여 그림을 그려넣었다. 그나마도 종
류가 많은 것은 생략하고 이름만 나열하기도 하였다.

이처럼 글과 그림을 함께 기록한 '도경圖經'이라는 장르의 책은 중국
에서 종종 만들어진 바 있었으나 외교 사절단에 의해 공식적으로 제작

된 것은《고려도경》이 처음이라 할 수 있다. 직접 고려에 오지 못한 송 황제의 입장에서는 글로만 된 '견문록'보다 그림이 곁들여진 '도경'이 훨씬 더 유용했을 것임은 말할 나위 없다.

이후에도 청나라 사신 아극돈阿克敦의〈봉사도奉使圖〉와 같은 그림들 이 그려지긴 하였으나《고려도경》만큼 그림과 내용이 풍부하지는 않았 다. 그 때문인지 북송 이후 중국에서 간행된 고려와 조선 관련 기록은 상당수가《고려도경》을 토대로 작성되었다.

기적처럼 전해진《고려도경》

1167년에 서긍의 조카 서천徐蕆이 쓴 발문에 따르면 서긍은《고려도경》 을 완성하여 휘종에게 바치고, 한 부를 더 만들어 자기 집에 보관했다 고 한다. 아마도 궁궐에 바친《고려도경》의 초본을 별도의 책으로 만들 어 두었던 것 같다. 그런데 그 책은 1127년에 금나라 군대가 송의 수도 를 함락한 '정강의 변' 때 잃어버렸다. 같은 마을의 서주빈이라는 사람 이 빌려갔는데, 난리가 나서 돌려받지 못했다는 것이다.

송이 개봉에서 임안으로 쫓겨갈 때 서긍 일가도 함께 강남으로 내려 갔다. 10년이 지난 뒤, 누군가 책을 가지고 있다는 소문을 듣고 서긍이 찾아가 보니 다른 부분은 훼손[결락缺落]되고, 멀쩡히 남아있는 부분은 해도海島 2권뿐이었다고 한다. 난리통에 여러 사람의 손을 거치면서 흩 어지고 파손된 것 같다. 이때 서천의 글에 쓰인 결락이라는 말의 의미 가 어떤 것인지 명확치 않다. 문맥상으로는 해도 편을 제외한 나머지는 훼손이 심하였다는 의미로 읽히지만, 해도 편을 제외한 나머지는 이미 사라지고 문자 부분만 필사본으로 남았다는 의미로도 볼 수 있기 때문이다.

주변 사람들은 애석하게 여겼으나 정작 서긍은 "세상에 전하는 내 책은 더러 그림이 없어지고, 문장만 남아있지만 내가 그림을 다시 그리는 것은 어려운 일이 아니다"라고 했다고 한다. 그러나 안타깝게도 서긍은 《고려도경》의 그림을 다시 그리지 못하고 세상을 떠났다. 그의 기억과 함께 《고려도경》의 반쪽도 영영 사라져 버렸다.

그렇지만 《고려도경》의 문장 부분은 다른 경로를 통해 계속 여러 사람에게 필사되어 전해지고 있었던 것 같다. 그것은 조카 서천이 서긍 사후 13년 후인 1167년에 서긍의 자서와 본인의 발문이 들어간 《고려도경》 40권을 발간한 사실을 통해 확인된다. 이것이 지금까지 전하는 '송본宋本' 또는 '건도본乾道本'이라 불리는 책이다. 이 책에도 그림은 빠져있지만 글은 비교적 온전히 남아있다.

《고려도경》 건도본은 이후 여러 갈래로 필사되어 한·중·일에 전해진 듯하다. 중국의 경우 명말에 정휴중이 간행한 중간본도 있고, 1777년에는 진계삼이 정휴중이 간행한 중간본을 교감하여 《사고전서》에 수록하였다. 우리나라에서도 고려 말 이제현이 지은 비문과 조선 초에 발행된 《동문선》에도 인용 기사가 보이고, 한치윤의 《해동역사》와 이덕무의 《청장관전서》에도 곳곳에 서긍의 기록이 인용되어 있다. 가장 흥미로운 구절은 유득공이 청에 갔을 때 요포蕘圃 황비열黃丕烈(1763~1825)이 "전일에 선생이 《고려도경》을 찾더라는 말을 들었는데, 내 집에 영인한 송본宋本이 있습니다. 지부족재知不足齋의 각본刻本보다 오히려 낫지요"

라고 이야기했다는 부분이다. 아마도 명청 대 지식인들 사이에서도 《고려도경》은 잘 알려져 있었던 것 같다.

지금 남아있는 판본 중 가장 상태가 양호한 것은 1931년에 베이징 고궁박물원에서 청의 황실도서관 격이었던 천록임랑전 자료를 정리할 때 발견된 것이다. 그것은 국공내전 이후 타이완으로 옮겨져서 1974년에 다시 영인본으로 발행되었다. 이 책에는 '건륭어람지보乾隆御覽之寶'를 비롯한 일곱 종류의 소장처 도장이 찍혀있다.

만약 그림까지 갖춰진 《고려도경》이 온전히 남아있었다면, 지금 우리는 고려인들의 생활 모습과 자연환경을 조선 후기의 풍속화나 진경산수화처럼 감상할 수 있었을 것이다. 고려 사람들의 모습이 고작 몇몇 초상화나 불화 속에나 남아있는 현실을 고려하면 그 아쉬움은 배가 된다. 그렇지만 한편으로는 그마저도 사라졌으면 어떻게 되었을까 하는 생각이 들기도 한다. 우리가 지금 12세기 고려의 궁궐, 성곽, 관아 등의 모습을 추정하고, 고려인들의 풍속을 상상할 수 있는 것은 《고려도경》이 있기 때문이다. 불행 중 다행이라는 말은 아마도 이런 상황을 가리키는 것이 아닐까 싶다.

21세기에 본 12세기의 동아시아 상황

서긍이 고려에 온 12세기, 동아시아는 내일을 예측하기 어려운 혼란기였다. 여진이 세운 금은 날로 세력을 떨치며 거란을 밀어내고 있었고, 그 틈을 타서 송은 거란에게 빼앗긴 연운 16주를 되찾기 위해 애쓰고 있었다. 오늘의 적이 내일의 동지가 되고, 북방 영토는 자고 나면 주인이 바뀌었다. 그 혼란의 시기에 고려가 큰 전쟁 없이 영토와 주권을 유지한 것은 매우 이례적인 일이었다. 물론 그것은 고려의 운이 좋았던 것이 아니라 고려가 선택한 실리외교의 산물이었다. 만약 고려가 조선이 그랬던 것처럼 끝까지 금을 거부하고 송이나 요와의 의리를 고집했다면 고려 인종은 조선의 인조와 같은 수모를 면치 못했을 것이다.

고려의 금에 대한 실리외교는 1117년부터 그 실체가 보이기 시작한다. 11세기까지만 해도 여진은 북쪽 변경에서 고려와 교역을 애걸할 만큼 그 세력이 미약했다. 간혹 배를 타고 동해로 내려와 고려의 해안을 노략질하는 경우도 있었지만 피해가 크지는 않았다. 윤관이 별무반을 이끌고 동북 9성을 개척했을 때만 해도 "자손 대대로 공물을 정성껏 바치고, 기와 조각 하나도 고려 영토에 던지지 않겠다"고 할 만큼 고려와 여진 관계는 그 서열이 분명하였다.

그러나 1115년 완안부의 아골타가 주변 부족을 통일하고, 금을 세우면서 상황은 역전되었다. 건국 2년 만인 1117년 금은 고려에 사신을 보내 양국의 관계를 부모 관계에서 형제 관계로 바꿀 것을 제안해 왔다. "형인 대여진금국 황제는 아우인 고려 국왕에게 문서를 보냅니다"로 시작되는 금의 국서를 받은 고려 조정은 가마솥에 물이 끓는 것처럼 요동쳤다. 그들 스스로 고려를 부모의 나라라고 일컫더니, 세력이 커지자 분수를 잊었다며 역정을 냈다. 심지어는 그들의 맹세가 적힌 문서에 먹이 마르기도 전에 신의를 버렸으니 사신을 죽여야 한다는 사람도 있었다.

그러자 김부식의 동생 김부의(김부철)가 나섰다. 김부의는 한과 당이 흉노와 돌궐에게 신하를 칭하거나 공주를 시집보냈던 사례를 들어 양국의 사태가 최악으로 가는 것을 막아야 한다고 건의했다. 앞서 성종 때 거란과의 관계가 어그러져서 거란의 침입을 초래한 것을 거울로 삼아야 한다는 주장을 펴기도 했다. 그러나 조정의 입장은 달랐다. 국가 중대사를 결정하는 재추들조차도 그의 의견을 비웃었다. 기록이 없어 그 후의 상황은 알기 어렵지만, 당시 금은 거란과 건곤일척의 전쟁을 벌이고 있었으므로 고려에 즉각적인 반응을 보이지 않은 것으로 보인다.

그로부터 10년이 지난 1126년, 고려는 거란과의 관계를 끊고 금과 새로운 군신 관계를 맺었다. 거란은 1120년 무렵까지 고려에 사신을 보내 양국의 친선 관계를 유지할 것을 요구해 왔다. 그때까지만 해도 고려는 거란과의 조공·책봉 관계를 유지하려 했던 것 같다. 그러나 1123년에 거란으로 보낸 사신이 금에 막혀 도착하지 못하고 돌아오자 대세가 바뀌었음을 파악하고 외교 관계를 단절했다.

서긍 일행이 고려에 온 것은 그 무렵이었다. 송의 휘종은 고려와 거란의 사이가 벌어진 틈을 타서 고려를 자기편으로 끌어들이려 했다. 만약, 금이 더욱 강해져서 손을 쓰지 못할 지경이 되면 고려와 협력하여 금을 위협하려는 의도였다. 송 사신단의 대표 격인 정사 노윤적과 부사 부묵경은 넌지시 고려 왕에게 송의 책봉을 받을 것을 건의했다. 그러나 인종과 고려 관리들의 태도는 신중했다.

앞서 고려는 송이 거란을 멸망시키기 위해 금과 '위험한 거래(금의 힘을 빌려 거란에게 빼앗긴 연운 16주를 되찾아 나누는 작전)'를 하는 것에 대해서도 충고한 바 있었다. 1127년 고려의 충고는 현실이 되었다. 송과 금이 협공하여 나눠 갖자고 약속했던 연운 16주는 고스란히 금의 차지가 되었다. 또한 그들은 송이 세폐를 보내겠다는 약속을 이행하지 않았다는 것과 금을 배신하려 했다는 구실을 들어 송의 수도를 점령하고 휘종과 흠종 두 황제를 포로로 잡아갔다(정강의 변). 이 사건은 그들이 입버릇처럼 구사했던 이이제이以夷制夷, 차도살인借刀殺人의 계책도 힘이 약하면 거꾸로 당할 수 있다는 것을 중국인들에게 각인시켜 주는 계기가 되었다.

한편, 고려가 금에 사대할 것을 결정한 것은 이자겸의 난이 한창이던 1126년 4월 11일이었다. 1년 전인 1125년 5월 1일, 고려는 금에 사신을 보내 국서를 전달하려 하였으나 금은 고려 왕이 신하를 칭하지 않았다고 하여 받지 않았다. 이때까지만 해도 고려 관리들의 대부분은 금에 신하를 칭하자는 주장에 동의하지 않았다.

그러나 1126년 2월 25일에 난을 일으키고 권력을 장악한 이자겸은 한 달 만인 3월 25일에 금에 신하를 칭할 것을 왕에게 건의했다. 자리에 참석한 신하들은 또다시 모두 불가하다고 하였으나 이자겸의 입장은 강경했다. 마침내 3월 29일에는 태묘에서 금에 사대하는 것에 대한 유불리를 묻는 점을 쳤다. 전쟁을 하거나 수도를 옮기려 할 때마다 태묘 또는 태조 진전에서 점을 치는 이전의 관례에 따른 것이었다. 점괘의 결과에 대한 기록이 누락되어 내용을 알 수는 없으나 4월 11일에 칭신하는 표문을 보냈고, 곧이어 금에서 그것을 수용했다는 답서가 온 것을 보면 '길하다'는 답을 얻은 것 같다.

같은 해 7월에는 송에서 사신이 와서 금을 협공하자는 휘종의 국서를 전달하였다. 협공 제안에 대한 고려의 반응은 냉담했다. 송의 사신은 객관에 머물면서 또다시 협공하자는 글을 보내왔지만 고려 인종은 정중히 거절하는 편지를 보냈다. 송의 사신은 끝까지 원하는 답변을 얻지 못하고 돌아가야 했다.

다시 《고려도경》에 주목하는 이유

《비유경譬喩經》에 이런 이야기가 있다. 옛날에 나그네 한 명이 광야를 걷다가 사나운 코끼리를 만났다. 코끼리는 무엇에 화가 났는지 그를 향해 달려들었다. 한참을 도망가던 그는 빈 우물 하나를 발견했다. 그 우물 안에 나무 뿌리가 늘어져 있었다. 그는 곧 나무 뿌리를 타고 내려가 몸을 숨겼다. 가까스로 살았다고 생각하니 한숨이 절로 나왔다. 그러나 우물 속 상황은 더욱 심란했다. 어디선가 쥐 두 마리가 나타나 그가 잡은 나무 뿌리를 갉아대고 있는 것이 아닌가.

그는 더 아래로 내려가려고 우물 바닥을 내려봤다. 우물 바닥에는 네 마리 독사가 그를 올려다보며 혀를 날름거렸다. 또 우물 바닥에는 독룡이 독기를 뿜어내고 있었다. 나그네는 다시 위로 올라가야겠다 생각하고 고개를 들었다. 이번에는 어디선가 산불이 번져와 그가 잡은 뿌리의 나무를 태우고 있었다. 그리고 그 너머로 코끼리의 포효가 들려왔다. 이제는 정말 죽었구나 하며 머릿속이 하얘지는 순간, 갑자기 그의 입으로 뭔가 단 것이 떨어졌다. 순간 위를 올려다보니 나뭇가지에 걸린 벌집이 흔들리면서 꿀이 한 번에 다섯 방울씩 아래로 흘러내리고 있었다. 굶주림에 지친 그는 입으로 떨어지는 꿀의 단맛에 빠져 자신의 처지를 잊었다.

이야기에 등장하는 나그네는 중생이고, 그를 쫓는 코끼리는 무상無常

이며, 우물은 삶과 죽음을 의미한다. 우물의 벽을 따라 내려온 나무 뿌리는 사람의 수명이고, 그것을 갉아먹는 쥐 두 마리는 밤과 낮이다. 그리고 그가 떨어지기를 기다리는 독룡은 죽음이고, 나무를 태우는 불과 포효하는 코끼리는 병과 늙음이며, 그를 향해 떨어지는 꿀은 오욕五慾이다. 흔히 '안수정등岸樹井藤 설화'라고 불리는 이 이야기를 통해 석가모니는 어리석은 인간들이 생로병사 앞에서도 오욕을 탐닉하다가 결국은 죽음에 이르게 된다는 것을 일깨워 주려 했던 것이다.

잘 생각해 보면 국제 관계도 크게 다르지 않다. 당시 송은 거란에 쫓겨 나무 뿌리에 매달린 처지나 다름없었다. 북서쪽에서는 서하가 성장하여 송을 괴롭히고 있었다. 그런 중에도 송은 달콤한 말로 금을 끌어들여 거란이 점령한 연운 16주를 되찾으려 하였다. 1125년 금이 거란을 무너뜨리고, 북방 영토를 점령했을 때 송은 나무 뿌리를 잡고 매달려 있으면서도 꿀을 탐하는 나그네처럼 욕심에 빠져있었다. 그러다가 결국은 본인들이 끌어들인 금나라에 패망하는 비참한 결과를 맞아야 했다. 만약 송이 금을 끌어들이지 않았다면 정강의 변과 같은 비극은 피할 수 있었을지도 모른다.

그렇다면 같은 시기에 있었던 고려는 어땠을까. 한국사에서 고려 시대는 외침을 가장 많이 받았던 시기였다. 흔히 '호불백년胡不百年'이라 하지만 실제로 100년 단위로 북방에서 한반도를 위협하는 세력이 성장한 것은 아마도 이 시기가 처음이 아닐까 싶다. 그럼에도 고려인들은 싸울 때와 강화 맺을 때를 잘 구분할 줄 알았다. 끝까지 싸울 것을 주장하면 자주이고, 강화를 주장하면 매국이라고 생각할 때가 많지만 그것이 늘 맞는 것은 아니다. 《손자병법》에서도 "전쟁은 생사가 걸린 문제이자

국가 존망의 갈림길"이라고 했다. 위기의 순간이 닥쳤을 때 위정자들이 해야 하는 가장 중요한 역할은 무조건 싸울 것을 종용하는 것이 아니라 국가를 지키고, 민이 고통받지 않는 현명한 결정을 내리는 것이다.

물론 이자겸과 척준경이 금에 사대하자고 했던 주장이 오늘날의 입장에서 생각할 때 합리적이고 상식적이었다는 소리는 아니다. 그들의 속내에는 '민에 대한 배려'보다 '정권 유지'라는 속내가 있었음을 부인할 수도 없다. 이자겸의 입장에서는 사대를 거절할 경우 그가 난을 일으킨 것을 구실로 금이 침입해 오면 변명할 방법이 없다는 점도 우려하지 않을 수 없었을 것이다. 그런 점에서 그들의 선택은 고려를 위한 것이라기보다 자신들의 기득권을 유지하려는 의도가 반영되었다고 볼 수 있다.

고려가 우리에게 남겨준 유산은 적지 않지만, 그중에서도 가장 소중한 유산은 싸워야 할 때와 외교로 해결해야 할 때를 판단하는 것, 그리고 국제 관계의 변화를 민감하게 포착하는 것의 중요성을 보여주었다는 것이다. 국제 관계에서 '신의'와 '실리'가 중요하지만 두 가지가 상충할 때 어떤 선택을 내려야 하는지, 그 선택의 결과가 어땠는지를 보여주기도 했다.

강국들 사이에서 선택을 강요받았던 사례는 한국사에 적지 않다. 고려 사람들의 선택은 이후의 역사 전개에 어떤 영향을 끼쳤는가? 어떤 선택이 좀 더 바람직한 선택이었는가? 존폐의 위기에서 선택을 둘러싸고 국론이 분열되었을 때 위정자들은 어떤 방법으로 그것을 봉합했는가? 서긍이 고려에 다녀간 후 900년. 지금 우리가 다시 당시의 상황에 주목해야 하는 이유이다.

찾아보기

1123년 코리아 리포트,
서긍의 고려도경

2023년 12월 10일 초판 1쇄 인쇄
2024년 1월 10일 초판 2쇄 발행

글쓴이   문경호
펴낸이   박혜숙
디자인   이보용 김진
펴낸곳   도서출판 푸른역사
 우) 03044 서울시 종로구 자하문로8길 13
 전화: 02)720-8921(편집부) 02)720-8920(영업부)
 팩스: 02)720-9887
 전자우편: 2013history@naver.com
 등록: 1997년 2월 14일 제13-483호

ⓒ 문경호, 2024

ISBN 979-11-5612-266-1 03900